习仲勋年谱

（一九一三——二〇〇二） 第一卷

中共中央党史和文献研究院
中共陕西省委员会 编

中央文献出版社

出 版 说 明

习仲勋同志是中国共产党的优秀党员，伟大的共产主义战士，杰出的无产阶级革命家，我党、我军卓越的政治工作领导人，陕甘边革命根据地的主要创建者和领导者之一。《习仲勋年谱(1913—2002)》是一部全面、系统、准确记述习仲勋同志思想和生平业绩的编年体著作，突出反映他为中国革命、建设、改革事业建立的不朽功勋，以及为国家、为民族、为人民不懈奋斗的崇高品质和始终不渝的革命精神。

这部年谱的编撰方针是：将资料性、学术性和传记性相统一；以翔实可靠的历史文献资料为依据，大量使用和发表档案资料；注意吸收近年来的最新研究成果，对一些疑难问题和有争议的问题进行多方考证；写作上采用客观陈述的方法，一般不作评论。

关于这部年谱的编写体例，作以下几点说明：

一、按年、月、日顺序记事，少数条目根据叙事的需要采用纪事本末的写法。具体日期考订不清的写旬，旬考订不清的写月，月考订不清的写季。用旬、月、季表述的条目，一般放在该旬、月、季的末尾，有的则视情况酌定。只能判定时间为某年的条目，一律放在年末。

二、记述谱主的活动，一般省略主语。

三、某些重大的历史事件、与谱主有关的大事或他人致谱主的函电，列专条按时间顺序写入年谱。

四、对于时间跨度较长的谱主活动，一般先列条目进行总述，再按时间顺序列条目进行分述。

五、谱主本人的回忆及他人对谱主的回忆材料，根据叙事需要，在正文中体现。

六、对于正文涉及的部分人名、地名、事件、组织机构等，作了简略注释。

中共中央党史和文献研究院

中共陕西省委员会

2024年5月

目 录

1913 年 …………………………………………………… （1）

1922 年 …………………………………………………… （2）

1925 年 …………………………………………………… （3）

1926 年 …………………………………………………… （4）

1927 年 …………………………………………………… （6）

1928 年 …………………………………………………… （7）

1929 年 …………………………………………………… （8）

1930 年 …………………………………………………… （9）

1931 年 …………………………………………………… （11）

1932 年 …………………………………………………… （12）

1933 年 …………………………………………………… （18）

1934 年 …………………………………………………… （24）

1935 年 …………………………………………………… （27）

1936 年 …………………………………………………… （33）

1937 年 …………………………………………………… （37）

1938 年 …………………………………………………（41）

1939 年 …………………………………………………（42）

1940 年 …………………………………………………（45）

1941 年 …………………………………………………（61）

1942 年 …………………………………………………（71）

1943 年 …………………………………………………（76）

1944 年 …………………………………………………（80）

1945 年 …………………………………………………（86）

1946 年 …………………………………………………（102）

1947 年 …………………………………………………（131）

1948 年 …………………………………………………（201）

1949 年 …………………………………………………（258）

1913年　诞生

10月15日　出生于陕西省富平县淡村习家庄（今淡村乡中合村）的一个农民家庭，取名中勋。

习氏始太祖习思敬、配夫人赵氏，于明代洪武二年（公元一三六九年）从江西新淦县（今新干县）迁徙至河南邓县（今邓州市）西堰子老营（大习营村）定居落户，以农为业，繁衍生息。曾祖父习玉策，有子三人：习永盛、习永山、习永厚。祖父习永盛、祖母张氏，于清光绪八年（公元一八八二年）从河南迁徙至陕西富平县，共生育子女四人：长子（小名老虎），长女（乳名大女），次子习宗德（小名长儿），三子习宗仁（小名久儿）。父亲习宗德，终生为农，曾在水烟铺子做过工，经历较广，粗识文墨，性格宽厚刚直，心地善良。母亲柴菜花，贤惠达理，勤朴持家。习宗德夫妇育有子女七人：长子中勋、长女秋英、次子小名导儿、二女冬英、三子仲恺、三女夏英、小女雁英。习宗德对子女慈爱而又严格要求，期望他们以农为本，耕读传家，做勤劳正直之人。

1922年　九岁

春 入富平县都村小学读书。在校期间,成绩优异。喜欢学习国文,熟背《三字经》《百家姓》《千字文》等。

1925年 十二岁

春 同都村小学师生先后赴富平县庄里镇的立诚学校参加孙中山、胡景翼[1]追悼会,初次接触民主思想。

同季 以三原中等学校进步学生为主体的渭北青年社在三原县成立,并分设有立诚、富平青年社。

年底 初小毕业。

---

[1] 胡景翼,字笠僧,陕西富平县人,爱国将领。1910年加入同盟会,曾任陕西靖国军右翼军总司令、国民军副司令兼第二军军长、河南省督军等职,1925年4月10日在开封病逝。

1926年 十三岁

1月 中国共产主义青年团富平特别支部（简称特支）在富平县庄里镇的立诚学校成立。

春 进入立诚学校高小部上学。因入学成绩优异，成为少数公费生之一。学校主要开设国文、英文、算学、历史、地理、理科、国音[1]、农业和副科唱歌、体操、图画、手工等课程。级任老师严木三[2]关爱习中勋，将其名改为"仲勋"，取意为人中正、处事公道。在校期间，与胡景翼之子胡希仲、胞弟胡景铎同班，交情甚笃。

同季 受共产党人方仲如[3]带领学生到立诚学校巡回宣传马克思主义的影响，开始接触到一些粗浅的马克思主义理论观点。

3月 加入立诚青年社。

5月 在立诚学校加入中国共产主义青年团。

同月 中共立诚学校小组成立。小组在学校发展党员，利用课余时间有组织地到庄里镇北边的董家庄、景家窑、三条沟、石窠等地向农民灌输革命思想，发动农民进行抗粮、抗捐、反霸斗

---

[1] 国音，指北洋军阀及国民党政府统治时期所定的汉语标准音，以《国音字典》和《国音常用字汇》两书代表先后两个标准。
[2] 严木三，时任共青团富平特支书记。
[3] 方仲如，时任渭南县（今渭南市临渭区）渭阳中学训育主任。

争。习仲勋是参加这些活动的积极分子。

7月 在富平县庄里镇东关五岳庙参加立诚学校中共党团组织举行的清算恶霸保正[1]张积德集会。

冬 参加学生党员宋光龙、白振江组织发动的驱逐校长郗敬斋的学潮。学生们清查学校账目,揭露郗敬斋的种种劣迹,迫使其辞职离校。

本年 参加由开明绅士、民团和学校联合发起的驱逐反动军阀麻振武势力的活动。在街头演讲,演活报剧《北伐》,刷写张贴"打倒军阀"和"革命尚未成功,同志仍须努力"的标语,焚烧外来的卷烟洋货。在校期间,因成绩优异,积极参加革命斗争,同程建文[2]、宋文梅[3]被称为"都村三杰"。

---

[1] 保正,旧时保甲法规定的一种行政体制设置。500户设都保正1人、副都保正1人,下有大保长、保长,分别掌管户口治安、训练壮勇等事宜。后泛指保长为保正。

[2] 程建文,字怀璞,又名程侠,后改名陈建中,陕西富平县都村以东洼里村人。

[3] 宋文梅,又名若璟、金斗,陕西富平县都村西凤凰堡人。

1927年 十四岁

春 同宋杰生等一批立诚学校的共青团员和进步学生转入富平县立第一高等小学读书。

5月 参加中共富平特支和共青团组织领导的追悼李大钊[1]及纪念五一国际劳动节、五四运动、五卅运动等活动,并参加五九国耻纪念日[2]大会。

冬 参加中共富平特支组织的驱逐富平县教育局局长樊益三的斗争。

年底 高小修业期满。随后以优异成绩考入位于陕西省三原县内的省立第三师范学校。

---

[1] 李大钊,中国共产党创始人之一。曾任中共中央执行委员会委员、中共北京地方委员会书记、中共中央北方局书记、中共北方区执行委员会书记等职。1927年4月6日在北京被军阀张作霖逮捕,28日就义。

[2] 1915年5月9日,袁世凯接受日本政府提出的侵犯中国主权的"二十一条"。袁世凯身亡后,全国教育联合会规定各校以每年5月9日为国耻纪念日。

1928年　十五岁

1月下旬　进入三原陕西省立第三师范学校读书。

3月—6月　参加中共党组织领导的爱国学生运动，被国民党地方当局逮捕，关押于三原县看守所。由于立场坚定，斗争坚决，在狱中由中共三原县委学生运动负责人武廷俊介绍，由中国共产主义青年团团员转为中国共产党党员。

6月　被押送至西安，交由宋哲元[1]管辖的军事裁判处关押。

8月下旬　具保获释，随叔父习宗仁回到家中。

冬　父亲习宗德因习仲勋受牢狱之灾，思儿心切，积郁成疾，病故，时年四十三岁。习仲勋后来回忆说："我父亲是个老实农民，我被捕出狱后，当时还怕他指责我，他不但没有怪怨我，还对我说，你还小呢，等你长大了再当共产党的代表，为广大穷人办事就好了。一个农民当时能说出这样的话，已经很不简单了。"

---

[1]　宋哲元，时任国民革命军第二集团军第四方面军总指挥兼陕西省政府主席。

1929年 十六岁

春夏之交 母亲病故。不久,叔父习宗仁一病不起,继而婶母患病身亡。兄妹、堂兄妹十几个孩子全靠早年因丧夫住在娘家的姑母一人照料。住在四五里以外的外祖母,也时常给予生活上的照应。此后五年,大妹秋英和三妹夏英相继患病去世。在家庭变故中,反复读蒋光慈的小说《少年飘泊者》,认识到社会的黑暗和旧的剥削制度要推翻,坚定了外出干革命的决心。

5月 参加三原县武字区[1]地方筹赈委员会[2]领导的筹赈活动,以解决灾民断炊饥馑问题。

冬 参加淡村农民协会策划的打击反动民团团长张长庆的行动,并动员姨父党正学参加武装行动,收缴民团枪支。后党正学被反动当局枪杀。

本年 在中共武字区委领导下,积极在乡间的青年伙伴中进行串连和宣传工作,先后动员发展周冬至、胡振清、姚铭路、刘铭世等人加入中国共产党。

---

[1] 武字区,民国时期三原县地方建制。全县按"整军肃武、同心合力"八字,设为八个区。武字区在今三原县马额乡、陵前乡一带。

[2] 1929年5月,为了扶困救灾,黄子文、唐玉怀等共产党员在武字区西王堡召开群众大会,成立地方筹赈委员会,黄子文任主任,唐玉怀任副主任。

1930年　十七岁

2月6日　农历正月初八。离开家乡习家庄，前往三原县武字区。受中共武字区组织的派遣，同中共党员郭明效一起到西北民军总司令甄寿珊所辖之毕梅轩部开展兵运工作。

2月上旬　经三四天长途跋涉，到达陕西长武县。在毕梅轩部王德修支队[1]停留月余，任二连见习官，承担全连粮油副食的采买和给养供应。

3月下旬　与同在王德修支队从事兵运工作的中共党员李秉荣、李特生在长武县的药王洞召开会议，决定建立中共党小组，推定党小组由李秉荣负责。会议根据中共陕西临时省委[2]指示议定：党员一律不担任连以上职务，已担任的设法下连任职，以便掌握实际权力，发动和领导士兵斗争，并决定以二连为中心，开展兵运工作；注意稳定地发展党员和建立党的组织，争取全支队成为党所完全控制的力量。不久，党小组召开第二次会议，讨论在队伍中发展组织问题，决定派刘书林[3]赴西安，向中共陕西临时省委汇报王德修支队党的工作情况。四月，省委同意在该

---

[1] 1930年6月，甄寿珊不满冯玉祥军队统辖，招收旧部和地方武装，成立西北民军并任总司令，王德修支队被编为西北民军第一师第二支队，王德修任第二支队司令。

[2] 1929年2月，中共陕西省委和共青团陕西省委遭国民党破坏。同年3月，中共陕西临时省委成立，1930年7月改为中共陕西省委。

[3] 刘书林，中共党员，时任王德修支队军需文书。

支队建立党组织。

4月 根据中共陕西临时省委指示和王德修部的实际情况，同李秉荣等研究支队兵运工作。决定从关心士兵生活入手，利用同乡故旧关系，联络感情，也可以采取结拜兄弟的方式，建立更紧密的私人关系，以发动士兵进行日常斗争，进而进行反对国民党黑暗统治的宣传，逐步提高士兵觉悟。在进步士兵中培养骨干，秘密发展党员，积蓄力量，等待时机。

7月 随部队移驻长武县亭口镇，并在王子轩的骡马店建立起党的秘密活动据点。

11月 西北民军第一师第二支队被杨虎城[1]收编为陕西骑兵第三旅第三团第二营（营长王德修）后，习仲勋任第二营第二连特务长，负责该连中共党组织的工作。不久，随二营移防邠县[2]。经过李秉荣、李特生、习仲勋等一年的努力，二营中共党组织得到一定发展，共有党员三十余人，一、二、三连建立起士兵支部，成立了党的营委会。李秉荣、李特生先后任营委书记。

---

[1] 杨虎城，时任国民党陕西省政府主席、第十七路军总指挥。
[2] 邠县，今陕西彬州市。

1931年　十八岁

春 陕西骑兵第三旅参加与陇东地方军阀陈珪璋部的作战。战前，习仲勋和其他党员分析认为，军阀之间的势力争夺只能给人民生命财产造成损失，使众多的士兵遭受无谓的流血牺牲。二营的中共党组织决定在士兵中进行宣传，并向上司提议坚决不主张打仗。开战后，党组织又提出"力求少牺牲，不替军阀流血"的口号，在士兵中产生较大影响。

4月 陕西骑兵第三旅旅长苏雨生叛变杨虎城，遭杨虎城部进攻，出逃陇东前，仅留其第一团协同王德修营守护邠县城防。习仲勋同李特生、李秉荣召集党员骨干商议二营去向，力主二营主动脱离苏旅，继续留在杨虎城部。营委最后决定，不跟苏雨生外逃，消灭第一团，投向杨虎城。这一主张得到王德修赞同。二营官兵在中共党组织的发动下，将一团全部缴械。此后，王德修营被改编为陕西警备第三旅第二团第一营。

5月 随陕西警备第三旅第二团第一营驻防陕西凤翔县。接替李特生任中共营委书记，继续开展兵运工作。进驻凤翔后，中共陕西省委军委书记李杰夫来到一营，秘密召集营委会议，提出一营立即举行兵变，拉出队伍，组建红军。习仲勋等认为条件尚不具备，没有采纳和执行。

冬 随王德修营移防陕西凤县。

1932年　十九岁

1月　陕甘边南梁游击队和以晋西游击队为骨干组成的陕北游击支队在甘肃正宁县月明塬柴桥子改编为西北反帝同盟军。二月，西北反帝同盟军在正宁县三嘉塬锦章村正式改编为中国工农红军陕甘游击队，谢子长任总指挥，李杰夫为政治委员，杨重远为参谋长。陕甘游击队下辖四个大队，并建立中共队委会，作为游击队的最高领导机构。四月，游击队总指挥部撤销，原四个大队编为第三、五两个支队，刘志丹、阎红彦分别任支队长。五月，游击队总指挥部恢复，刘志丹（五月至六月）、阎红彦（七月至八月）、谢子长（八月至十二月）先后担任陕甘游击队总指挥。

3月　召开一营营委会，提出利用一营与二营（驻扎在甘肃省徽县、成县一带）换防引起的强烈对抗情绪，拉出队伍，举行兵变。与会者一致赞同。会议并决定派刘书林、张克勤[1]速去西安，就举行兵变问题向中共陕西省委报告。

同月　中共陕西省委同意一营营委意见，决定立即发动兵变，兵变后将队伍带到陕甘边一带，同谢子长、刘志丹领导的陕甘游击队会合，扩大红军力量。省委并决定派刘林圃[2]以省委特派员身份随张克勤赶赴凤县，直接指挥一营兵变。

---

[1] 张克勤，时任陕西警备第三旅第二团团部上士。
[2] 刘林圃，时任中共陕西省委军委秘书。

4月初 随一营驻凤县部队开往甘肃两当县城。同刘林圃、李特生召开营委扩大会议，吸收担任排长职务的党员参加，刘林圃传达中共陕西省委关于举行兵变的决定。在讨论兵变部队是在两当进行还是部队到达徽县、成县后进行时，习仲勋等认为，还是在两当举行兵变有利，避免夜长梦多，发生变故。营委扩大会议决定当夜十二时举行兵变，由刘林圃担任军事指挥，习仲勋参与组织领导全营行动。晚上十二时许，三个连同时行动，两当兵变初获成功。随后，同刘林圃率三百余人北撤至两当县以北的太阳寺，召集营委会讨论部队改编、干部配备和行军方向问题。会议决定，将暴动队伍改编为中国工农红军陕甘游击队第五支队，吴进才（后为许天洁）任支队长，刘林圃任支队政治委员，习仲勋任中共支队队委书记。第五支队下辖三个连，一连连长吕剑人，二连连长高祥生，三连连长许天洁、副连长左文辉。两当兵变发生时，刘志丹奉中共陕西省委指示，带陕甘游击队一部进抵陕西礼泉、乾县一带，准备接应。

4月 同刘林圃等率陕甘游击队第五支队转战陕甘边界地区，计划与刘志丹部会合。途中遭敌围追堵截，多次激战。在甘肃灵台县蔡家河东梁与国民党军遭遇，部队进攻受挫。在蔡家河堡子召集队委开会，决定由习仲勋和左文辉去长武县亭口镇找关系，准备渡泾河的船只；由刘林圃、吕剑人拉社会关系同敌谈判，佯装接受改编，争取时间做渡河准备；由许天洁、李特生带领第五支队向陕西永寿县岳御寺进发。在岳御寺，第五支队遭土匪包围被打散，两当兵变失败。习仲勋到达长武县亭口镇后得知部队失利的消息，心力交瘁，身患疾病。

6月上旬 由长武县亭口镇秘密回到富平县，在线家原表姐家中住下，同过去自己发展的党员胡振清、柴国栋取得联系，得知国民党陕西当局已逮捕刘林圃、吕剑人、许天洁，正在通缉两当兵变的其他领导人。不久，由线家原转移到都村的外祖母家中避风。

7月初 同好友宋杰生前往富平县城，寻找党组织关系，被国民党驻军逮捕，不久在石仲伟[1]帮助下获释。暂住于县抗日救国会，并向在此隐蔽的中共富平区委负责人表达寻找陕甘游击队的迫切愿望。

7月 在耀县[2]照金镇杨柳坪村找到陕甘游击队。在杨柳坪见到谢子长。谢子长叮嘱："过去我们没有根据地，现在要搞。从关中逃难过来的饥民多，你在这儿人熟地熟，工作条件好。我们没有枪支弹药留给你，你要在发动群众的基础上，成立农民协会，组织游击队，开展游击斗争。"几天后，在杨柳坪地母庙第一次见到刘志丹。当时习仲勋因两当兵变失败，心情沉重。刘志丹鼓励说：干革命还能怕失败！失败了再干嘛。失败是成功之母。我失败的次数要比你多得多。几年来，陕甘地区先后举行过大大小小七十多次兵变，都失败了。最根本的原因，就是军事运动没有同农民运动结合起来，没有建立起革命根据地。如果我们像毛泽东同志那样，以井冈山为依托，搞武装割据，建立根据地，逐步发展扩大游击区，即使严重局面到来，我们也有站脚的地方和回旋的余地。现在最根本的一条，是要有根据地。

8月 中共陕西省委根据中共中央四月二十日《关于陕甘边游击队的工作及创造陕甘边苏区的决议》，作出《创造陕甘边新苏区及红二十六军决议案》，决定建立红二十六军，立即组建一

---

[1] 石仲伟，中共党员，习仲勋在立诚学校高小读书时的老师。当时以国民党富平县教育局局长的公开身份从事秘密活动，开展对国民党驻军的统战工作。
[2] 耀县，今陕西铜川市耀州区。

个团，逐步实现编制一个师的任务。

9月 谢子长、刘志丹决定率陕甘游击队向南开展游击战，筹粮筹款，征集冬衣，而后北上安定〔1〕、保安〔2〕一带，建立革命根据地。谢子长临行前交代习仲勋：你留照金一带做农村工作，建立根据地，并在发展农民运动的基础上，建立陕甘工农游击队第七支队。

同月 在陕甘游击队离开照金时，特意向刘志丹道别。刘志丹嘱咐说：你是关中人，还种过庄稼，能跟农民打成一片，你一定要做好根据地的开辟工作。队伍走了，你们会遇上很大困难，但只要政策对头，紧紧依靠群众，困难是可以克服的。刘志丹将陕甘游击队第二大队的特务队（警卫队）留在照金，由习仲勋领导，开展游击运动，建立以照金为中心的陕甘边根据地。同时安排大队参谋第五伯昌随特务队行动，协助指挥游击斗争。刘志丹并对习仲勋说：打仗一定要灵活，不要硬打。能消灭敌人就打，打不过就不打。游击队要善于隐蔽，平常是农民，一集合就是游击队，打仗是兵，不打仗是农民，让敌人吃不透。

同月 因陕甘游击队第二大队特务队中队长陈克敏带队叛变，为保存革命武装，同第五伯昌商量对策，决定由习仲勋担任特务队政治指导员，第五伯昌任代理队长，将特务队撤离照金，前往以三原县武字区、心字区为中心的渭北革命根据地。不久，率特务队到达武字区同黄子文〔3〕会合。特务队改编为渭北游击队第二支队，程国玺任支队长，习仲勋任政治指导员。渭北游击队第二支队又称武字区后区游击队，主要在三原、富平、耀县边

---

〔1〕 安定，今陕西子长市。
〔2〕 保安，今陕西志丹县。
〔3〕 黄子文，时任渭北革命委员会主席。

界地区开展武装斗争。

10月初 中共陕西省委正式成立中共渭北特别委员会，李杰夫任中共渭北特委书记。共青团渭北特别委员会同时成立，习仲勋任共青团渭北特委委员。

10月6日 中共陕西省委作出《开展游击运动创造渭北新苏区的决议》，要求"渭北各党部必须发动与领导群众斗争来纪念十月革命，发起广大群众的纪念大会与示威运动。在武字区必须召集大会与示威，形成更广泛的群众运动，党应立刻积极的准备这一工作"。三十日，中共渭北特委、渭北革命委员会党团召开第一次会议，决定在十一月六日至八日连续三天举行群众大会和游行示威，纪念十月革命。

10月27日 出席中共渭北党团特委召开的党团支部书记联席会议。会议决定各支部用革命竞赛的方式，集中五六天时间，在武字区进行土地分配工作。

11月6日 率渭北游击队第二支队参加在武字区举行的渭北苏区纪念十月革命十五周年大会。七日，再次率队参加游行。

11月9日 国民党调动三原、富平等六县民团对武字区进行"清剿"。此后，又多次对武字区进行"清剿"。中共渭北特委和渭北革命委员会的领导骨干被迫分散，工作一度停止。

11月中下旬 同李杰夫率渭北游击队第二支队转移到心字区，因敌人"清剿"，未能立足，决定由程国玺和第五伯昌带领第二支队到旬邑一带打游击。习仲勋、李杰夫转移至照金，后又回到心字区隐蔽。不久，李杰夫离开渭北，返回陕西省委。习仲勋秘密回到富平县西部地区继续开展武装斗争，在淡村成立中共淡村支部，发展一批党团员，建立起淡村游击队。不久后，武字区前区游击队到淡村一带开辟工作，习仲勋任该队政治委员。

12月中旬 中共陕西省委决定撤销中共渭北特委，成立中共三原中心县委，隶属陕西省委，辖耀县、富平两个县委和三原、高陵、白水等六个区委。刘林生（后为刘映胜、赵伯平）任中共三原中心县委书记，习仲勋任县委委员，分工联系富平中共党组织的工作。同时，共青团渭北特委改建为共青团三原中心县委，习仲勋任共青团三原中心县委组织委员。一九八四年三月，习仲勋在回忆渭北及三原的革命斗争时说："赵伯平对我帮助很大，每天抽出两个小时，到城外给我讲马列主义基本知识，讲中国革命历史问题，这对我影响很大。"

12月24日 陕甘游击队正式改编为中国工农红军第二十六军第二团（当时只有第二团），王世泰任团长，杜衡任军政治委员兼团政治委员，郑毅（后为刘志丹）任参谋长。红二十六军成立后，按照中共中央指示，确定以耀县照金为中心建立陕甘边革命根据地。

1933年 二十岁

2月 任共青团三原中心县委书记，主要从事学运和兵运工作。此后在陕西省立第三中学和驻三原的王泰吉[1]部发展了一批党员。

3月初 由三原奉调西安，听取孟用潜[2]传达中共陕西省委决定：立即去红二十六军工作。不久后随红二十六军第二团（红二团）行动，任红二团少年先锋队指导员。

3月8日 中共陕甘边区特别委员会在耀县照金镇兔儿梁成立。中共陕甘边区特委归中共陕西省委领导，下辖旬邑、耀县两个县委。金理科、秦武山先后任特委书记，习仲勋任特委委员、军委书记兼共青团特委书记。

3月中旬 中共陕甘边区特委以耀县、照金游击队和旬邑县的游击队为基础，在照金组建陕甘边区游击队总指挥部，李妙斋任总指挥，习仲勋任政治委员。四月，红二十六军党委改组陕甘边区游击队总指挥部，黄子文任总指挥（后李妙斋、吴岱峰又任总指挥）。习仲勋随后参与对照金周围二十多支游击队的整顿工作。

---

[1] 王泰吉，1924年加入中国共产党，1928年发动麟游起义，参加和领导渭华起义，被任命为西北工农革命军参谋长。渭华起义失败后，只身到河南省南召县秘密从事革命活动，被敌人逮捕，押解到南京监狱，和党失去联系。经杨虎城具保营救出狱，暂时栖身于杨的部下。此时任国民革命军第十七路军骑兵团团长。

[2] 孟用潜，时任中共陕西省委书记。

春 随陕甘边党政领导机关进驻照金附近的薛家寨。根据战争需要，动员群众修建防御工事，储备粮食和物资，并设立红军医院、被服厂、修械所、仓库等。

4月5日 中共陕甘边区特委在耀县照金镇兔儿梁召开工农兵代表大会，选举产生陕甘边区革命委员会。周冬至当选为革命委员会主席，习仲勋为副主席，王满堂为土地委员，王万亮为肃反委员，姬守祥为粮食委员，杨在泉为经济委员。革命委员会机关先在照金镇薛家寨，后转移到甘肃华池县南梁堡一带。此后，照金、香山、芋园、七界石、老爷岭、桃曲原、马栏川等区、乡、村革命委员会基层政权组织相继建立，以照金为中心的陕甘边革命根据地不断扩展和巩固。

4月下旬 国民党陕西当局以四个正规团及旬邑、淳化、耀县、三原、同官[1]、宜君等六个县民团兵力，以王泰吉为总指挥，分四路"围剿"照金苏区。中共陕甘边区特委、陕甘边革命委员会和红二十六军举行联席会议，决定金理科和习仲勋等领导成员随特委、革委会和游击队总指挥部留在照金地区，领导群众和游击队坚持苏区斗争；红二十六军插入敌后，在外线相机歼敌。总的方针是：内外结合，采取灵活机动的战略战术，粉碎国民党军的"围剿"。

5月底 同黄子文率政治保卫队到照金镇薛家寨十多里外的北梁村开会。途中在陈家坡附近遭遇当地民团伏击，腰部受重伤，被农民郑老四一家救治。十余天后，被黄子文、周冬至组织群众抬回薛家寨养伤。

6月中旬 中共陕甘边区特委、红二十六军第二团党委、陕甘边区游击队总指挥部在北梁村召开联席会议，讨论发展红二十

---

[1] 同官，今陕西铜川市。

六军和扩大陕甘边革命根据地问题。杜衡主张放弃照金,南下创建渭(南)华(县)蓝(田)洛(南)根据地。刘志丹、金理科等多数人坚决反对红二十六军第二团南下,主张坚持以桥山中段为依托,开展游击战争,巩固和发展陕甘边革命根据地。习仲勋因伤病未能与会,委托金理科在会上转达其坚持陕甘边斗争的意见。在杜衡的错误决定下,会议通过红二十六军第二团南下渭华的主张。

6月下旬 红二十六军第二团由照金北梁南下渭华,在蓝田、洛南、华县一带遭敌重兵围追堵截,苦战月余后失败。

7月21日 国民革命军第十七路军骑兵团团长王泰吉率部近两千人在耀县起义,成立西北民众抗日义勇军并任总指挥,王泰吉随后恢复党的组织关系。义勇军在耀县短暂停留后向三原进发,途中遭敌截击,大部溃散,余部向照金转移。

7月底 中共陕西省委主要负责人袁岳栋、杜衡被捕叛变,省委机关和关中、陕南及甘肃境内的党组织遭到严重破坏。中共陕甘边区特委同上级中断联系后,独立领导陕甘边革命斗争。

7月 不顾伤病未愈,率特务连和耀西、淳化、旬邑三支游击队从照金赴三原迎接王泰吉,得知王泰吉部已返回照金。在薛家寨,同王泰吉彻夜长谈,探讨起义失败原因,分析部队现状,研究整编和以后的行动方案。随后,在中共陕甘边特委、陕甘边革委会和陕甘边区游击队总指挥部召开的欢迎大会上发表讲话,欢迎王泰吉和全体起义官兵加入红军行列。

8月14日—15日 陕甘边党政军联席会议在耀县照金陈家坡村召开,重点讨论重新组建主力红军、扭转根据地被动局面的对策问题。同秦武山[1]担任会议执行主席。出席会议的有张秀山[2]、高岗[3]及红二十六军第四团[4]、耀县游击队负责人等十余人。会议在讨论西北民众抗日义勇军、红四团、游击队三支部队统一还是分散活动问题时发生激烈争论。在会上明确赞同多数同志的意见，认为要继续创造和扩大陕甘边苏区，就必须把抗日义勇军、耀县游击队、旬邑游击队和淳化游击队等多个武装力量联合起来，一致行动。如果再分散回原地游击，不仅不能坚持陕甘边斗争，还极有被敌人各个击破的危险。会议否决了分散行动的意见，决定成立陕甘边区红军临时总指挥部，统一领导红四团、耀县游击队和西北民众抗日义勇军，推举王泰吉为总指挥，高岗为政治委员；决定刘志丹任陕甘边区红军临时总指挥部参谋长，在刘志丹未归之前暂不宣布。会议并以创造和扩大陕甘边苏区为中心口号，制定了不打大仗打小仗，积小胜为大胜，集中主力，广泛开展游击战争，开展深入的群众工作的战略方针。

9月中下旬 在红军主力和游击队于外线作战之际，同李妙斋指挥陕甘边区革命委员会保卫队击溃进攻之敌，取得保卫薛家寨第一次战斗的胜利。李妙斋在战斗中牺牲。

10月上旬 迎接辗转返回照金的红二十六军第二团负责人刘志丹、王世泰等，并向刘志丹汇报陈家坡会议情况。刘志丹说：这就好了，陈家坡会议总算清算了错误路线，回到正确路线上来了。现在需要把部队集中起来，统一领导，统一指挥。我们重新干起来，前途是光明的。十二日，刘志丹、王泰吉率主力部

---

[1] 秦武山，时任中共陕甘边区特委书记。
[2] 张秀山，时任陕甘边区游击队总指挥部政治委员。
[3] 高岗，时任西北民众抗日义勇军政治委员。
[4] 1933年7月，渭北游击队改编为中国工农红军第二十六军第四团，黄子祥为团长，杨森为政治委员，李天赦为总参谋长。

队离开照金,转入外线歼敌。

10月中旬 同张秀山、吴岱峰[1]等率游击队抗击国民党军向薛家寨发动的大规模"围剿"。因敌我力量悬殊,向中共陕甘边区特委提出"部队全部撤退,来个空城计,我们不能死守根据地"的建议并获同意。随后,根据中共陕甘边区特委决定,秘密撤离薛家寨,在附近农村隐蔽,相机开展群众工作和接应撤离人员工作。

10月下旬 暂留照金农村,进行革命活动。年底,同撤离薛家寨后在旬邑县七界石一带开展游击活动的张秀山、吴岱峰等会合。随队行动至甘肃正宁县三嘉塬时突患伤寒,先后在宜君县小石崖村和合水县太白镇莲花寺豹子沟的群众家中养病。

11月3日—5日 陕甘边党政军负责人联席会议在甘肃省合水县包家寨召开,着重讨论红军改编和根据地重建等问题。会议作出三项决定,一是撤销陕甘边区红军临时总指挥部,成立红二十六军第四十二师,下辖由西北民众抗日义勇军和耀县游击队改编而成的第三团、由红四团改编的骑兵团。二是开辟以南梁为中心的陕甘边革命根据地。三是开辟三个战略区,组建三路游击总指挥部,第一路以陕北安定为中心,向南发展;第二路以庆阳南梁为中心,向四周发展;第三路以关中照金为中心,向北发展。三路游击区共同以南梁为中心,红二十六军居中策应。八日,红二十六军第四十二师在甘肃合水县莲花寺成立,王泰吉任师长,高岗任政治委员,刘志丹任参谋长。红二十六军第四十二师成立后,师党委代行中共陕甘边区特委职权。

11月 第二路游击区的地方武装——庆阳游击队在南梁小河沟成立,主要活动于华池县二将川、柔远一带。杨培胜任队

---

[1] 吴岱峰,时任陕甘边区游击队总指挥部总指挥。

长,习仲勋任政治指导员。

年底 同张策[1]、吴岱峰等进行创建以南梁为中心的陕甘边革命根据地的工作。

---

[1] 张策,时任红二十六军第四十二师特派员。

1934年　二十一岁

春　红四十二师在南梁一带发动群众，打土豪、分粮食，组织革命武装，镇压反动势力，建立乡村政权。

2月25日　中共红四十二师委员会在甘肃南梁小河沟四合台村召开群众大会，选举成立陕甘边区革命委员会，习仲勋任主席，白天章、贾生秀先后任副主席。

2月　国民党军对陕甘边革命根据地发动第一次大规模"围剿"。在陕甘边红军主力转入外线作战后，习仲勋留在南梁组织领导根据地军民开展反"围剿"斗争。

5月28日　在南梁寨子湾出席红四十二师党委会议。会议决定重建中共陕甘边区特委，张秀山、惠子俊先后任书记，刘志丹、习仲勋、张邦英、张策、张静源、蔡子伟、刘景范、李生华、龚逢春为特委委员；决定成立陕甘边区革命军事委员会，刘志丹任主席，边金山任副主席，吴岱峰任参谋长。

5月　得知刘志丹家属遭国民党军队迫害后，即派人将他们接到南梁苏区。

6月　带领游击队攻打华池县紫坊畔塔儿掌土豪胡克申，将没收的粮食和浮财分给贫苦农民。

7月中旬　中共陕甘边区特委作出《目前政治形势与陕甘边区党的任务》的决议（即"七月决议"）。决议提出，陕甘边党、政、军目前的任务是：以华池为中心，向四周发展；恢复照金苏区；打通与陕北革命根据地的联系；创造条件，转变临时政权为正式政权；实行土地革命。

7月下旬 同刘志丹、张秀山等在南梁阎家洼子迎接谢子长[1]、郭洪涛[2]、贺晋年[3]率领的红军陕北游击队和赤卫队。

7月底 出席中共陕甘边区特委、红四十二师党委和中共陕北特委、红军陕北游击队总指挥部在阎家洼子召开的联席会议，为主席团成员。会议总结讨论红四十二师和陕甘边根据地的工作和任务，决定高岗去上海临时中央局受训，由谢子长兼任红四十二师政委；红四十二师第三团随谢子长由南梁地区北上，与陕北游击队协同作战，共同粉碎敌人对陕北根据地的"围剿"。会议还宣读上海临时中央局的信和中央驻北方代表通过陕北特委转交陕甘边区的指示信。针对两封信对红二十六军"一贯的右倾机会主义领导""逃跑主义""梢山主义"[4]"枪杆子万能""浓厚的土匪色彩"等指责，刘志丹和习仲勋作了必要的说理和申辩。

10月中旬 中共中央、中革军委率中央红军主力等进行战略转移，开始长征。十一月中旬至翌年十一月中旬，红二十五军，红四方面军，红二、红六军团也相继撤出鄂豫皖、川陕、湘鄂川黔等革命根据地，进行战略转移。

10月—11月 在国民党军发动对陕甘边革命根据地"围剿"期间，在南梁担负组织领导保卫根据地和筹集粮草物资支援前线的任务。

---

[1] 谢子长，时任中国工农红军陕北游击队总指挥。
[2] 郭洪涛，时任中国工农红军陕北游击队政治委员。
[3] 贺晋年，时任中国工农红军陕北游击队参谋长。
[4] 梢山主义，是当时党内"左"倾教条主义者对陕甘地方开展游击战争的蔑称。意思是说红军和游击队不敢同敌军作战，逃跑到梢林（丛林）里面躲起来了。

秋 陕甘边区红军军政干部学校在南梁任家洼成立。刘志丹兼任校长，习仲勋兼任政治委员，吴岱峰任军事主任，主持日常工作。

同季 指挥庆阳游击队打开庆阳大地主"恒义和"在华池县悦乐上堡子的粮仓，将二千余石粮食分给贫苦农民。

11月1日—6日[1] 中共陕甘边区特委和陕甘边区革命委员会在南梁荔园堡召开陕甘边工农兵代表大会，正式成立陕甘边区苏维埃政府和陕甘边区革命军事委员会。习仲勋在会上当选为陕甘边区苏维埃政府主席，贾生秀、牛永清为副主席。刘志丹任陕甘边区革命军事委员会主席。大会通过《政治决议案》《军事决议案》《土地决议案》《财政决议案》及《粮食决议案》等文件和法令。

11月7日 在荔园堡出席陕甘边区苏维埃政府成立庆祝大会。在会上接过刘志丹代表边区军民颁发的陕甘边区苏维埃政府印章，并发表施政讲话，表示要进一步发展壮大武装力量，广泛发动群众，把武装斗争推向新高潮，争取更大胜利。随后，以极大精力领导地方政权建设和群众工作。南梁苏区把廉洁当作头等大事，并实行十大政策，即土地政策、财经粮食政策、军事政策、对民团政策、对土匪政策、各种社会政策、肃反政策、知识分子政策、对白军俘虏政策、文化教育政策，逐步建立起革命新秩序。

---

[1] 另一说为1934年11月4日至6日。

1935年　二十二岁

春　国民党当局调集陕、豫、晋、宁、甘五省军阀，以四万兵力，对陕甘边、陕北革命根据地发动第二次大规模"围剿"。

2月5日　中共陕甘边区特委和中共陕北特委在赤源县[1]周家崄召开联席会议。会议决定成立中共西北工作委员会（简称中共西北工委）和西北革命军事委员会（简称西北军委），统一领导陕甘边、陕北两块苏区党政军组织；撤销中共陕北特委，其所辖的神府工委和其他县委由西北工委直接领导；保留中共陕甘边区特委，由西北工委领导。惠子俊任中共西北工委书记，刘志丹任西北军委主席（一说谢子长），习仲勋任中共西北工委委员。

2月　在国民党军马鸿宾[2]部向甘肃庆阳以北山区推进期间，按照中共西北工委"暂时撤离南梁"的指示，带领陕甘边区苏维埃政府工作人员，组织群众坚壁清野，作好撤离准备。

4月中下旬　因马鸿宾部进犯甘肃南梁，率陕甘边区苏维埃政府保卫大队掩护政府机关撤离。其间，在豹子川、白沙川交界处的张岔岭和乔子川、大东沟，两度遭遇敌重兵包围，摆脱敌军追击后撤至陕西安塞县阎家湾。

5月　随陕甘边区党政军机关移驻陕西甘泉县洛河川下寺湾

---

[1] 赤源县，指1934年12月中共陕北特委在安定、横山、靖边县交界已解放区域设立的县治。

[2] 马鸿宾，时任国民党军第三十五师师长。

一带，边区苏维埃政府驻义子沟。

5月—7月　陕甘红军在刘志丹等指挥下，粉碎敌人军事"围剿"，使陕甘边和陕北两块根据地连成一片，形成陕甘革命根据地（又称西北革命根据地）。陕甘革命根据地是土地革命战争后期全国硕果仅存的完整和拥有较大地域的革命根据地，为党中央和各路红军长征提供了落脚点，为全民族抗日战争爆发后由红军改编的八路军主力奔赴抗日前线提供了出发点。

7月15日—21日　在陕西延川县永坪镇出席中共西北工委扩大会议。朱理治[1]传达由中央代表和河北省委共同签署的指示信和军事指令。指示信称："陕甘党内有右倾取消主义，而且他们的阴谋已暴露"；"右倾取消主义是为日本帝国主义国民党服务的"，"右倾机会主义实质是日本帝国主义国民党反动派统治在党内的应声虫和同盟军"，因此"要反对国民党的走狗并与之进行斗争"。军事指令提出"全面出击"，"苏区的政策是查田"等。会议作出了完全脱离实际的反第三次"围剿"决议案。会议精神传达到中共陕甘边区特委后，在王明"左"倾教条主义错误指导下的一场所谓"反右倾取消主义"斗争很快展开。

7月　国民党军向西北革命根据地发动第三次"围剿"。

8月1日　在陕西甘泉县洛河川史家河滩主持召开军民大会，报告日军侵略华北的形势，号召群众参加红军。下旬，主持审议通过陕甘边区苏维埃政府关于动员一千六百人参加红军的决议案，下发苏区各地执行。

8月　出席中共陕甘边特委会议，提出纠正查田运动和土地

---

[1] 1935年2月，中共中央驻北方代表派中共河北省委副书记兼宣传部部长朱理治到陕北工作。同年7月，朱理治以中共中央驻北方代表派驻西北特派员名义到达陕北。

分配中的偏差、错误，得到多数与会者的赞同。会议决定立即停止土改工作团在陕甘边区的查田运动。

9月上中旬 同刘景范[1]等迎接由徐海东[2]、程子华[3]率领的从鄂豫陕苏区长征到陕北的中国工农红军第二十五军，主持欢迎大会并致欢迎词。

9月17日 西北代表团[4]在延川县永坪镇主持召开中共西北工委、鄂豫陕省委和军队主要领导干部会议。会议主要讨论党和军队的统一领导及第三次反"围剿"问题。会议决定，撤销中共西北工委和中共鄂豫陕省委，成立中共陕甘晋省委，由朱理治任书记，郭洪涛任副书记；将红二十五军同红二十六军、红二十七军合编为中国工农红军第十五军团，徐海东任军团长，程子华任政治委员，刘志丹任副军团长兼参谋长；改组西北革命军事委员会，聂洪钧任主席。

9月21日 中共陕甘晋省委发出建立政治保卫局工作系统的指示，颁布红色戒严令，动员政府、贫农团和广大群众严格执行阶级路线，进行肃反。

9月下旬—10月下旬 在"左"倾教条主义执行者实行的错误肃反中被捕，先被关押在甘泉县下寺湾东南的王家坪，后移至中共陕甘晋省委驻地瓦窑堡。肃反期间，刘志丹、高岗、张秀山等一大批党政领导干部，红二十六军营级和一些连级干部，陕甘

---

[1] 刘景范，时任陕甘边区革命军事委员会主席。
[2] 徐海东，时任中共鄂豫陕省委常委、红二十五军军长。
[3] 程子华，时任中共鄂豫陕省委代书记、红二十五军政治委员。
[4] 1935年9月15日，红二十五军和红二十六军、红二十七军在陕西延川县永坪镇会师，即由朱理治、聂洪钧（9月初由中共上海临时中央局派赴西北苏区工作）、程子华3人组成中共中央北方局派驻西北代表团，朱理治任书记。

边地方县科以上干部大多被关押。

10月19日 中共中央、毛泽东同陕甘支队第一纵队抵达保安县吴起镇。二十二日，中共中央得知陕北肃反情况后，派贾拓夫[1]携带电台与李维汉[2]同行，作为先遣队寻找西北红军和刘志丹。李维汉、贾拓夫在甘泉县下寺湾同郭洪涛会面，证实当地干部和群众反映陕甘苏区正在对红二十六军和陕甘边党组织进行肃反，刘志丹、高岗、习仲勋等领导干部已被拘捕的消息无误，即将情况报告中共中央和毛泽东。毛泽东当即下令停止逮捕，停止审查，停止杀人，一切听候中央解决。

11月3日 中共中央政治局常委会议在甘泉县下寺湾召开。会议听取郭洪涛和聂洪钧关于西北革命根据地、西北红军及其作战情况的汇报。

同日 中共中央政治局召开会议，讨论中央对外名义和组织分工等问题。会议决定，对外使用中共西北中央局和中华苏维埃共和国临时中央政府西北办事处的名义；成立西北革命军事委员会，毛泽东为主席，周恩来、彭德怀为副主席。会后，毛泽东、周恩来、彭德怀率红一军团南下和红十五军团会合，准备粉碎国民党军对西北革命根据地的第三次"围剿"；张闻天[3]、秦邦宪[4]等率领中共中央机关前往瓦窑堡。

11月10日 张闻天率中共中央和苏维埃中央政府机关进驻瓦窑堡，即着力解决陕北错误肃反问题。中共西北中央局指定组

---

[1] 贾拓夫，时任红军总政治部白军工作部部长。
[2] 李维汉，时任中共中央组织部部长。
[3] 张闻天，又名洛甫，遵义会议后，于1935年2月代替博古负中央总的责任。1935年2月至抗日战争初期主持中共中央日常工作。
[4] 秦邦宪，又名博古，时任中共中央政治局常委、中共中央书记处书记、中华苏维埃共和国临时中央政府西北办事处主席。

成在秦邦宪指导下由董必武[1]、王首道[2]、张云逸[3]、李维汉、郭洪涛参加的审查错误肃反的五人党务委员会。先期到达瓦窑堡的王首道等通过访问群众、调阅案卷、与当事人谈话等形式，在掌握大量事实和证据后，确认错误肃反中强加给刘志丹、高岗、习仲勋等人的是"莫须有"罪名，纯属不实之词，理应予以推倒。经五人党务委员会审查后，刘志丹同习仲勋等十八人被首批释放，其他被关押的同志也陆续获释。

11月上旬 根据中共中央决定，中共陕甘晋省委撤销，以下寺湾洛河川为界，把西北革命根据地以南划分为陕甘省，以北划分为陕北省，并设立三边、神府、关中三个特区。朱理治任中共陕甘省委书记，郭洪涛任中共陕北省委书记。

11月18日 在前方指挥作战的毛泽东、周恩来、彭德怀致电张闻天、秦邦宪，请他们详细考虑西北革命根据地肃反中的问题，指出："错捕有一批人，定系事实。"

11月30日 中共中央组织部召开平反会，为刘志丹、习仲勋等平反。张闻天、秦邦宪、刘少奇和五人党务委员会成员出席会议。会议宣布中共西北中央局十一月二十六日《西北中央局审查肃反工作的决定》和三十日《关于戴季英、聂洪钧二同志在陕甘区域肃反工作中所犯错误处分的决议》。王首道代表五人党务委员会宣布，刘志丹、习仲勋等同志是无罪的，党中央决定予以释放，并分配工作。

12月上旬 进入中共中央党校学习，担任训练班第三班班

---

[1] 董必武，时任中共中央党务委员会书记。
[2] 王首道，时任中华苏维埃共和国国家政治保卫局执行部部长。
[3] 张云逸，时任中华苏维埃西北革命军事委员会参谋部副参谋长，以中革军委代表的身份参加该项工作。

主任。

12月17日—25日 中共中央政治局在陕西安定县瓦窑堡召开扩大会议，确定抗日民族统一战线的策略方针。

12月27日 出席中共中央在瓦窑堡召开的党的活动分子会议，第一次见到毛泽东，并聆听毛泽东《论反对日本帝国主义的策略》的报告。

12月 同郝明珠结婚。

1936年　二十三岁

1月　任中共关中特委常委,关中特区苏维埃政府副主席、党团书记。关中特区苏维埃政府于一九三六年一月在原陕甘边区南区苏维埃政府的基础上建立,下辖淳耀、赤水、永红、新正[1]、新宁[2]五县。关中特区人口较为稠密,经济条件、文化教育和群众生活条件较好。因其地处西北革命根据地最南端,后被誉为陕甘宁边区的"南大门"。

2月　赴关中前夕,同张仲良[3]在瓦窑堡听取周恩来指示。周恩来谈了国内国际形势和苏区面临的敌情,指出工作任务和需要注意的问题,对分派他们去关中特区工作寄予厚望。周恩来对习仲勋说:你们的任务是发动群众,扩大和巩固陕甘苏区,开展游击战,配合中央整个战略部署,威胁西安,迎接将要到来的抗日高潮。

---

[1] 1935年8月,中共陕甘边南区委、陕甘边南区革命委员会以陕西旬邑县北部和甘肃正宁县南部地区为辖区设置新正县。1936年1月后属陕甘边关中特区,1937年10月后属陕甘宁边区关中分区,1949年6月撤销,其辖区分别复归原治。

[2] 1935年11月,中共陕甘边南区委、陕甘边南区革命委员会以甘肃宁县杨园子等地为辖区设置新宁县。1936年1月后属陕甘边关中特区,1937年10月后属陕甘宁边区关中分区,1949年7月撤销,其辖区复归宁县。

[3] 张仲良,当时正在中央党校学习,到关中后任独立第三团政治委员。

同月 同即将率部参加东征的刘志丹[1]、宋任穷[2]相遇。刘志丹叮嘱:"向受过整的同志都说说,过去了的事,都不要放在心上,这不是哪一个人的问题,是路线问题,要相信党中央、毛主席会解决好。要听从中央分配,到各自岗位上去,积极工作。后方的工作很重要,我们有了巩固的后方,前方才能打胜仗。你要带头做好地方工作。"

同月 从瓦窑堡前往关中特区。在关中特委和关中特区苏维埃政府所在地新正县南邑村,同贾拓夫[3]、秦善秀[4]、江华[5]、张邦英[6]、唐洪澄[7]会合。到达关中后,传达贯彻瓦窑堡会议精神,并根据中央精神和当地实际,纠正执行土地政策问题上的偏差。

春 国民党东北军向关中特区发动大规模"围剿"。根据中央指示,关中党政军领导干部率大部武装转移到瓦窑堡,关中特委、关中特区苏维埃政府撤销,由习仲勋、汪锋等组成关中工委,坚持关中游击战争。不久,中共关中临时特委在旬邑县花家洞成立。

5月17日 为配合红军西征,开辟新的苏区,中共中央发出电令,撤销中共陕甘省委,成立中共陕甘宁省委,李富春任中共陕甘宁省委书记。原中共陕甘省委所辖的关中临时特委划归中共陕北省委领导。不久,习仲勋接到中共中央来信,得知中央决

---

[1] 刘志丹,时任红二十八军军长。
[2] 宋任穷,时任红二十八军政治委员。
[3] 贾拓夫,时任中共关中特委书记。
[4] 秦善秀,时任关中特区苏维埃政府主席。
[5] 江华,时任关中特区司令部司令员。
[6] 张邦英,时任关中特区苏维埃政府副主席。
[7] 唐洪澄,时任中共关中特委组织部部长。

定调其回新成立的陕甘宁省委另行分配工作。

5月18日—7月 为扩大革命武装和根据地，红一方面军向陕甘宁边界地区发起西征战役。其间，随彭德怀任司令员兼政治委员的西方野战军行动。一九八〇年一月二十五日，习仲勋在《彭总在西北战场》一文回忆说：我跟彭总在戎马倥偬之中度过了好几个月，几乎每天都向他报告工作情况。他虽然长我十五岁，但完全用平等、亲切的态度对待我，外表严肃而内心热诚，在日常工作和战斗中，那种诚挚的关切之情，使我深为感动。

5月28日 随西方野战军左路军红一军团从吴起镇向甘肃东部的曲子、环县开进。三十日，随部队到达甘肃东部的元城地区待机。

6月7日 致电张闻天、周恩来、李维汉等，报告关中地区情况。

6月上旬 曲子、环县解放，中共曲环工委成立。任中共曲环工委书记，后改任中共环县县委书记。在两个多月的时间里，发展党的基层组织，建立地方政权，组织领导群众开展武装斗争。

8月中旬 前往环县河连湾向中共陕甘宁省委及李富春汇报工作，得知中央决定让其回保安县，另行分配工作。接到任务后即回环县交代工作，启程前往保安县。

9月15日—17日 在保安县列席中共中央政治局扩大会议。会议主要讨论统一战线问题，通过《中共中央关于抗日救亡运动的新形势与民主共和国的决议》。

9月中旬 受张闻天约见。张闻天宣布习仲勋回关中主持工作，任中共关中特委书记，并叮嘱说：你先去试一试，凡是民团团长都可以搞统一战线，包括保甲长、联保主任。此后，守卫陕甘宁边区南大门长达六年之久。

9月下旬 同张策[1]等十余人前往关中特区。临行前,周恩来交代:你们要路经的地区,敌人正在"扫荡",通过敌人的封锁线,要多加小心。十月初,抵达关中特区旬邑县境内的七界石,与留守关中的张凤岐[2]取得联系,对关中特区工作进行部署。

10月中旬 在七界石主持召开关中党的活动分子会议,讨论坚持与恢复关中特区和游击战争问题。会议决定:一、以县为单位整理与扩大游击队,行动上以"集中打仗,分散活动"为原则。成立关中游击队指挥部,郭炳坤任指挥,习仲勋兼政治委员,统一领导关中游击队。二、尽可能地进行统战工作,争取进步、中间的民团、保甲,打击最反动的少数分子。三、整理各地党的工作,健全党的组织生活。四、恢复各县苏维埃政权。五、在敌人后方开辟新苏区。

12月12日 张学良、杨虎城发动西安事变,扣留蒋介石。随后,中共中央确定和平解决事变的方针,并派周恩来、博古、叶剑英等前往西安。经过谈判,迫使蒋介石作出"停止剿共,联红抗日"的承诺。西安事变的和平解决,成为时局转换的枢纽。在抗日的前提下,国共两党实行第二次合作已成为不可抗拒的大势。

12月 得知中共中央决定再次成立中共陕甘省委的消息后,请求中共中央指示新的省委对关中特委实施直接领导。

同月 原隶属于中共陕北省委领导的关中特区司令部划归中共陕甘省委领导,张仲良任司令员,习仲勋任政治委员。

---

[1] 张策,时任中共关中特委宣传部部长兼统战部部长。
[2] 张凤岐,时任中共关中临时特委组织部部长,不久后任中共关中特委组织部部长。

1937年　二十四岁

1月2日　中共中央政治局召开会议，确定新成立的中共陕甘省委组成人选。李维汉任中共陕甘省委书记，张邦英、习仲勋等十三人为省委委员。三日，中共中央致电彭德怀、任弼时[1]等。电文说："关中区划归陕甘省委管辖。陕甘省委注意向同心城、固原、海原、西峰、正宁、环县发展，与关中地区发生关系。"

1月上旬　在中共关中特委驻地淳耀县桃渠河迎接李维汉。此后，在近两个月时间里，在李维汉具体指导下，多次主持特委会议，确定关中党的工作总方针。

1月13日　中共中央机关迁驻延安。

1月　同张策前往陕西泾阳县云阳镇安吴堡红军前敌总指挥部面见彭德怀。彭德怀在谈话中提出，要注意尊重友区、友军。

同月　到陕西泾阳县云阳镇红二方面军总部拜会贺龙[2]、关向应[3]、甘泗淇[4]等。

2月　根据中共陕甘省委、陕甘省抗日救国政府《关于苏区

---

[1] 彭德怀、任弼时，当时分别担任中国工农红军前敌总指挥部总指挥和政治委员，指挥除西路军外的一、二、四方面军及其他兵团和人民武装。
[2] 贺龙，时任红二方面军总指挥。
[3] 关向应，时任红二方面军副政治委员。
[4] 甘泗淇，时任红二方面军政治部主任。

与邻近各县友区行政关系之原则》的决定,派郭廷藩[1]、杨再泉[2]等同国民党正宁县县长举行划界谈判。

春 根据红军前敌总指挥部的决定,从关中游击队中挑选出五百名兵员编成一个补训团,补充至红二方面军。

同季 中共中央决定建立陕甘宁特区党委。

4月4日 《党的工作》(第三十期)发表李维汉《关中工作的一些总结》一文。文章说:"在我经过的陕甘苏区,关中是最好的一块苏区。""关中的党是从斗争中锻炼出来的布尔什维克的党,有许多群众真正爱戴的领袖,如习仲勋同志、张邦英同志等。""关中从志丹同志等那时起,是经过了长期的游击战争,许多同志如刘景范同志、习仲勋同志、张邦英同志、高岗同志等都参加过。前年冬季到去年春季,正式建立了苏维埃及分配土地,但计划未完成,'围剿'又开始了。在关中主力部队调走后,关中党在那里是坚持了胜利的游击战争,游击队是扩大了,游击队和群众是表示了无限的英勇。在去年'围剿'中,关中在游击战争中是模范的。"

4月 中共陕甘省委撤销。中共关中特委划归中共陕西省委[3]领导。关中特委和关中特区苏维埃政府移驻新正县马家堡。关中特区苏维埃政府更名为关中特区抗日救国政府。习仲勋仍担任中共关中特委书记,兼任关中特区司令部政治委员。

5月15日 作为关中特区代表,在延安出席陕甘宁特区党

---

[1] 郭廷藩,时任中共新宁县委书记。
[2] 杨再泉,时任中共关中特委秘书长。
[3] 1933年7月中共陕西省委遭到严重破坏,此后中共陕西临时省委数次成立,1934年曾改称西安中心市委。1935年10月,陕西临时省委与中共中央取得直接联系。1936年12月25日,中共陕西省委重建,贾拓夫任中共陕西省委书记。

的第一次代表大会。会上，毛泽东作指示，要求"转变与创立特区为抗日民主政治的模范区域，为抗日民族革命战争中政治与军事的模范区域，为实现民主共和制的模范区域"。大会选举由执委十七人、候补执委六人组成的中共陕甘宁特区第一届委员会。在会上当选为执委。

7月7日 日本侵略军发动卢沟桥事变（七七事变），当地中国驻军奋起抵抗。八日，中共中央向全国发出通电，指出："平津危急！华北危急！中华民族危急！只有全民族实行抗战，才是我们的出路！"卢沟桥事变标志着日本帝国主义发动了全面侵华战争，也标志着中国人民抗日战争的全面爆发，即全国抗战的开始。中国的全民族抗战在世界东方开辟了第一个大规模反法西斯战场。

8月22日—25日 中共中央政治局在陕北洛川召开扩大会议，通过《中国共产党抗日救国十大纲领》《中共中央关于目前形势与党的任务的决定》，党的全面抗战路线正式形成。会议决定成立中共中央革命军事委员会（简称中央军委），毛泽东为书记（亦称主席），朱德、周恩来为副书记（亦称副主席）。

8月25日 中共中央革命军事委员会发布命令，宣布红军改名为国民革命军第八路军（简称八路军），下辖三个师，全军约四万六千人。红军前敌总指挥部改为第八路军总指挥部，朱德任总指挥，彭德怀任副总指挥。之后，南方八省的红军游击队（琼崖红军游击队除外）改编为国民革命军陆军新编第四军（简称新四军），下辖四个支队，全军一万余人。叶挺任军长，项英任副军长。

9月6日 原陕甘宁革命根据地苏维埃政府（即中华苏维埃人民共和国临时中央政府西北办事处）正式改称陕甘宁边区政府（十一月至翌年一月曾称陕甘宁特区政府）。陕甘宁边区辖二十三个县，面积约十三万平方公里，人口约一百五十万，是中共中央所在地，是人民抗日战争的政治指导中心，是八路军、新四军和其他人民抗日武装的战略总后方。

9月 中共关中特委由中共陕西省委指导划归陕甘宁边区党委领导。

10月 在新正县马家堡主持召开中共关中分区代表大会。到会代表五十余人，代表关中分区七百多名党员。会议着重检查过去党的工作，讨论开展关中统一战线以及苏区转变为边区问题；决定将关中特区改称关中分区，并选举产生中共关中分区委员会（简称中共关中分委），习仲勋当选为书记。中共关中分区委员会下辖新正、新宁、赤水、淳耀四个县委和驻国民党统治区（即国统区）的旬邑、淳化两个八路军办事处。会议还决定将关中特区苏维埃政府更名为陕甘宁边区关中分区行政督查专员公署，霍维德任专员；将关中特区司令部更名为关中分区保安司令部，属中共关中分委和陕甘宁边区保安司令部领导，张仲良任司令员，习仲勋兼任政治委员。

1938年 二十五岁

3月15日 中共中央发出《关于大量发展党员的决议》。此后,中共关中分委积极而慎重地在工人、雇工、青年学生和战士中发展党员。

5月26日—6月3日 毛泽东作《论持久战》的长篇演讲。

9月29日—11月6日 中共扩大的六届六中全会在延安召开。全会首次提出马克思主义中国化的命题,重申个人服从组织、少数服从多数、下级服从上级、全党服从中央的纪律,正确分析抗日战争的形势,规定党在抗战新阶段的任务,为实现党对抗日战争的领导进行了全面的战略规划,进一步巩固毛泽东在全党的领导地位,统一全党的思想和步调,推动各项工作迅速发展。

12月27日 在陕甘宁边区政府召开的第四十三次主席团会议上被确定为参议会常驻议员候选人、副议长候选人。

1939年 二十六岁

1月21日—30日 国民党五届五中全会在重庆召开。会议虽然仍声言"坚持抗战到底",但却把对付共产党问题作为重要议题,制定"溶共""防共""限共"的方针,原则通过《防制异党活动办法》,决定设置防共委员会,严密限制共产党和一切进步力量的言论和行动。会后,国民党制定一系列反共文件,饬令各地执行。

1月下旬 获悉国民党旬邑县县长张中堂及国民党邠县专员张明经调集保安队二三千人围攻八路军荣誉军人学校后,即指示荣校撤离驻地土桥镇,退驻旬邑县城以北数十里外的看花宫。

5月下旬 在延安向陕甘宁边区党委汇报工作。获悉国民党顽固派以优势兵力向驻守旬邑县城的关中分区独立一营发动进攻后,即从延安赶回新正县马家堡,并派郭炳坤[1]、张凤岐[2]进入旬邑县城,以加强该营的组织指挥和政治工作。郭炳坤、张凤岐尚未进入城内,独立一营就因兵力悬殊撤离县城。

同旬 紧急召开中共关中分委会议。鉴于国民党顽固派开始向马家堡等地发动进攻,会议决定分区党政军机关暂时撤出马家堡,到北边十多里外的长舌头驻扎。随后,向陕甘宁边区党委和政府报告情况,并按中央精神做分区部队和群众的思想工作。

---

[1] 郭炳坤,时任中共关中分区委员会宣传部部长。
[2] 张凤岐,时任中共关中分区委员会组织部部长。

同旬 同张仲良[1]致信国民党陕西保安第九团尤奉山。信中说：你是深明大义的爱国军人，又是指挥官，应以民族利益为重，团结抗日为前提。而后方少数顽固分子，无端造谣，祸起萧墙，日寇高兴，汉奸窃喜。你应该明察实情，悬崖勒马。尤奉山回信表示：我作为中国军人在民族存亡之际，不能去打日本鬼子，实在惭愧。但我可以保证，在我的防区，绝不再向贵区前进一步。

5月 兼任关中分区行政督察专员公署专员。

同月 兼任新正县县长。

7月7日 下午，出席关中分区党政军各界千余人举行的纪念抗战两周年大会，并就政治形势作报告。

9月上旬 中共关中分区第二次代表大会在新正县召开，到会代表五十多人，代表党员四千多人。会议检查两年来的工作，讨论关中的统一战线工作。会议提出，在"人不犯我，我不犯人；人若犯我，我必犯人"的原则下，关中党在统战工作中必须进行斗争。只有斗争，才能团结，是统一战线的必然规律。大会选出习仲勋、张仲良、郭炳坤、张凤岐等十三名委员组成中共关中分区委员会，习仲勋任中共关中分委书记。

10月初 在马家堡主持会议，迎接陕甘宁边区政府教育厅委派来关中分区筹建边区第二师范学校的刘端棻、王伯勋、安己未等人。在讲话中说：一九三八年，关中分区有鲁迅师范，还有陕北公学，对发展边区的文教事业有很大帮助。但两个学校都搬走了，我们分区党政领导和群众是十分留恋他们的。今天成立一个地方性的师范学校，这对分区来说，是一项重大建设。一九四

---

[1] 张仲良，时任中共关中分区委员会委员、军事部部长，关中分区保安司令部司令员。

〇年三月十五日，陕甘宁边区第二师范学校在马家堡举行开学典礼。习仲勋兼任校长，刘端棻任副校长。

11月13日—12月17日 在安塞县徐家沟出席中共陕甘宁边区第二次代表大会。十一月十四日，聆听毛泽东的报告。大会选举产生中共陕甘宁边区第二届委员会，高岗任书记，习仲勋等为委员。

12月27日 同辛兰亭[1]致函林伯渠[2]、高自立[3]，报告关中分区最近冲突情形及周围形势。翌年一月十日，林伯渠、高自立复函说："在党政机关应严重注意干部中及党员中之动摇妥协倾向"，"并在群众中揭破顽固分子的欺骗宣传"。"你们所采取之对策尚属妥善，惟应加强锄奸工作，加强哨站盘查，严防侦探奸细分子之活动。"

年底 为响应毛泽东发出的"自己动手"的号召，指示关中分区机关在新庄窝开办农场，乡区机关及各县也要办农场、合作社，以解决分区工作人员吃粮和物资贸易问题。

---

[1] 辛兰亭，时任陕甘宁边区政府驻关中分区巡视员。
[2] 林伯渠，时任陕甘宁边区政府主席。
[3] 高自立，时任陕甘宁边区政府副主席。

1940年　二十七岁

1月12日　向林伯渠、高自立报送关中分区行政督察专员公署《征粮扩兵工作动员部署情形》报告。

1月16日　向陕甘宁边区政府财政厅报送《关中专署半年来超过经费及其原因报告》。

1月18日　向林伯渠、高自立报送一月五日以来所得新正各地有关征收公粮工作的报告材料。二十八日，林伯渠、高自立向习仲勋发出陕甘宁边区政府指令：对关中分区征收公粮时，贫苦农民仍以不收为宜。

1月21日　向陕甘宁边区政府报送《关于关中分区的反磨擦问题》报告。报告分析关中分区的严峻斗争形势，认为摆在关中分区党政军面前的战斗任务，是用尽一切力量，争取时间准备战争，应付突然事变。主要策略依据三点：第一，在任何情况中，都要坚持统一战线，坚持抗战。第二，反磨擦斗争，目前仍是以政治进攻为主，准备战争是在自卫原则下进行的。"人不犯我，我不犯人；人若犯我，我必犯人"的原则仍应当作基本准绳。第三，此次对方的进攻是有整个计划与组织的，因此，不能简单地与过去论比。如对方突然向我袭击，或占我某一地区，我则一定要派出兵力深入到其后的有利地区活动，为的是打垮反动基础与扶植进步力量，以达到保卫边区，保卫关中分区的目的。关中分区目前的中心工作应是：第一，巩固自己。首先从党政军三方面做起，先由组织上、思想上和政治上巩固起来，然后再从各种工作中活跃下层,打下最巩固的能够战斗的基础。第二,扩大自己。在武装力量方面,先完成扩兵计划。在财务准备上,先完成征粮计划。在统一战线方面,先尽一切可能争取同情者,建立广泛的统一战线力量,粉碎反共分子、顽固分子取消陕甘宁边区的企图。第三,动员群众。每个区都得准备一部分坚强的基干自卫军,能在突然事变中随时调动,集中行动,保护该地区人民利益,并坚持游击战争。要把老百姓都动员起来,成为坚持斗争中坚强的力量。第四,加强锄奸保卫工作。要配备强的干部到锄奸保卫战线上去;从组织上动员全党同志、全体群众,提高警觉性,进行锄奸工作。最主要的是把力量放到外面去,摧毁他们的特务工作基础,同时巩固自己内部。

1月23日 向高自立报送关中分区各县一月八日来传达布置征粮、扩兵情形及新正县五个区完成征粮任务情况。

2月11日 以新正县县长名义向林伯渠、高自立报送《新正县征粮工作总结及扩兵目前进行情形》的报告。报告总结了征粮和扩兵工作的经验,主要有:(一)政治动员不能脱离组织动员,两方面的动员要密切配合才能起其应起的作用。(二)动员的口号要响亮要具体。(三)深入而具体地调查群众收获粮数,是完成征粮工作及保证合理负担的必要步骤。(四)扩兵的任务不仅仅握在干部手里,同时也要把它交给群众。(五)注意审查干部与提拔干部相结合。

2月14日—15日 驻旬邑县职田镇的国民党顽固派两次派出数十人进入中共关中分委驻地马家堡北门外图谋滋事。根据形势变化,一面指令分区部队、民兵积极备战,提高警惕,坚决粉碎顽固派的军事进攻;一面通过写信、派人迎送友军换防的方式,对上层军官进行统战工作。

2月16日 就国民党顽固派增兵和分区统战工作向林伯渠、

高自立作书面报告。报告说：原驻旬邑陕西保安第九团现升改为省保安第三旅，我们曾去函致贺。最近该旅要集中耀州受训，经过我赤水四区。我们已派人前去，一方面准备茶水欢送他们，以予之以好影响；另一方面亦监视其是否有其他举动。

同日 向陕甘宁边区政府报送《关中分区征粮总结与扩兵检查的报告》，并致信林伯渠、高自立。信中说：这次扩兵工作动员深入，"造成了一个群众运动"。新兵"昨日集到县上时，区乡欢迎欢送群众约有二千余众，情绪非常高涨，又开了欢迎新战士大会，也给予精神物质的慰劳，为各机关捐款买些战士的必需品，关中民众剧团的演剧，本堡群众的社火来助兴等"。

2月中下旬 收到陕甘宁边区政府二月十五日关于国民党顽固分子在关中地区制造磨擦问题的来函。函中指出：今后政治的、武装的磨擦仍然会在某些地方、某些时候发生。根据这一形势，一方面应提高警惕，灵活地回击一些可能的磨擦，必要时给予严重打击；另一方面应争取同情者，以巩固团结，反对一切磨擦。

3月1日—17日 出席陕甘宁边区党政联席会议。会议总结边区征粮、扩军工作的落实情况，讨论经济建设工作。四日，聆听毛泽东关于新民主主义问题、边区问题、宪政问题、磨擦问题的讲话。五日，在会上报告关中分区工作，内容涉及扩军征粮工作总结、在扩征中联系做的其他工作、扩征任务完成后的工作中心方向等。报告总结了关中分区在扩军征粮中创造的新的工作方式方法：不分散力量；一齐下手"热蒸现卖"，连登记带收一股劲往下干；把扩军征粮工作变成群众工作；深入检查、具体了解下边的情况，有缺点马上纠正；相互通讯，交换彼此经验；有力的出力，有人的出人；各巷都请新兵吃饭，新兵家庭相互请吃饭，希望出门在外的相互关照。

3月14日　向林伯渠、高自立报送《关中分区扩兵总结报告书》。

3月21日　向林伯渠、高自立报送《关于盘克成立区政府、新宁原来两个区拟划成三个区的报告》。报告说：（一）查盘克原为宁县所属，属于蒋委员长[1]划归边区二十三县之范围以内。然数年以来，友方[2]仍在此设有政府，本年初当地民众以不能再忍受其无理虐待与压榨，请求并自动愿意仍归边区属辖，职以边区属地不宜割裂，群众意志不能背违，即允于今年四月十三日以前，以现有之人民所选抗后会[3]为基础，自上而下转变为区乡政府，并从三月起正式支用经费，共一个区十个乡（七千多人口），区府除无仓库主任外，其他组织同。再该区原有对方放有农贷款两万余元，使用者皆为富农与中农，除已被其收回万余元之外，职拟将所剩万余元，大部亦仍然收回（少数贫者例外），拟当地成立有六七十人的游击队，将此万余元除购置些武器外，余充公款。（二）新宁县过去划分为两个区十二个乡，"现以环境复杂，为转变工作计，经会议议决，将原有十二个乡，划成十七个乡，分成三个区，其经费从四月份起用，并将新成立盘克区"。四月九日，陕甘宁边区政府发出指令：除原呈各节应予照准备案存查外，惟所呈农贷款收回归公一节，未便照准，该项款子并应准备将来归还。

3月27日　致函林伯渠、高自立，转呈赤水县代县长康润民调查电线遭破坏的情况报告。

3月30日　国民党军预备第三师补充团一营突袭马家堡。

---

[1]　蒋委员长，指蒋介石。
[2]　友方，指国民党。
[3]　抗后会，即抗敌后援会的简称。

即令关中分区部队紧急出动，击退来犯之国民党军；决定分区各机关及大部分工作人员转移至马家堡以北的长舌头，边区第二师范学校师生向新正县二区三嘉塬索罗村转移。

3月下旬 在新正县胡家湾出席关中回民抗日救国分会成立大会。在讲话中高度评价回民群众为抗日工作所作的贡献，鼓励回民抗日救国分会进一步搞好民族团结，为抗日救国发挥更大作用。

4月3日 就保护群众林木问题致信林伯渠、高自立。信中说：由于关中生产条件的限制，同时又是战争环境，而部队却要急于生产，因此滥伐公树甚至群众私树的事情便非常之多。如独立二营在赤水一次就伐了几十棵，价值三千余元，八团在东区伐的公树、庙树亦属不少（东区的报告附上，请阅）。这样对关中的保护森林及整个经济建设工作的影响都是很大的，但我们也阻止不住，特请设法予以制止为盼。

4月5日 向林伯渠、高自立报告国民党顽固派在关中分区职田镇制造磨擦事件情况。报告说：这次事件是顽固派军事进攻关中分区的初步尝试，顽固派军队还未大规模进攻是因其布置还未就绪。依照顽固派军队现有兵力，其数量虽胜于我军，但质量却不能压制我们。"我们有着打垮顽固派进攻关中分区阴谋的极大信心。"

4月7日 向林伯渠、高自立报告国民党顽固派组织暗杀我方人员情况。

4月8日—15日 四次致信国民党军预备第三师补充团一营营长丁复春，就职田镇事件进行交涉，与对方约定十六日在职田镇东关药王庙旁操场上交换双方被扣人员。

4月12日 中共关中分委机关报《关中报》创刊。此前，为《关中报》题写报头。

4月15日 向林伯渠、高自立报告职田镇磨擦事件及关中其他地方的磨擦情况。报告说："两方的军事冲突恐即将展开。由于各种条件的决定，这个战争还不会短期内就停止。至于其他地方，由于其他不能克服的矛盾（如士兵大量逃跑）及部署还未十分就绪，故这个战争还一时不能发展成全面的，但它的趋势是向着全面的战争发展着"。五月九日，林伯渠、高自立复函说："关于磨擦事件，时紧时松，成了一个规律，有时闹得满城风雨，有时又平风息浪。在这种情况下，要求随时随地能应付自如，不为一时满城风雨而慌张，不因一时平风息浪又失掉警惕。"在任何紧张情况下，"要把握大局"。

4月25日 向林伯渠、高自立报告淳耀县三区七乡乡长姚学礼被国民党顽固派暗杀情况。

5月8日 向林伯渠、高自立报送《关于关中分区最近环境及工作情形的报告》。报告说：自从国民党顽固派制造职田镇军事磨擦事件以后，封锁陕甘宁边区南线的国民党部队对我关中分区的进攻，由以前的偏重于政治方面，转向了主要的军事进攻。关中分区的反磨擦斗争进入了一个新形势。目前，我们总的策略是，一方面发动全关中人民组织起来，进行深入的战争动员，提高群众保卫分区、保卫家乡的热忱；另一方面揭露反共顽固派的阴谋及其罪恶行为，以便孤立打击之，完成保卫关中分区的总任务。报告并提出：（一）进行深入的政治动员，展开普遍的政治斗争。深入反对公开的汪精卫及暗藏的汪精卫的宣传，说明汪精卫的伪国民党中央是想整个出卖中华民族予日寇作没世的牛马，其所谓"共同防共"正是达到这一罪恶目的的具体办法；揭露顽固分子的欺骗宣传，说明其取消关中分区的企图，即是取消抗战与团结，取消人民既得利益的阴谋，不只对我边区有害，而且对周围友区的群众也是有害的；开展广泛的统一战线工作，争取广大群众及进步人士围绕在我党提出的"坚持抗战,团结进步"口号周围,使其现在能间接帮助我们,于某种情况下可直接帮助我们。(二)加紧军事上的动员,准备奠定战争的实力基础。加强各县保安队的战斗教育、政治教育、纪律教育;加强整顿训练基干自卫军,并适当配备干部;加强锄奸工作;进行边区人民的战争动员,教育克服其太平观念;抓紧时间进行春耕运动。(三)加强战时的组织与领导。在顽固派军事直接进攻的区域,应组织军政委员会,统一领导反磨擦斗争和各项工作;在顽固派军队占领的地区,干部都要到游击队上去;适当配备区、乡干部,各地干部在未有调动命令前不得擅离职守,应与当地游击队一起保卫当地的政权和人民既得利益。二十三日,林伯渠、高自立发出陕甘宁边区政府指令。指令称:报告中之对策,尚属妥适,准予备查,并应注意:(一)不要轻易放弃地盘,万一迫得暂时放弃,亦应即时进行收复工作。首先是争取群众,不使群众被其胁迫来反对我们,而要团结群众去反对顽固分子。(二)在宣传方面,应以顽固分子每一反共、反人民的事实,在人民中予以揭发,使人民更易懂得。(三)在对方占据之我区,组织游击队是必要的,其粮食可报销。

5月9日 向林伯渠、高自立报送《关于新正、赤水县成立区游击队的报告》。报告说:"关中已进入了敌人大规模军事进攻的局势之下。""首先在赤水四区,新正一、二、六区成立脱离生产之游击队十分必须,其他地区暂不脱离生产。现在上述四区,每区已皆成立起约三十人脱离生产之游击队,因由群众供给吃食绝非长久之策,故拟呈请从即日起,即拨食公粮,以便进行自卫战争。"二十三日,林伯渠、高自立发出陕甘宁边区政府指令,同意报告所提事宜。

5月16日 驻职田镇顽军向马家堡发动进攻。下令关中分区部队坚决将其击退。

5月19日 上午，驻职田镇顽军向马家堡发动袭击。夜晚，率关中分区领导机关和部队退出驻扎三年多的马家堡，深入顽军后方寻机作战。先驻长舌头，后转刘家店，六月中旬转至马家堡以北的阳坡头。

5月中旬 同张仲良收到萧劲光[1]、高岗、高自立来电。来电就国民党顽固派军队四个团攻占我店头（属黄陵县）一事，要求切实在党政军各方面进行秘密的战斗准备。

同旬 同张仲良收到萧劲光、高岗、高自立五月十八日发来的关于对付国民党顽军进攻的指示电。

同旬 同刘端棻谈话。在谈话中说：顽军要进攻关中分区，边区第二师范学校在三嘉塬不安全，可以迁至新宁县。再不行，还可以迁到南梁老家去。要保障学校一百多名师生的安全，还要准备接收分区被顽军侵占区的小学教师，担负保存干部的任务。学校要学会在反磨擦斗争中办学。下旬，陕甘宁边区第二师范学校迁至新宁县二区傅家山。

5月21日 向林伯渠、高自立报告新正县反磨擦斗争情况。报告说：（一）前报告六区一、二乡被顽固分子占领，不数日第三乡又被敌占领，六区遂全陷敌手。（二）五月十八日敌以数百人开始进攻我四区五乡各村，当因我兵力薄弱即被占去。前日、昨日继续将我四区全部占领。在四、六区我为坚持游击战争，派工委会潘远志同志前去组织一共同军事委员会，负责领导。（三）因四、六区相继失守，一区敌正大举进攻，故十九日夜我马家堡驻军决定退出集中行动，深入敌后打击敌人，现该堡（三区八乡）已为敌占领，同时该六乡亦大部被占。（四）一区三乡（区

---

[1] 萧劲光，时任八路军留守兵团司令员。

政府所在地）于昨日（二十日）又被敌占领。（五）在新正各地最近连日皆有激战，在一、四区者最多，战斗结果，我前后共收枪二十余支，敌伤亡不详，我带伤十七人，亡五人。

5月23日 向林伯渠、高自立报告国民党顽固派武装侵占关中分区新正县六区后的磨擦斗争情况。报告说：对于顽固派的进攻，我们虽然也严肃地还击了敌人，但我们的军事斗争，仍是作为政治斗争的辅助。武装斗争的目的仍是为了团结抗战，保卫我们的进步地区，揭露顽固派的黑暗统治。

5月26日 致函高自立并报送搜集到的国民党顽固派制造反共磨擦的宣传品，即《旬邑县政府对于收复边区民众宣示》《旬邑县各界告收复边区内同胞书》《中国国民党陕西省邠县区办事处制就之告同胞传单》。

5月29日 向林伯渠、高自立报送成立马栏、照金新区及新正县磨擦事件的处理情况报告。报告说：一、五月十五日我驻店头之独立三营出敌不意，以迅速之手段将驻马栏之保三旅的一个营保甲击溃赶走，并缴枪七十余支。现正积极进行巩固该区工作，并即将进行选举成立民主政权事宜。该区有人口五百余户，原属宜君县，系过去我之属地，并为我游击之重要据点，地区辽阔，又处深山。再者靠近淳耀原属耀县之照金区，亦最老之苏区，近于五月二十三日为我留守处派部进据。该区地势很险要，人口三四百户，为耀县鞭长莫及之处。而该两区相连，握之在敌在我，对我之后方巩固与否，及坚持关中斗争与保卫边区关系极大。今握我手，现并派队与组织工作组，前往发动与组织人民，以准备建立新民主主义政权，使关中有一巩固之后方。二、新正最近几天，除常有我夜袭敌之剧烈战斗外，旁无若大变化。敌人正在整理已占地区，组织保甲，故形成一个暂时相持局面。我对敌人组织保甲之策略是：在其有武装驻守之区，暗中发动人民，保证将好群众选入保甲中，保证人民已得利益，维护干部抗工属利益与财产无损，并暗中为我工作。在无堡子无武装驻守区，则严格不让其保甲成立。即其每成立后，我每次派武装或以别种圈套将保甲长赶跑，以使其无巩固之法。

5月下旬 收到高岗来电。来电提出占领照金、肃清反动武装、酌情决定打马栏的意见。

6月13日 致信高自立。信中说：呈上顽固派军队之电令与反动小标语各一件，请查阅。我们并拟将此电令公布于《关中报》上，以利用其具体事实，揭破其阴谋。

6月15日 向林伯渠、高自立报送《关中分区目前反磨擦斗争之发展及工作情况》。

6月19日 在中共关中分委驻地旬邑县阳坡头完成个人《自传》。《自传》谈及家世和童年，回顾自己因参加三原省立第三师范学潮而遭国民党地方当局逮捕，在狱中入党，领导士兵暴动，渭北、陕甘边时期的革命斗争以及在错误肃反中蒙冤受屈，随西方野战军西征等经历。其中写道：同年（民国十五年）春又经宋文梅、武之缜介绍加入共产主义青年团。由斯时起，我就过着有斗争意义的革命生活。当时革命环境允许有各种革命书报阅读，但可惜我自修能力太差，多读而又多不能领会。惟有半公开的各种各样的训练班，但不懂，年龄太小，而记忆的总是一知半解，甚至还不懂共产主义如何正确解释。总之，我这时认识是共产党好，反正要跟他到底。

6月21日 向林伯渠、高自立报送关中情况。报告说：（一）顽固派于十六日早八时前后，以两营兵力强行进占马栏，我游击队当时略予抵抗即退至刘家店。十八日早顽军开始向刘家店进攻，仅离刘家店约十里。我游击队坚决抵抗，毙敌营、连长各一，伤士兵十八九人。该日晚其又退回，现我已调主力部队前去予以消灭。（二）井村于十七日拂晓为我克复，顽军两中队全为我解决，共俘虏百八十余人，枪百三十余支。（三）十八日早顽军七八十人进占我一区政府所在地湫头，当日又自行退走。（四）十七日晚，预三师十三名士兵于一区哗变来归，带机枪一支，步枪八支。

6月中下旬 收到陕甘宁边区党委六月九日发出的《给关中分委的指示信——反磨擦斗争中对三种不同军队的不同策略》。《指示信》指出：进攻边区的主要力量是周围的二十个师。对最仇恨我们、进攻我们最坚决的军队（胡宗南队伍），要坚决地打击、孤立、瓦解；对动摇的可以接受命令进攻我们、但不是自动的军队，应影响与争取，在政治上帮助他们进步，在它进攻我们的时候，必要时打它一下；对于我们关系很好的军队，应继续更加巩固其友好关系。对新组织起来的土匪游击队，要集中各种力量坚决消灭之。

7月2日 向林伯渠、高自立报送《最近各地报告顽固分子常乘我不备派部进袭并拉去干部及群众等情况》报告。报告说：（一）据新宁县报告，驻军庞明胜部六月二十四日，将石林子村王永贵拉去。二十六日，又派一部中队进袭驻石鼓村的三区政府，将区委宣传科长李长清拉去，区长、工会主任从崖跳下，跌伤甚重，昏迷不醒。该村干部之家皆被抢劫。（二）据赤水县报告：驻土桥之顽军（属预三师），于六月十七日派部装作割麦者，将我马庄合作社干部梁振兴拉去。（三）据二区刘家湾小学教员李彦清报告：六月十二日，该乡支部书记袁存兴与他和一个小学生被顽固分子拉去，后共用二百五十元赎回。

7月7日 致信林伯渠、高自立，报告关中分区反磨擦斗争情况。信中说：顽军进攻的第一期计划基本上为我所打垮，井村之役[1]打垮了其打通淳（化）、旬（邑）线，进占赤水三区的企图，同时消灭了顽固派进攻关中的急先锋；马栏之役[2]毁灭了他们打通从马栏到旬邑的路线与建立碉堡封锁线，分兵把守，紧缩我活动地区的企图，同时还使我有了巩固的后方。这两次战役的胜利，首先振奋了我们部队与群众反顽固派斗争的情绪与胜利的信心。其次也振奋了周围友区的广大群众，动摇了某些平日帮助反共的保甲长及士绅，同时也争取了某些士绅对我们保持善意的中立。再次是打击了地方的反动势力，并且还加深了地方保安队与预备第三师的矛盾，如井村战役预三师没有很好地援助郭（相堂）、李（养之）二匪部。最后是巩固了我们的后方，使我们有了进可以攻、退可以守的阵地。信中并说：当然这期间顽军的进攻计划仅只是基本上被打垮，还没有完全击溃与粉碎，如我们的新正四、六区及一、三区的各一部仍未收回。

7月15日 向陕甘宁边区政府报告反磨擦斗争情形及反顽固分子的工作情况。主要内容为：关中各县所处情况、对目前形势的估计、敌占区情形、新区工作和其他工作。在谈到建立新民主主义的政权时，报告说：要迅速消除保甲，撤销不应有的警察，原有公务人员薪金依旧，以后将由当地参议会决定，每个行政组织内除过汉奸顽固派，每一抗日党派及群众中之进步分子皆得参加，每个政党不得超过三分之一。

7月22日 在旬邑县阳坡头主持召开中共关中分委常委扩大会议，总结一年多来反磨擦斗争的经验，布置开展新的工作以

---

[1] 井村之役，指1940年6月14日至17日，关中分区独立三营配合警备八团将侵占井村的国民党军队击溃的战斗。
[2] 马栏之役，指1940年6月25日，关中分区部队在马栏新区击退国民党军队，拔掉十多处据点，收复马栏的战斗。

迎击顽固派的新进攻。在讲话中说：关中分区反磨擦斗争本身仍旧是急剧地发展和转变着，并未因之而消沉和停止。如最近新正斗争的胶着状态，一方面是由于我之不断予以坚决抵抗，给其以打击，另一方面还是由于顽固派军队为了首先巩固和肃清所占区域、建筑碉堡工事打好基础，以作新的进攻之故。顽固派对我关中分区之进攻并未放松一刻，且在战略上是集中兵力分区进剿，在战术上是稳扎稳打，步步为营，节节逼近，企图迫我于牢笼之地，以达到其一举消灭之险恶目的。为了展开和坚持相当长期的反顽固派的艰苦斗争，为了完成自卫的反磨擦斗争的战略任务，必须建立我们的新阵地，必须建立坚强巩固的后方，打好准备反击顽固派的良好基础。要进一步团结和扩大进步势力，开展新区工作。

同日 向林伯渠、高自立报送关于当前关中分区的形势和工作情况的报告。报告说：顽军军事上进攻关中第一期计划，基本上为我打垮，故今后可能争取暂时缓和或有一个较长时期的胶着状态。我们正抓紧这一机会积极整理各种工作，积蓄强大力量以迎接顽固分子的新进攻。目前我已停止向友区行动，只做恢复被占区工作的积极活动，一切都采取维持现状方策。新区工作，照金、马栏正在进一步地深入巩固，马栏区政府选举工作已决定本月二十六日进行。最近正在加紧庙湾、柳林的新区工作。梁庄战斗将顽军解决后，此处已接收为边区，成立一新区三个乡，三千余人口，属赤水县管辖。为了总结反磨擦斗争经验及布置与开展新的工作，以迎击顽固派的新进攻起见，关中分区党委特召开扩大的执委会，此会即将开完，会后留各县长在此，再将行政工作做一总结。

8月2日 向陕甘宁边区政府报送《关中分区为一九三九年征收公粮确实数目等问题的呈文》。呈文除报告关中分区公粮收支情形外，还提出今后的粮食工作应建立各种制度，如巡视检查报告制和深入检查工作，以避免发生意外之事。

8月16日 得知驻耀县小坵的国民党军六名士兵于八月十日哗变、携枪投归关中分区淳耀县三区自卫军后，即让该县劝说哗变士兵将枪送回原部。随后致信林伯渠、高自立，报告处理经过。信中说：查小坵驻军平素与我方关系尚好，而此事又不能秘密住下，为顾全统一战线，以便团结起见，职已饬令该县，叫把枪仍送还该军，对来归之士兵已晓以团结大义，着回原部或他往，实则留下分配工作或着住受训，因为若送回去，恐被杀害，影响不好。至于那活动哗变的自卫军连长，不懂目前党的政策，着予纠正与教育，并借以教育其他同志。

8月27日 向林伯渠、高自立报送《近来关中情况》报告。报告说：据新宁县政府报告，近日旧宁[1]方面顽军积极调动，有加紧进攻新宁之势。近日在我区九龙川一带，有十余人来袭扰了两次，并扬言不日将分兵三路进占襄乐。在打击进扰边区顽军及收复被占区原则之下，我军于本月十七日晚，将驻底庙之顽军一中队全部消灭，计毙顽军十名，俘中队长以下官兵四十八名，步枪六十七支，子弹三千二百发，手榴弹二百枚，并当即将该区全部收复。十九日顽军预三师九团之一营增防永乐，并分出两连驻东牛家堡。另外八团之一营，原驻防店头，即增驻四区北崖头看花宫一带，由此四、六区又告失守。此役我共伤亡各一，别无损失。

8月30日 向林伯渠、高自立报送呈文。呈文称：关中分区日来周围友军骤然增加，旬邑县增加中央军第二十四师一个团；张洪镇增加第二十四师之一部。又有新正县一区被顽军拉去

---

[1] 旧宁，指国民党统治的宁县政府。

一人，后又以八十元赎回。

9月11日 中共中央政治局会议决定成立陕甘宁边区中央局。二十五日，正式任命边区中央局的十九名委员、八名常委。高岗为书记，习仲勋为委员。陕甘宁边区中央局下辖关中分委、三边分委、神府分委、绥德地（特）委、洛川特委和直属的十一个县（市）委及甘肃境内的陇东分委。

9月14日 就统战工作问题致信林伯渠、高自立。

9月下旬 参加陕甘宁边区第二师范学校师生员工民主生活大会。针对会议中有些人过分强调民主、搞极端民主化，甚至认为学生会与行政领导是平行关系的言论，在发言中说：这样的民主大会以后要特别慎重。在全校大会上学生面对面批评教师，这不见得妥当。

同旬 向林伯渠、高自立报送马栏新区社会情况及工作报告。三十日，林伯渠、高自立发出陕甘宁边区政府指令，要求加强马栏新区的团结工作，努力改善人民生活。

10月7日 向陕甘宁边区建设厅报送新正县成立森林保护委员会及木厂的报告。报告说：为进一步保护森林，推行边区政府保护森林条例，并增加公家收入起见，决定拟在各乡成立森林保护委员会，并在森林保护委员会之下，在三区四乡西塬村成立木厂一处。一切砍伐橡檩及炭柱子烧炭者，须到木厂登记领取砍伐证，砍伐后经过公家然后出卖。砍伐主得十分之八，以十分之二交公家，作为公家收入。砍薪柴亦必须领取砍伐证，一张出一角洋，每张作用有效期间为十天。

10月19日 向林伯渠、高自立报送呈文。呈文称：边区粮食局发来的统一斗（量具），是以米重为标准，而关中分区主产小麦，按统一斗实重只有二十八斤，对收粮和交易造成不便。请边府转知粮食局，制定以小麦为标准的统一斗，发给关中使用。

同日 向林伯渠、高自立报送《关中周围最近情况》报告。

11月10日 向林伯渠、高自立报送《关中周围对方修筑碉堡及特务活动等情形》报告。报告说：国民党方面最近从淳化城到方里镇五十多里路要修一百二十个碉堡；同官塬上亦正忙于修建，数目不详；新宁三、四区周围已筑起一道碉堡封锁线，从早胜镇到山河（镇）六十里路要建筑四十个碉堡，从山河（镇）到永乐（镇）到职田镇计划五里修一墩，十里修一台，现又开始计划在新正四、六区及从马家堡到小义子修筑碉堡；在邠县龙高镇一带，要修四十个碉堡。另外，他们还在正宁每个联保处增添一个指导员。旬邑已设立四处中山民校，在淳化已设立了七处中山民校。

11月17日 《新中华报》[1]报道：为开展文化工作，关中分委宣传部、专署三科及陕甘宁边区第二师范学校发起成立"关中文化救亡协会"，得到关中分区党政军领导习仲勋、张仲良、高峰[2]、牛书申[3]等赞助。

11月下旬 鉴于陕甘宁边区反磨擦斗争趋于紧张，以关中分区党委常委会名义指示边区第二师范学校：一、学校要加强集中领导；二、学校组织要简单灵便；三、全校实行半军事化；四、学校党组织要保证教学计划的完成，党员要起核心作用，去巩固学生情绪。

12月26日 出席陕甘宁边区新文字协会关中分会成立大会并发表讲话。

---

[1]《新中华报》的前身是中华苏维埃共和国中央政府机关报《红色中华》，1937年1月29日改为此名，在延安出版。1937年9月9日改为陕甘宁边区政府机关报，1939年2月7日起改为中国共产党中央委员会机关报，1941年5月15日终刊。

[2] 高峰，时任中共关中分区委员会副书记。

[3] 牛书申，时任关中分区保安司令部政治部主任。

1941年　二十八岁

春　领导关中分区各级政府成立选举委员会，负责指导关中分区第二次普选工作。关中分区参选选民达百分之八十至百分之九十。

4月5日　向林伯渠、高自立报送《关中分区暂行动员办法》《调整土地问题暂行规程》《关中分区青年队及归队暂行办法》，请陕甘宁边区政府审核批准。

4月7日　向陕甘宁边区政府民政厅报送呈文，对民政厅将关中分区新宁县三、四区划归陇东分区管辖的指示提出不同意见。意见认为："关中居于陕甘宁边区南面，为出入门户，对内屏障，今当敌我斗争剧烈之时，只有扩展力量，积蓄力量，而战胜顽固派之任何进攻，以保卫边区，是为要旨。""在今天有任何分散此种力量之措置，似属不妥。""果如照来示划分，必然将发生山河之线防御松懈之虑，因为这样一来，使该地露出缺口，名义上为南北衔接之处，实际上会发生各不照顾之弊。"

4月10日　向林伯渠、高自立报告：最近顽固派又开始积极向新正县一、二区进袭与骚扰。三月二十日左右，驻山河镇之国民党军第八师师长召开联保长、甲长联席会，准备向一区进攻。二区方面，二月二十六日晚，雷同春[1]部趁夜至阎家川，拉去干部群众六人。

---

[1] 雷同春，时任国民党正宁县保安队队长。

4月14日 向林伯渠、高自立报告：最近关中环境又开始向更加严重处发展。顽固派向职田镇增加一个团，积极准备向我进攻。十一日晚在武家堡村、恒安洲村开始进攻，这两天三区下原的战斗没有停止。

4月16日 中共中央政治局决定，将原指导陕、甘、宁、青等省工作的西北工作委员会与陕甘宁边区中央局合并，成立中共西北中央局[1]，统一领导整个西北地区党的工作。高岗任书记。西北局机关驻延安市。

4月22日 中共中央决定将中共关中分委划归中共陕西省委领导。习仲勋任省委常委、关中分委书记。

4月27日 中共中央政治局批准《陕甘宁边区施政纲领》，五月一日由中共陕甘宁边区中央局颁布。《纲领》规定了政治、经济、军事、文化教育等方面的基本纲领，规定了保障人权、保持政府廉洁，以及土地、工商业、文化教育和民族等方面的原则和政策。按照《纲领》规定的边区参议会实行"三三制"原则，十一月六日至二十一日，陕甘宁边区第二届参议会第一次会议在延安召开，通过《陕甘宁边区保障人权财权条例》，开明绅士李鼎铭被选为陕甘宁边区政府副主席。

4月28日 致函林伯渠、高自立，转呈《同宜耀区报告合并煤厂问题》的报告。

4月30日 向林伯渠、高自立报送呈文。呈文称：关中分区现辖有五个县，而以前由专署兼新正县府。长期以来，工作上

---

[1] 1949年3月1日，中共中央发出《关于中央局名称的统一规定》，规定各中央局或中央分局一律称为中共中央某某局或中共中央某某分局。"中共西北中央局"由此称为中共中央西北局。为统一行文，本条目以后出现的中共西北中央局，均称中共中央西北局或简称西北局。

颇感顾了新正县的工作，便忽略了全关中的整个工作，或顾到了全关中的整个工作，便忽略了新正县的工作，尤其在此战争环境下，工作更需要领导集中，及今后工作愈需细密、正规与深入。新正县府有单独成立之必要。

5月19日 毛泽东作《改造我们的学习》报告。九月十日至十月二十二日，中共中央召开政治局扩大会议（即九月会议），党的高级干部开始学习和研究党的历史，总结党的历史经验，以求从政治路线上分清是非，达到基本一致的认识，为全党普遍整风作了准备。

5月20日 任关中食盐督运司令。

同日 调解裁判新正县三区六乡农民姚宪章、姚宗弟因土地、树木发生的纠纷。裁判书称："兹得两方同意，解决办法如下：一、姚宪章说姚宗弟祖墓曾埋在他地内，因年代久远，毫无根据，即作罢论；二、姚宪章所砍姚宗弟地边之树，树头树木全归姚宗弟，姚宪章不再赔偿其损失。今后谁家地边之树，长在谁家地内，即归谁家。"

5月21日 向陕甘宁边区政府报送《关中分区一、二、三、四月顽军进扰情况汇报》。

5月24日 同田润之[1]向陕甘宁边区政府民政厅报送《关中分区一九四一年一、二、三月民政工作报告》。

同日 向林伯渠、高自立报告：顽军又向关中分区不断进攻，二十一日在柳林南韩家原一带骚扰，修筑碉堡，在同官塬分三路大举进攻五义、南庄、修文一带。

5月25日 向林伯渠、高自立报送关中拟自由购买囤粮的呈文。呈文称：禁止粮食运输出境，边区政府"早有禁令在案"。

---

[1] 田润之，时任关中分区行政督察专员公署一科（民政）科长。

"现在职区麦收在即，麦收之后，群众因要购置其他必需用品，同时又无别的出产，势必要卖粮食，如欲禁绝出境，必须由政府备价收买。另一方面，为了充分保证军粮的供给，政府也需要囤些粮食，而新收之后，价又较便宜"，拟请边区政府批准，"在关中自由购买囤粮。凡不愿出售者暂不收买"。六月十三日，陕甘宁边区政府发出指令，批准报告所提事宜，认为习仲勋呈文"诚能预计保障充裕军民粮食，殊属可嘉"。

同日 向林伯渠、高自立报送关中金融问题的呈文。呈文称：一、边币[1]流入关中的数目，已在八十万元以上，由于关中货物（主要是从友区买进来的），仍不断地运来延安，边币亦将川流不息地继续流进关中来。二、由于群众对边币的认识不够，我们向群众解释教育的深入不够；由于许多物品边区内没有出产，必须从外边购入，而边币流进关中的数目又如此之多；由于公营商业、机关、部队不能很好地提高与巩固边币的信用，因此产生了边币信用降低，边币低于法币[2]的现象。三、根据以上相当严重的情形，在关中要做到维护法币，禁止法币在边区境内流通，提高边币信用，巩固边币的目的，我们的意见：（一）认真地执行《关于法币问题的解释》[3]中所指示的各种办法，

---

[1] 这里所说的边币，指1941年陕甘宁边区银行发行的货币，流通于陕甘宁边区。1948年1月，陕甘宁边区银行与晋绥边区的西北农民银行合并后停止发行，按陕甘宁边币20元对西北农民币1元的比价并行流通。

[2] 国民党政府为了控制全国金融，禁止银元流通，自1935年11月4日起，实行法币政策，规定中央银行、中国银行、交通银行（后加中国农民银行）发行的纸币为法定的全国统一流通的货币，简称法币。抗日战争和解放战争时期，国民党统治区通货恶性膨胀，法币急剧贬值，自1948年8月19日起，发行金圆券代替崩溃的法币。

[3]《关于法币问题的解释》由陕甘宁边区政府于1941年5月6日印发。

但增加生产和输出,需要较长的时期才能收效。(二)流入关中的边币数目设法制止或只准许流通一定的数目,否则即再有其他办法流入的多了,既不能流出边区以外,又不能再流回延安及其他地区去,势必发生边币膨胀的现象。(三)在全边区范围内,绝对禁止无论公家、群众不要边币的现象,尤其是公营工、商企业更要模范地使用边币,这样才能提高边币的信用而达巩固边币的目的。七月十一日,陕甘宁边区政府向关中专署发出指示信,对关中提出的可能实行的稳定金融的第一、三点意见表示同意,但认为不许边钞流入关中一条"不可能","因延安方面更感通货膨胀之压力,且关中为边区之一整体,边区内部货物贸易自由不但不应妨碍,且应更加促进,如是边钞不可避免要多流入关中"。指示信还提出:关中应大量增加工业生产,如纺呢毡工业,相对减少对边币的需要;增加输出;开展真正的自足自给工作;明令压低物价,组织物价评议会,合理规定一切货物的价格,严禁黑市;推销公债;加强经济工作机关的团结,消灭内部竞争的不良现象;提高对经济领导工作的研究性。指示信最后说:调查统计工作是研究工作的必要准备,一切做经济工作的人,绝不能坐在窑洞里闭门造车,必须十分熟悉区内外各种货物的行情、需要量、产量,必须十分熟悉内外各种经济动态以及西安方面每一经济政策的实施。一切这些教育工作要求你们给予充分的注意。

6月3日 出席关中分区各县县委书记、县长以上干部会议,作关于《陕甘宁边区施政纲领的解释与实施》的讲话。在讲话中说:边区施政纲领的全部内容,就是新民主主义政治,就是在抗日时期所必须实施的各种重大政策与具体的行动方针。每个同志必须正确地深刻研究与了解施政纲领,彻底地转变工作方式与工作作风,才能够求得保卫关中边区,巩固与提高关中边区,以及模范的新关中的实现。

6月23日 同张剑颖[1]致函陕甘宁边区政府建设厅，随函报送关中分区六月五日召开的各县四科科长、联社主任及直属新正各区助理员（经济建设）联席会议总结报告。

6月27日 为陕甘宁边区第二师范学校学生作专场时事报告，讲述苏德战争[2]爆发后的国际形势及苏德战争的性质和前景。

6月28日 致函林伯渠、高自立，汇报关中分区召集的各县干部会议情况。

6月29日 同李会友[3]向陕甘宁边区政府报送关中分区运盐工作的呈文。呈文陈述关中运盐工作的布置情况，反映"边币跌价过甚"，已造成群众不信任边币的问题。并提出：为巩固边币，建议尽快设立贸易分局，将关中各公私商业部门在组织上统一起来，有计划组织边币出境，组织煤炭及其他土产出境，换得法币及边区的必需品；令华池盐栈及盐池出卖盐，对法币和边币在价格上不应有分别，以保证驮盐任务的完成。

7月1日 同王自强[4]向陕甘宁边区政府教育厅报送《新正县一九四一年度上半年教育工作总结报告》。

7月2日 同李会友向陕甘宁边区政府报送关中七月上旬运盐工作安排的呈文。呈文称：目前关中四个县已动员运盐牲口一千四百六十头，将于七月二十日以后动身。政府将派得力干部，持当地政府介绍信，走在运盐大队前边，和沿途各县政府接洽联系，求得他们的帮助，如给养、投宿、边币等。呈文还提出运盐

---

[1] 张剑颖，时任关中分区行政督察专员公署四科（建设）科长。
[2] 1941年6月22日，德国突然发动对苏联的进攻，苏德战争爆发。
[3] 李会友，时任关中分区运盐工作团主任。
[4] 王自强，时任关中分区行政督察专员公署三科（教育）科长。

中可能发生的困难及解决困难的意见：一、在运盐决定上关中不设盐栈，但唯恐在盐运回时，一时销售不出，压住本钱，妨碍二次运盐。建议很快成立贸易局，调整盐的输出，借此吸收法币，巩固边币；贸易局若不能设立时，盐栈须要设立，起调剂作用。二、友区每百斤盐加税八元销售亦不利，若果大批的盐运出时，恐销售更成问题，成立贸易局问题"急于眉睫"。三、各处盐栈吸收法币的技术必须提高。在运盐政策上，应当法币服从边币，卖边币的价格应廉于法币。这样在友区贩盐的脚户到边区时，一定会先将法币换成边币，贸易局在这时又可吸收一批法币。三十日，林伯渠、高自立复信习仲勋、李会友："关于设立贸易局或盐栈以及巩固金融的提议，已分别着贸易局和边区银行酌量办理。"

7月10日 中共中央西北局召开常委会议。会议决定，为集中与灵活党政军的领导，文年生[1]、习仲勋迁马栏办公，中共陕西省委也作迁马栏的准备。

7月下旬 出席新正县召开的第二届参议会第一次会议并作政府工作报告。

夏 针对关中因旱灾致使夏粮收成不好、秋作物不能按时下种，提出每人种二亩荞麦，以秋补夏。当年二十万亩荞麦收获四万石。秋种时，又要求每人多种一亩小麦，并提出不误农时、适时下种、多种多收、随收随打的口号。

8月5日 同李会友向林伯渠、高自立报送关中专署运盐报告，内容涉及七月下旬运盐概况、关中近来的环境和运盐中发生的困难。报告说：新宁县组织的三百三十七头牲口，已于七月二十日后出发。赤水县组织的三百头牲口，已由华池转运回一次。

---

[1] 文年生，时任关中分区警备司令部司令员。

淳耀县已经准备就绪，因途中交通被顽军扰乱，暂不便动作。新正已组织好五百六十头牲口，亦因上述问题，暂时候留。国民党顽固派军队抢劫群众，威胁群众，破坏我们的工作，使群众发生恐慌，甚至有搬家者。运盐过程中遇到困难较多，主要有：从关中至盐池当中有四站路没有客栈，投宿问题不能解决；以边币买不到东西；新宁一区被顽军扰动，有截断交通之势，该地是新正、赤水、淳耀各县驮盐必经之地。因为有这些问题，关中的运盐工作在目前颇难进行。十九日，陕甘宁边区政府复函称：关中运盐总数九千驮，"应请多方设法如期完成运盐任务"；"关中以北四站没有客店，应派员去建立，可由边区酌量投资帮助部分"。

8月16日 向林伯渠、高自立报送呈文。呈文称：关中专署已于本月十二日全部移驻马栏，与新正县分署办公。祈转知各厅、处今后凡发文件，务请给署、新正县各一份。

10月4日 向陕甘宁边区政府报送《关中扩兵工作报告》。报告提出：彻底地发扬民主，要群众想办法，用自己的力量去完成扩兵任务，打破过去干部中一切包办工作、怕群众不能做好工作的不正确认识，是完成动员工作而又不发生问题的最好办法；回民同胞是富于自卫斗争性的，应由他们成立单独的回民武装力量；工作方式必须是细密而不能粗枝大叶贪求便宜；工作的美满完成必须是数量质量兼顾，尤其是革命的武装力量，更必须严格地注意质量。

10月10日 同张剑颖向陕甘宁边区政府报送《修筑马栏至杨胡洞大车路的报告》。

同日 同张剑颖向陕甘宁边区政府建设厅报送关中分区《一九四二年度经建计划草案》。

10月11日 同张剑颖向陕甘宁边区政府报送《马栏区九个月（经建）工作检查报告》。报告说：区成立经建委员会，区助理姚振和任主任，韩区长与冯区委书记为委员，共开会十四次，检查与布置全区经济工作。乡亦有经建委员会之组织，但多不健全，大部分乡只有经建主任一人进行工作。自分区一级搬到马栏后，街市较前略为繁荣，如建房子、打窑洞、开生意，原有生意四五家，现增加了一倍。因此，决定建设集市，繁荣市面。特于八月二十三日召集机关及公私商店之代表在关中商店成立商会，公推张贵德、王志杰等七人为商会委员。为发展商业，便利交易，改善人民生活，于九月一日召集专署四科、分委、商会、司令部、政治部、马栏区府、马栏一乡长等七机关代表成立集市委员会，决定通知与发动周围军民于农历七月二十四日起唱戏十天（关中、关保两剧团）成立集市。并决定逢四、逢十（即农历初四、初十、十四、二十、二十四、三十）有集。

10月12日 同张剑颖向陕甘宁边区政府建设厅报送关中分区《秋收的布置与估计》报告。

11月12日、12月3日 向高岗[1]、林伯渠、高自立报送报告，请求边区党委、政府帮助解决游击队活动和遣返俘虏经费，以及伤残死亡人员的抚恤问题。报告认为：对于俘虏，"发给他们些路费，护送出境，这样可以扩大我们的政治影响，并可以替我们做许多宣传工作"。

12月17日 中共中央发出指示，号召全党全军实行精兵简政，克服抗日根据地财政经济的严重困难。

12月25日 同张鹏图[2]向陕甘宁边区政府报送《关中分

---

[1] 高岗，时任中共中央西北局书记、陕甘宁边区参议会议长，1943年又任陕甘宁晋绥联防军代理政治委员，1945年6月又任中共中央政治局委员。

[2] 张鹏图，时任关中分区行政督察专员公署副专员。

区征粮征草工作报告》。报告说：一月以来，关中分区胜利完成征粮任务，"已有一半公粮入了仓库"。能得到这样的成绩，有以下原因：有正确的方针；动员了多数的干部；工作深入并能及时解决问题；有军队帮助；工作纪律严；干部情绪高，都有完成工作的信心。翌年一月二十三日，陕甘宁边区政府回复："既能完成任务，自系各级干部之努力与领导之有方。"并要求关中分区进一步发扬民主，详细调查，把握统战原则，作执行法令之模范。

12月27日 同张鹏图向陕甘宁边区政府报送《关中专署关于编制问题的呈请》。

1942年 二十九岁

1月25日 同张鹏图向陕甘宁边区政府报告关中分区行政督察专员公署干部配备情况。

1月28日 同张鹏图向林伯渠、李鼎铭报送关中分区保安科拟设警卫队的呈文。呈文称：关中专署早于新正县分立，分区机关所在地与新正县政府所在地相距五十里，且关中为战争地区，一旦发生事故，分区保安科如无警卫队，则机关的安全将无法保证。保安科拟设警卫队六十名。

2月6日 同张鹏图向陕甘宁边区政府报送《关中专署关于自卫军营长如何编制的呈文》。

同日 陕甘宁边区政府发布《优待移民实施办法》。《办法》提出：为了奖励边区内外各地难民贫民的迁移，以便从事开荒生产，繁荣经济，特划定延安、甘泉、富县、志丹、靖边、华池、曲子等七县为移民开垦区。同时在绥德、陇东、安定、靖边、关中、富县设立移民站，帮助移民解决相应困难，并每月向边区政府报告移民工作。

2月上旬 毛泽东先后作《整顿学风党风文风》（后改为《整顿党的作风》）和《反对党八股》的讲演，提出反对主观主义以整顿学风、反对宗派主义以整顿党风、反对党八股以整顿文风。整风运动在全党普遍展开。

3月17日、24日 出席陕甘宁边区第二师范学校校务扩大会议。在讲话中肯定学校两年来取得的成绩，确认将一九四二年定为"二师建设年"的工作设想和正在实施的六项任务，即：精简机构和行政人员，增产节约勤俭办校；贯彻《师范学校规程》，提高教学质量；建立常规制度，开展工作研究；减少学生繁多的劳动负担；加强学校的环保卫生；添置校产，改善物质条件。

春 同张鹏图、高延山[1]向陕甘宁边区政府粮食局报送《关中分区一九四一年全年工作总结报告》。

4月12日 为纪念《关中报》创刊两周年，撰写《〈关中报〉应成为关中的喉舌》一文。文章说：《关中报》今后的方针，应是领导分区工作人员整顿"三风"。欢迎各阶层人民，特别是参议员在报上反映民意，文字要通俗简练，必须"言之有物"，"有的放矢"，克服党八股夸夸其谈的毛病。

4月28日 同张鹏图向陕甘宁边区政府报送呈文。呈文称："四月十四日，我们召开了个扩大的政务会，参加的人有党政军各机关的负责同志，边区银行的秘书长及各县正副议长等。当时决定在本月二十日开始流通边币，禁用法币。"呈文并提出，暂决定边币三元折法币一元，待边币畅通后再行提高；凡法币换边币不要手续费，边币换法币百元以下不要手续费，百元以上收百分之一。五月二十日，边区政府批复称："分区从四月二十日起，决心推行边币，禁用法币，并定于三十日即开始成立货币交换所多处，便利交换，甚堪欣慰。金融政策的贯彻，关系边区经济建设，财政收支，均极重大，专署对此次推行工作应充分注意收集研究各项问题，随时报告本府，以便考虑改进，至对违法行使法币之人民，应多说服，少惩罚，借谋逐渐巩固为盼。"

5月3日 《解放日报》报道：关中专署指示分区各县彻底实行"三三制"。不论县参议会县政府，乡参议会乡政府，在参

---

[1] 高延山，时任关中分区行政督察专员公署五科（粮食科）科长。

议会中都要彻底实行"三三制"。各县参议会的共产党参议员超过了三分之一的，请由中共关中分委指示他们辞职退出，由其他党派或无党派的后备参议员补充。

5月 中共中央在延安召开文艺工作座谈会。毛泽东发表讲话，阐明革命文艺为人民服务首先是为工农兵服务的根本方向。

8月 任中共中央西北局党校校长。

9月1日 中共中央政治局通过《关于统一抗日根据地党的领导及调整各组织间关系的决定》，规定抗日根据地实行党的一元化领导，中央代表机关及各级党委为各地区的最高领导机关。

9月18日 列席陕甘宁边区政府简政委员会会议。

10月19日—翌年1月14日 出席中共中央西北局高级干部会议（又称陕甘宁边区高级干部会议）。西北局党政军民机关县团级以上干部二百六十六人参加，中央机关高级学习组成员和在中央党校学习的重要干部二百零九人列席。会议在毛泽东直接指导下进行，议题是建立党的一元化领导、澄清西北根据地历史上的路线问题、转变领导作风和领导方法。会议期间，党组织在习仲勋的鉴定中写道："习仲勋是关中分区特委书记、专员及部队的政治委员，统一领导关中的党政军民，坚持保卫边区和建设新关中，曾获得显著成绩。凡是关中的人民，无论大人和小孩都知道他，都喜欢他。有一次，一位团长和他同道走路，见到每一家都对他表示亲热和欢迎，并且丰盛地招待他，很为惊奇和感动。在一个夏天，仲勋走得疲倦了，就随便睡到一家老乡的炕上，那位年老的主人就蹲在他的身旁，亲切地看着他，替他驱着苍蝇。这时忽然跑来一个找他的乡民，老汉马上低声说：轻一点，仲勋同志困了，让他好好地睡一会儿。平时在办公的地方，每天都挤满了群众，当他和他们在一起的时候，总是极其自然和融洽。也许有时他正忙着,然而他宁愿放下正在做的事情,和蔼地和他们交谈,没有一点架子,没有一点官僚主义。他很懂得群众的情绪、习惯和需要。他是站在群众观点和群众立场来解决群众的问题,总是把群众的事情看做是自己的事情,而又设身处地地替他们设想,设想怎样才是对的,尤其设想怎样对群众有好处,而没有丝毫的主观主义气味。因之,群众信任他,把他看做是自己人,当群众有疑难时,就说:找仲勋去。"他们总是把仲勋同志看成最知心的朋友,而愿意听从他的意见,听从他的指挥。""他过去领导群众斗争时,常常遭遇极大的危险,然而每一次都是平安地过去了。因为群众掩护他,替他站岗放哨,替他隐蔽得很好,而且几十里外的人专程去慰劳他。""由于这一切,使得仲勋同志成为党的宝贵的群众领袖。"

11月11日 出席中共中央西北局高级干部会议并发言。在谈到陕甘边党内的一些历史问题时,结合自身经历,讲述了陕甘边苏区和红二十六军发展过程中的陈家坡会议、红二团南下失败和阎家洼子会议等重要历史事件中不同形式的思想斗争,并列举事实说明,根据地建设一旦受到"左"倾路线及其执行者干扰时,就会出现挫折,就遭损失,甚至全军覆没。在发言中严词批判杜衡推行王明路线给苏区和红军造成的严重危害。在谈到陕甘边党内在各种政策上的争论和斗争时说:在苏维埃运动和游击运动处于巩固和扩大时期,国民党武装加紧军事"围剿",边区还缺乏大批经过斗争的中下层干部,加之长期与上级领导失去联系,在这个情形下,要想非常坚固、没有缺点是不可能的。在谈到陕甘边区、陕北苏区肃反和肃反带来的恶果时,严肃批评"左"倾教条主义执行者强加给陕甘边区党委和红二十六军的"一贯的右倾机会主义领导""取消主义""逃跑主义""梢山主义""枪杆子万能""浓厚的土匪色彩"等种种罪名,并说:我们大家想想在那个时候，谁不愿在一个大平原上建立一个根据地，省得上坡、下坡。但是国民党不让我们这样干，要存在，只有实行梢山主义。在谈到自己的缺点和不足时说：在肃反开始之前，组织了小代表团，我也是小代表团代表之一，那时上有大代表团，下有小代表团，我是洛河川的小代表团。反右倾机会主义这时便开始了。当时那个会议我也参加了，反右倾机会主义我也有劲。在发言中对肃反中有严重错误的同志提出批评，主张这些同志首先敢于"亮丑"，敢于承认错误，才能有利于找准思想根源和社会根源，改正错误，轻装上阵。发言说：这个大会重要的是要把陕甘边区党的历史上的问题搞清楚，使我们党今后更加一致，更加统一，更加一元化。如果过去历史上的问题不搞清楚，这就会使得边区党在今后的建设上受到很大损失。今天要使全党同志进步，特别是犯了错误在今天还表现不诚恳、不坦白的同志，应在这次大会上老老实实下决心诚恳地承认错误，纠正错误，向前进步。这样才是我们个人之幸，全党之幸！

12月12日 中共中央作出《关于一九三五年陕北（包括陕甘边及陕北）"肃反"问题重新审查的决定》。《决定》指出：一九三五年九十月的陕北肃反是错误的，这种错误的肃反给革命造成了极大的罪恶。委托西北局负责向被冤屈的同志解释，"并审查和恢复在'肃反'中死难同志的党籍，且妥善慰问和安置其亲属"。

1943年　三十岁

1月8日　在中共中央西北局高级干部会议上作题为《关中党史简述》的长篇发言。发言从一九二八年夏在关中旬邑县前义村建立的农村支部谈起，分析了旬邑起义失败的原因；接着谈到刘志丹领导反帝同盟军改编为中国工农红军陕甘游击队举起苏维埃的旗帜，在五顷塬、照金苏区的革命斗争，以及红二十六军第二团南下失败的深刻教训；详细介绍了西安事变前后关中地区党组织开展的武装斗争、统一战线、根据地建设以及反击国民党顽固势力制造的反共磨擦的情形。发言概括了关中党的历史经验：（一）关中党经过大革命、苏维埃、统一战线三个时期，具有公开的、秘密的、武装的丰富斗争经验，领导着关中的广大群众，并和他们密切地结合着，进行了保卫关中、保卫边区的各种残酷斗争。（二）关中党产生于大革命时代，但它的发展与壮大是在红军游击队的武装斗争中成长起来的，特别是红二十六军的直接帮助与指导，给关中党的存在发展以有力支柱。（三）关中党的发展，主要斗争形式是武装斗争。从它的历史全部过程看，没有一天离开了武装斗争。中国革命武装斗争的特点，同样表现在关中的党里。

1月14日　中共中央西北局高级干部会议闭幕。会议对领导经济建设成绩卓著的王震[1]、习仲勋等二十二人予以表彰。

---

[1]　王震，时任陕甘宁晋绥联防军第三五九旅旅长兼政治委员。

对习仲勋的成绩介绍是："统一领导关中党政军民，巩固边区，使人民安居乐业发展生产。关心群众，在群众中有威信。在他七年如一日的刻苦领导之下，关中人民生活显著提高，现民众平均每人收麦四石。他在提高劳动力、推广种小麦种荞麦方面均有成绩。"毛泽东为二十二名获奖者分别题词，给习仲勋的题词是："党的利益在第一位"。

2月上旬 任中共绥德地委书记兼绥德、米脂警备区和独立第一旅政治委员。绥德地委下辖绥德、米脂、葭县[1]、吴堡、清涧五个县委。绥德地区人口众多，经济较为发达，地理位置重要，被称为陕甘宁边区的北大门。赴任前，在杨家岭受到毛泽东接见。毛泽东说：一个人在一个地方待久了就没有那么敏感了，到新的地方去也是锻炼嘛！

2月中旬 移交中共中央西北局党校的工作，离开延安，前往绥德地委机关驻地九真观。

4月3日 中共中央作出《关于继续开展整风运动的决定》。在复杂的斗争形势下，《决定》对敌情作了夸大的估计，要求在整风审查干部和反特斗争中"开始着手选择确有证据的内奸分子，开展群众斗争"。

4月上旬 为推动大生产运动的展开，抽调宋养初[2]、邹文宣[3]、梅行[4]、张力[5]、田方[6]等人组成调查组，作蹲点调查的准备。在同调查组成员谈话时说：绥德是新区，没有经

---

[1] 葭县，今陕西佳县。
[2] 宋养初，时任中共绥德县委书记。
[3] 邹文宣，时任中共绥德地委宣传部副部长。
[4] 梅行，时任《抗战报》主编。
[5] 张力，时为绥德地区妇联干部。
[6] 田方，时为《解放日报》驻绥德记者。

过土地革命。按照抗日民族统一战线政策，边区政府在这里实行了减租减息政策，农民生活得到了初步的改善。但是，广大贫苦农民阶层的生产力并未得到完全解放，生产生活还相当困难，所以边区政府号召这里的贫苦农民南下，去开发那里大片肥沃的土地，去开创他们的幸福生活。边区政府大张旗鼓地开展移民运动，实际上已把移民工作作为大生产运动中的重要内容，作为加强军民团结、巩固边防的双重战略措施。但是，移民工作中究竟存在什么问题，为什么有些贫苦农民不愿意南下，发动移民的对象主要是哪些人，都还需要进一步调查研究。在讲话中还就调查的方式方法等问题作了具体安排。

4月中旬—5月中下旬　带领调查组到绥德县沙滩坪区一乡的郝家桥村进行为期一个月的蹲点调查。将调查组人员按照自然村分成小组，包村负责，确定各自调查内容和重点。要求调查组在普遍调查的基础上，选择生活状况和生产条件不同的上、中、下各两个农户进行调研，发现典型，总结经验，并倡导在各村召开"好劳动人会"，评选劳动英雄。在习仲勋的组织下，调查组共撰写《绥德妇女纺织中的变工——从模范村郝家桥纺织小组谈起》《谈夏收》《记两个变工队〔1〕》《谈除草》《移民问题》五篇调查报告，于五月至十一月在《解放日报》发表。习仲勋在调查中认为，郝家桥村在改革农业生产措施、理顺土地租佃关系、改造二流子、组织群众移民南下、实行变工互助、精耕细作方面具有典型意义和推广价值，提议在全区范围内开展学习郝家桥村，

---

〔1〕　变工队，指建立在个体经济基础上的农业互助形式。在变工队内部主要采用人工换人工、畜工换畜工、人工换畜工的办法实行农民间的劳动力互助。参加变工的农民，各以自己的劳动力或者畜力，轮流给本队各家耕种。结算时，多出了人工或者畜工的由少出了的补给工钱。

学习模范党员、劳动英雄刘玉厚的活动。随后，调查组撰写《刘玉厚的光辉》一文，介绍刘玉厚的先进事迹。该文于十一月在《解放日报》发表。

夏 根据陕甘宁边区政府"教育为抗日战争和边区人民服务，干部教育第一、国民教育第二"的方针，提出绥德地区的文化教育事业要为全区五十二万人民群众服务。此后，绥德全区文教会议进一步提出，要按照教育与劳动结合、教育与社会结合、教育与政府结合、教育与家庭结合的办学方向进行改革。

6月 会见取道绥德赴重庆开会的邓宝珊[1]。

8月—翌年春 解决绥德地区整风审干和"抢救运动"中出现的问题。其间，到抢救运动情况较重、问题较多的绥德师范学校开展调研，进行甄别平反工作，并向中共中央和西北局如实反映绥德地区抢救运动情况，建议中央及时制止"逼供信"，纠正"左"的偏向。甄别平反工作结束后，根据中央的指示，同徐向前[2]负责主持绥德地区高级干部学习小组的工作。

11月4日 出席绥德分区第一届生产展览会开幕会，同袁任远[3]、刘玉厚等分区党政军负责人及劳动英雄代表十二人被推举为大会主席团成员。十二日，出席闭幕会。

冬 同郝明珠离婚。

本年 大力提倡因地制宜、大办冬学[4]。全区共办冬学九百零五所，参加学习的人数达七万零七百一十五人。

---

[1] 邓宝珊，时任国民党军晋陕绥边区总部总司令，率部驻防榆林。

[2] 徐向前，时任抗日军政大学代校长。

[3] 袁任远，时任绥德分区行政督察专员公署专员。

[4] 冬学，指陕甘宁边区群众教育机构利用农民冬季空闲时间组织学习文化、政治的场所，有些冬学保留下来成为常年的农民学校。

1944年 三十一岁

1月11日 致信陈云[1]。信中说：我明天就回去了。关于警区财经问题，一定按照你指示的精神，具体布置一番。植棉我们有极大把握种十六万七千亩，如加以精细指导，可收棉一百六十万斤，这是根据去年经验和群众的觉悟程度以及加上干部领导三个条件而确定的，不会有虚误之处。关于金融贸易问题，还有些材料已交西北局，你如要看时可派人去找。如有我们注意的问题，请随时电示。

1月14日 出席绥德劳动英雄代表大会并作总结讲话。在讲话中表扬生产模范村郝家桥、拥军模范村王家坪、变工模范村黄合昴、农作法模范村张家圪的模范事迹，以及模范党员、劳动英雄刘玉厚的优良品质，希望绥德全县十三万人民共同努力创造模范县。十五日，出席绥德劳动英雄举行的劳军仪式。

2月2日 出席绥德军民联欢大会，并接受军民献上的"警区人民的救星"的锦旗。

春 出席中共绥德地委宣传部召开的文工团领导和业务骨干会议。在讲话中说：绥德文工团就是要为全地区六县五十二万人民群众服务。由于历史的原因，这里的文化生活还是相对落后的，群众有逛庙会的习惯，而庙会又常常被旧戏曲和其他艺术形式所占领。文工团要到庙会上开展宣传演出，用积极向上的新文

---

[1] 陈云，时任中共中央组织部部长。

艺、新剧目占领和改造庙会。我们现在的队伍,既有经验丰富的老艺人,也有很多青年学生,剧目有《空城计》等好的历史剧,又有《血泪仇》那样的现代剧和《二流子变英雄》《李兰英翻身》等新秧歌,只要大家团结互助,坚持毛泽东同志提出的文艺方向,绥德文工团一定会在以文艺形式鼓舞人民坚持抗战、发展生产、支援前线中作出贡献。

4月14日 出席中共中央西北局办公厅召开的组织问题座谈会并发言。在谈到发展党员问题时说:(一)警备区发展党员很有必要,因为今天工作开展需要更多党员。近几年来,绥德警备区成分有很大变化,在没有分配土地的地方,因为有减租运动,贫农已经升到中农,佃农也得了发展,而地主却相对地减弱了,因此发展党员不能以过去的标准。在分配过土地的地区,农村发展党员应着重新发展的中农、富农;土地没有分配的区域,还是中农和贫农。在经过的几个大的运动中发现了许多积极分子,警备区在农业生产中就有九百七十个劳动英雄,其中党员很少,发展党员应该向这些人开门,如果把这些人吸收到党内来那是了不起的。(二)在中等学校和完小建立党组织和发展党员这个问题,实际的意义很大。在警备区特务搞我们,就是以学校作为他们的据点。(三)关于党龄问题。过去是十八岁才能入党,十八岁以下是候补党员,所以在学校发展党员是一个很大的阻碍。现在中等学校党员就发展得少,因为年龄限制没有办法发展。在中等学校十六岁和十七岁真正好的学生,可以吸收入党,学校学生入党的年龄要降低一些。在谈到支部组织问题时说:(一)支部书记要脱离生产。从去年一年工作中证明,乡村工作最多的还是支部书记,全年有三分之二或八个月的时间给公家做工作。如不脱离生产,公家的事情做不好要受批评,私人的事情搞不好家里又反对。(二)乡文书叫小学教员兼的问题,我看行不通。一个教员把学生管好他就相当忙了，再作乡文书他就顾不过来。（三）支干会的组织，现在还不统一，有些地方是七个干事，支部书记、宣传、组织、自卫军连长、政府工作干事、党团书记、锄奸干事。我觉得组织缩小一些，支部书记、政府工作干事、自卫军工作干事、宣传、组织，这五个人就可以了。（四）现在乡上的工作中存在一种不好的现象，不管是支部书记也好，乡长也好，有些地方完全跟群众是对立的，不仅向群众要东西，而且还有联保的残余。要经过民主会议把那些不好的支部书记、乡长洗刷出去，真正对工作积极的分子换进来。在谈到群众团体的组织形式时说：各级抗联会还是要存在，但是各级群众团体的组织要受各地党的领导，对外是一个群众团体的组织形式，对内是党的民运委员会。

4月28日 同齐心结婚。

5月初 召集绥德地区负责人开会，专题研究教育工作。

5月21日—翌年4月20日 中共扩大的六届七中全会在延安召开。全会通过毛泽东为中央委员会主席的提议，原则通过《关于若干历史问题的决议》，肯定了确立毛泽东在全党的领导地位的重大意义，使全党尤其是党的高级干部对中国民主革命基本问题的认识达到在马克思列宁主义基础上的一致。至此，整风运动胜利结束。

10月10日 出席绥德县沙滩坪区一乡劳动英雄、模范工作者选举大会和该乡举办的生产展览会，勉励大家积极劳动，团结生产，发展纺织，使模范乡更进一步。

11月1日 出席惠子俊[1]追悼会。在讲话中说：我们应该学习惠子俊同志的优良品质和作风。第一，他对劳动人民真正了解、关心和爱护。第二，他为了党，从不计较个人利益。第三，对于调动他的工作，从来不讲价钱。第四，他很会站在原则上团结干部，教育干部。

11月5日 出席绥德分区司法会议，发表题为《贯彻司法工作的正确方向》的讲话。在讲话中说：司法工作和司法工作者一定要解决好四个方面的问题。一、把屁股端端地坐在老百姓这一面。司法工作是人民政权中的一项重要建设，和其他行政工作一样，是替老百姓服务的。我们的司法工作方针是要团结人民，教育人民，保护人民的正当权益。越是能使老百姓邻里和睦，守望相助，少打官司，不花钱，不误工，安心生产，这个司法工作就越算做得好。二、不当"官"和"老爷"。我们司法工作者，既是为老百姓服务，就应该站在老百姓中间，万不能站在老百姓头上。所谓秉公处理，不仅限制于观点上，尤应孜孜讲求于对人的态度。三、走出"衙门"，深入乡村。司法工作，如果不从团结老百姓、教育老百姓方面着眼，只会"断官司""写判决书"的话，即使官司断得清楚，判决书写得漂亮（实际上不可能办到），则这个"断官司"和"判决书"的本身，仍将是失败的，因为它和多数人民的要求相差很远。要达到上述目的，必须普及民间调解运动。千百事件整天发生在人民中，最适当的解决办法，也就在人民中。只有通过人民，才会解决得最快、最正确。四、有出息和没出息。个别司法干部认为做司法工作进步慢，没

---

[1] 惠子俊，曾任中共陕甘边特委书记、中共西北工委书记、中共西安市委书记，1943年任陕甘宁边区绥德分区贸易公司副经理，1944年10月13日逝世。

出息。这种认识是极不正确的。司法干部首先应该着重于想问题，在业务上多下工夫，刻苦钻研。其次在工作中应订出自己经常的学习计划，从学习业务、学习文化、学习历史、学习社会常识各方面，不间断地提高自己。再其次应加强自己品质上的修养，把革命利益放在第一位，处处给他人做表率。果真如此做去，还说进步慢、没出息的话，是没有的事。

11月7日 出席绥德分区民兵干部会议开幕会。在讲话中说：民兵冬训的目的，就是要把基干自卫军训练成为可靠的地方群众武装。冬训的方针，就是拿什么武器学会使用什么武器。但最主要的应学会两样：会打枪，会打手榴弹，在可能的情况下尽量地学会安置地雷。今年收成不好，自卫军冬训要和冬季生产很好地结合。为了不耽误生产，有两个劳动力的人家，才准许有一个人参加基干自卫军。为了让受训的自卫军在家里吃饭，免得带粮，今年冬训以乡为单位，到会的同志回去就当各乡的教员。各县大队部可以增加几个人，到下面巡视，着重在一个乡一个区取得经验。

11月23日 在《解放日报》发表《开展冬学运动的正确方向》一文，总结和推广子洲县周家圪崂办冬学的经验。文章提出：一、坚决贯彻"民办公助"的方针。必须经过群众，把群众自觉自愿的积极性发动起来，才能把冬学办好。二、冬学运动首先要和群众的冬季生产相结合。三、不能抄袭一套旧的教学方法，必须学用一致。四、冬学运动要和冬季训练、闹秧歌、医药、卫生、组织妇纺、植树等取得有机联系。五、在开展冬学运动中，注意团结农村参加冬学运动的部分积极分子是非常重要的。六、训练冬学教员应采取开会的形式，研究典型，交换经验，不要采取一般灌注式。七、在开展冬学运动中，必须普遍地建立若干个重点，而不是平均地分散力量。

11月 主持召开中共绥德地委组织工作会议，研究支部工作、党员教育和领导作风问题。

12月22日—翌年1月14日 在延安出席陕甘宁边区劳动英雄和模范工作者会议。

1945年 三十二岁

1月 参加毛泽东、陈云同出席陕甘宁边区劳动英雄和模范工作者会议的地委书记、专员的座谈会，汇报在整风运动和大生产运动中的体会。

2月6日 致电高岗。电文说：《陕北日报》三十一日消息，高双成〔1〕确于三十日下午三时因伤寒病逝世以后，二十二军军务由左协中代理。

2月8日 致电高岗。电文说：刘绍庭〔2〕七日回绥德，据谈：一、邓〔3〕认（为）国共谈判尚未绝望，联合政府中央〔4〕早有亲笔信复毛主席。二、高〔5〕临危召左协中、张崇芹等旧部，嘱一切事听邓，以令左继任。二十二军多与绍庭、延安联系，二十二军存在系依靠延安关系。三、高死后，高旧部决拒蒋，中央派来人，胡奎僧〔6〕表示拥邓、左。四、胡又托绍庭告

---

〔1〕 高双成，逝世前任国民党军第二十二军军长，长期驻守榆林，同八路军保持良好关系。
〔2〕 刘绍庭，爱国民主人士。抗日战争时期多次往返于绥德、榆林、延安之间，游说高双成、邓宝珊等国民党将领与共产党一道团结抗日。
〔3〕 邓，指邓宝珊。
〔4〕 这里指国民党中央。
〔5〕 高，指高双成。
〔6〕 胡奎僧，原名胡景通，时任国民党军第二十二军骑兵第六师师长。

习[1]，他吃的中央饭，怕的中央人。五、胡宗南[2]五日秘密飞抵榆林，高死后为了二十二军将有一场恶斗。

2月25日 致电高岗。电文说：一、据绍庭谈：胡奎僧说傅作义[3]曾令胡西进攻奇金山[4]，他绝不干，傅或将使何文鼎[5]西进，到时八路军最好挡他一下。此外邓宝珊说八路军做蒙古工作很好，但千万勿断榆林粮道。二、据米脂专报：横山吴家寨子保安团一个中队四十余人要求进来，四个班长都酝酿成熟，只中队长不知。我们因他们坚决要求出来，同意其过来，并已派专人去布置接应。三、榆左[6]闻我将派代表吊高，已电田副官作陪，前已电告榆方。目前传我三路攻榆，米脂得暂二团命令，曾说王震[7]、贺龙[8]、贺晋年[9]三路攻榆，同时胡宗南又在榆闻传令筹粮三月，备我进攻，故此时去人正系良机。

4月20日 同白治民[10]就米脂地主公粮负担问题致电李井泉[11]、刘文蔚[12]。电文说：米脂地主公粮负担调剂一事望按来信所提办法，迅予个别处理，按条例力求公平合理，由县上派

---

[1] 习，指习仲勋。
[2] 胡宗南，时任国民党第一战区代理司令长官。
[3] 傅作义，时任国民党第八战区副司令长官。
[4] 奇金山，时任乌审旗保安团团长。
[5] 何文鼎，时任国民党军第六十七军军长。
[6] 左，指左协中，时任国民党军第二十二军军长。
[7] 王震，时任八路军独立第一游击支队（南下支队）司令员。
[8] 贺龙，时任中共中央革命军事委员会委员、中共中央西北局常委、陕甘宁晋绥联防军司令员。
[9] 贺晋年，时任陕甘宁晋绥联防军警备第三旅旅长。
[10] 白治民，时任中共绥德地委副书记。
[11] 李井泉，时任中共绥德地委代理书记。
[12] 刘文蔚，时任中共绥德地委统战部部长。

干部协助并责成区乡同志亲自解决，以免地主对区乡干部不满。群众中个别负担过重者，亦希即予照顾，故应调查清楚，但时间不宜拖得太长。

4月23日—6月11日 在延安出席中国共产党第七次全国代表大会。出席大会的正式代表五百四十七人，候补代表二百零八人，代表全国一百二十一万党员。大会提出党的政治路线，把党在长期奋斗中形成的优良作风概括为三大作风。大会选举产生新的中央委员会。大会把毛泽东思想确立为全党的指导思想并载入党章。会议期间，参加西北局的小组讨论。在发言中认为，大会制定了"放手发动群众，壮大人民力量，在我党的领导下，打败日本侵略者，解放全国人民，建立一个新民主主义的中国"的政治路线，毛泽东不仅提出了新民主主义中国的一般纲领、具体纲领和政策，还提出了工业问题、农民问题等，从而在重大转折时期为中国革命指明了航程。在会上，习仲勋当选为候补中央委员。六月十九日，出席中共七届一中全会。会议选举毛泽东、朱德、刘少奇、周恩来、任弼时为中共中央书记处书记；选举毛泽东为中共中央委员会主席、中共中央政治局主席、中共中央书记处主席；选举任弼时为中共中央秘书长。八月，中共中央政治局会议决定毛泽东为中共中央军事委员会主席，朱德、刘少奇、周恩来、彭德怀为副主席。

5月1日 同袁任远等就对边境土匪的政策和民兵扩编打仗问题致电李井泉等。电文说：一、边境之土匪，应用分化争取等办法打击与消灭之，其所留人员得适当安置。二、顽军之骚扰，坚决本习前电原则执行，并应做到有利、有理、有节原则进行斗争与团结。三、补充民兵之炸弹、子弹，联司〔1〕已允发一部

---

〔1〕 联司，指陕甘宁晋绥联防军司令部。

分，待领到即捎运回。四、子洲增扩民兵四十人，葭县增扩二十人，财厅已批准粮食，其他费用由本县负责。子洲民兵临时集中整训及剿匪打仗应由自卫军大队部直接指挥，不需另成立大队部和永久编在一起。

5月16日 致电刘文蔚、黄植[1]。电文说：榆方保安团合编，指挥部撤销，以及徐子佳补副军长一职，均显系中央[2]有计划的篡谋行为，并实行渐次分化二十二军内部改变为中央势力。此情希即考虑，以我名义致函奎僧[3]暗示中央[4]谋篡军权，只有力图内部团结，始可抵抗中央挽救危局，舍此别无良策。

7月11日 在延安出席中共中央西北局召开的西北党的历史座谈会。在发言中说：历史最贵真实，知道的不完全不要紧，不知道也不要紧，最有害的是曲解和捏造历史。党史是人民反抗统治阶级的历史，如果丢开党和人民来谈历史，那就失掉了历史的真实。个人在历史上的作用，只是其中的一个因素，而不是起决定作用的因素。如果只强调个人的作用，夸耀个人的功绩，这是不合乎真理，或是不完全合乎真理的。发言还回顾中国共产党在西北地区的斗争历史，详细介绍了两当兵变、渭北苏区的创造和红四团的成立、照金苏区的建立与恢复红二十六军、陕甘边苏区的发展与"左"倾路线的错误肃反情况，指出：武装是革命之本，所谓枪杆子万能并不全是错误的，只要枪杆子拿在农民手里，与红军、苏区结合起来，那就是"万能"的，我们边区党史，实际上就是一部武装斗争史。真正的领袖是在不脱离群众斗

---

[1] 黄植，时任中共绥德地委统战部副部长。
[2] 这里指国民党中央。
[3] 奎僧，指胡奎僧。
[4] 这里指国民党中央。

争的同志中产生的,决不会在没有经过斗争锻炼的人身上体现出正确路线。理论与实际结合是革命事业成就的主要因素,盲目与靠书本知识都不能成事。红二十六军的一套,是适合革命需要的,是把实际经验提到理论原则上的。自然,真正的领导是从政治上思想上去领导,不仅仅是组织上的领导。陕甘边的斗争史,是统一战线的又斗争又联合的历史,当然这种统一战线还是小范围的,还不像中央来以后那样的广泛。西北党的历史座谈会于六月二十六日至八月二日召开,会议在朱德、任弼时、陈云指导下进行。

7月21日 国民党军胡宗南部调集暂编第五十九师、骑兵第二师向关中分区淳耀县境内的爷台山等陕甘宁边区部队防地发起攻击。关中分区警一旅及新四旅一部英勇自卫。二十三日,国民党军预备第三师投入进攻。边区部队坚守七天,因寡不敌众,于二十七日奉命撤出爷台山及其以西的四十一个村庄。

7月23日 毛泽东主持中共中央书记处会议,讨论如何打退胡宗南部对爷台山的进攻。毛泽东说:胡宗南他们已经战役展开,问题是大打还是小打,小打就是打爷台山。要准备他们大打大闹。大打,要准备他们打到延安。毛泽东要求西北局和陕甘宁晋绥联防军司令部全力组织好这次战斗。会议决定:集结八个团的兵力,由张宗逊、王世泰[1]指挥,打击进入关中的国民党顽军。

同日 出席中共关中地委常委会议,讨论备战问题。

7月24日 晚上,出席中共关中地委常委会议。在发言中说:参加爷台山反击战的所有干部要搭配以曾参加过战斗的老干

---

[1] 王世泰,时任陕甘宁晋绥联防军关中警备司令部司令员、爷台山反击战临时指挥部副司令员。

部；适当地使用群众力量、自卫军力量，动员群众参战，担任勤务；对进攻之敌，能瓦解者则瓦解之；吸收那些对打仗有兴趣的群众出来打麻雀战，推动边沿群众转移物资，保安处与机关更要镇静地转移，分区机关也须及早动手；下乡干部要帮助部队做工事等。

7月下旬 陕甘宁晋绥联防军司令部遵照中共中央军委命令，成立爷台山反击战临时指挥部，张宗逊任司令员，习仲勋任政治委员。临时指挥部设在关中地委、专署驻地马栏。

同旬 同王世泰、张德生[1]收到贺龙、高岗二十四日来电。电文说：蒋介石、胡宗南刻正调集大军企图侵占我关中，为消灭进攻关中之敌，决定除现有部队外，再派五个团的兵力增援关中；为掩护我主力军之集结，目前关中部队应以敌情、地形、兵力及战役作战目标据守边境主要阵地，控制马栏；从速组织和加强基干自卫军，广泛发展群众武装斗争；加强侦察当前敌军情况、战斗力及装备；从速动员地方机关准备粮草、向导及调查地形等。

同旬 为爷台山反击战作战部队营以上干部作政治动员。在讲话中说：这些年来，顽固派在陕甘宁边区，经常以"打野外"和"抓逃兵"为借口，肆意制造磨擦，奸淫妇女，无所不为。为团结抗日，我们一忍再忍。但是，反动派狼子野心不死，这次又调遣九个师，侵占我爷台山阵地及周围四十一个村庄。其用心在于夺取我关中分区，钳制陕甘宁边区部队对日寇的全面进攻，进而挑起新的内战。如果我们不及时予以坚决有力的回击，不仅关中分区的民愤不能平息，而且国民党必然会得寸进尺，内战危机就要加剧。"人不犯我，我不犯人；人若犯我，我必犯人"。为了取得此役在政治上、军事上的胜利，必须严格执行"有理、有

---

[1] 张德生，时任中共中央西北局统战部部长、中共关中地委书记。

利、有节"的原则，做到一不放跑一个敌人，二不越过防线一步。

同旬 同中共关中地委共同商定拥军支前方案，并以地委名义向各县委发出《关于保卫关中制止内战的紧急指示》。《指示》要求：一、立即在干部群众中进行深入动员，揭露国民党反动派进攻关中地区、发动内战的阴谋。二、立即整理自卫军，组织游击小组，动员民兵参战。三、立即封锁边境要道，清查户口、山林，捕捉敌探奸细。四、立即清查仓库，注意仓库安全及供给需要。五、立即转变工作作风，抓紧战争动员。六、立即加强机关警戒，防止敌人袭击。

8月8日 爷台山反击战打响。十日，战斗结束。陕甘宁晋绥联防军收复爷台山周围全部失地，全歼入侵的国民党军五个连及一个营部，毙伤一百余名，俘营长以下三十六名，缴获轻重机枪十九挺及大批弹药。十四日，出席爷台山战斗牺牲烈士追悼会和军民联欢会。

8月15日 日本无条件投降。中国人民抗日战争和世界反法西斯战争取得伟大胜利。

8月16日、17日、18日 出席中共关中地委常委会议，讨论保卫关中问题。

8月23日 中共中央政治局扩大会议决定，彭真任中共中央组织部部长，习仲勋任副部长。

9月 任陕甘宁晋绥联防军代理政治委员。

10月—翌年6月 任中共中央西北局负责人。对这项任职，习仲勋向毛泽东表示：我长期在地方工作，没有在领导机关工作过，怕难以胜任。毛泽东说：正是因为你长期在下面没有在上面，所以才调你到上面来工作。把你调动一下，放在新的岗位上，你就得动脑筋了，就得调查研究，想办法把工作做好。一九四六年六月至一九四九年六月，任中共中央西北局书记。

10月8日 致信贾拓夫[1]。信中说：前拨给中组部五百万款，解决出发干部困难，已告净尽，俟结算后即报你们。现在还有数百名干部继续出发，及留延之干部家属，非有一大笔款而不足以解决其困难。请你考虑能再给予千五百万元，则今冬问题大体可解决矣。

10月21日 同马明方[2]致信高锦纯[3]、汪锋[4]。信中说：据悉第一军开蒲城，咸阳运到一批炸弹，邠县亦有新到部队，是否确实，请查明并希严密注视外边情况，随时电告。

同日 致电张德生[5]。电文说：三十八军[6]奉命沿平汉路北上，据查该部尚有我方力量，请你商汪[7]迅即派员前去组织兵变，将对平汉战役起很大作用，并请将办理情形立刻电告。

10月22日 致电白治民[8]、刘文蔚[9]。电文说：据悉二十二军[10]有即调防绥西之说，遗防由马鸿逵[11]部接替，如此传属确，则二十二军内部情况及动态望随时注意调查并报告延安；胡景翼之子胡希仲，昨来信住榆林总部，请你们速即派员持我信（信由你处拟）前往接洽，籍以了解真情并经他使奎僧[12]

---

[1] 贾拓夫，时任中共中央西北局常委、西北财经办事处负责人。
[2] 马明方，时任陕甘宁边区政府委员。
[3] 高锦纯，时任陕甘宁晋绥联防军警备第一旅旅长兼关中军分区司令员。
[4] 汪锋，时任中共关中地委副书记兼关中军分区副司令员。
[5] 张德生，时任中共中央西北局秘书长兼关中军分区政治委员。
[6] 指国民党军第三十八军。
[7] 汪，指汪锋。
[8] 白治民，时任中共绥德地委书记。
[9] 刘文蔚，时任中共绥德地委副书记兼统战部部长。
[10] 指国民党军第二十二军。
[11] 马鸿逵，时任国民党宁夏省政府主席。
[12] 奎僧，指胡奎僧。

及二十二军干部与我更密切联系，加强友谊，希仲暂可离榆，务邀来延安一晤，达绥时望予招待。

10月25日 同张邦英[1]致电汪锋等。电文说：某部[2]如若再有变动，是否会影响到蒙[3]在外边的站足，如若有影响则蒙暂以不出外或出去一个短时期即进来为宜，如何？请你们考虑决定，并告我们。

同日 驻防陕西安边、宁条梁的国民党陆军新编第十一旅（旅长曹又参）在中共地下党组织的策划下宣布起义。起义部队编入陕甘宁晋绥联防军序列，仍沿用新编十一旅番号，曹又参任旅长。随后，中共中央开展宣传运动，号召国民党军队学习曹又参部队，站到人民方面来。这个运动被称为"曹又参运动"。

10月29日 就绥德警备区扩兵、训练等问题致电白治民等。

11月2日 致电白治民、刘文蔚。电文说：一、请将二十二军改编后榆林军队守备分布情况详确地绘一图表，并希将其人数、装备、部队情绪及各级主要官佐姓名、简历调查告延。二、绍[4]暂无去贺老总[5]处之必要，请邀来延再转赴榆林。

11月12日 致电赵通儒[6]。电文说：西乌审旗[7]自治政务会暂时不必成立。蒙古人对于成立自治政务会是否乐意请再

---

[1] 张邦英，时任中共中央晋绥分局副书记兼组织部部长。
[2] 某部，指国民党军第三十八军。
[3] 蒙，指蒙定军，曾任国民党军第三十八军中共工作委员会书记，当时负责第三十八军中共地下党的工作。
[4] 绍，指刘绍庭。
[5] 贺老总，指贺龙。
[6] 赵通儒，时任中共伊克昭盟工作委员会书记。
[7] 抗日战争前后，乌审旗分为东西乌审。东乌审亦称乌审营盘，是国民党统治下的王爷府。西乌审，北靠东乌审，南靠陕甘宁边区，西临鄂托克旗，抗战时期是抗日根据地。

详告。

11月21日 致电白治民、刘文蔚并曹力如〔1〕。电文说：一、绍亭〔2〕已来延，仅略谈榆方情况，无多参考。二、包绥战况昨今两日无消息，谅未攻得。昨日报载国军一路由西兰增援晋绥，以挽危局，但非易事，详情后告。三、二十日重庆各界盛大集会，成立反对内战协会，号召罢工、罢课、罢市、拒税、拒战，以行动制止内战，并严重抗议美国政府以军队、物资帮助国民党，干涉中国内政。此举应即起响应，并尽力向友区开展这一运动。四、去榆前应各方准备妥当再行，与彼方谈判，目前宜以欲速故缓原则办事，切勿表面过急，并希到绥后将赴榆情况见告。

11月23日 致电贺晋年〔3〕、高峰〔4〕。电文说：一、目前十一旅〔5〕工作应以整训改造为中心任务，首先应着重改造干部思想，尤其连排干部思想，但须耐心教育，勿要操之过急。部队中可将此次起义反对内战之目的为教材进行教育，建立人民军队的观点。二、为照顾邓宝珊关系，我们暂可不派政治委员，炳坤〔6〕可用政治主任名义工作。三、区域划分仍以维持现状为宜，暂不必成立安宁县，安边、宁条梁均可推选各界公正人士组织政务委员会，负责主持日常政务并筹划进行选举事宜。四、减租工作应即抓紧进行，但对十一旅军官土地应采取温和办法酌情去减。对教堂土地，目前亦以发动群众彻底减租为宜，暂勿提出

---

〔1〕 曹力如，时任中共延属地委常委、延属分区行政督察专员公署专员。
〔2〕 绍亭，指刘绍庭。
〔3〕 贺晋年，时任三边军分区司令员。
〔4〕 高峰，时任中共三边地委书记。
〔5〕 指1945年10月起义后编入陕甘宁晋绥联防军序列的新编十一旅。
〔6〕 炳坤，指郭炳坤，时任中共三边地委委员。

收回土地。具体情况，望你们调查研究后提出意见报告此间。五、曹又参如愿来延时，则请派员陪同前来。

11月27日 就晋西南工作方针致电杨一木[1]等。电文说：一、目前巩固永和，积极进击大宁，开展广泛的游击战争是你们的中心任务。二、一木同志于一切工作布置后，应随军行动，加强与各地联络更较有利，请考虑。三、尽量取得吕梁军区领导，并与之密切配合，对你们工作的帮助是有很大益处的，望注意。四、一切经费开支与物资补充，力求在斗争中解决，并设法取得吕梁接济，干部不日即由此间派去十余人。

11月29日 致电白治民、刘文蔚。电文说：一、某军[2]工作应用一切力量建立，但不要过早暴露，力求隐蔽，长期埋伏，时机不到，绝不零星消耗基础，尽量求得上下配合做有效行动，要知没有你们的工作，必不会有将来的结果。因之，应是建立工作去等待时机，而不是等待时机再去建立工作。只要准备下充分力量，无论什么时候事情都好办，请你们多为此努力。二、目前北线情况仍属防御，希转饬边境区党注意政策，勿在一些小节上把关系搞坏。

12月3日 致电贺晋年、高峰、白治民、刘文蔚。电文说：二十二军问题待后将另有全部计划处理，目前凡属于该部可能拉出之部队，概不动作，以免打草惊蛇，妨碍大事。请贺、高命令靖边保安科长王国桢，暂停对韩家岔某部之活动哗变，刻下于该部应积极准备力量，隐蔽待机，以使有利形势到来时再说。

12月6日 就伊盟[3]工作致电高峰、赵通儒。电文说：

---

[1] 杨一木，时任晋绥军区第十军分区政治委员。
[2] 某军，指国民党军第二十二军。
[3] 伊盟，指伊克昭盟，为鄂尔多斯的旧称。

甲、目前形势已渐趋有利开展伊盟工作，将来或可发展得更为有利，但其方针第一步应努力做到蒙人与我亲善并友好共处，第二步始可由建立工作再渐次争取伊盟自治，任何急性与企求一下成功的办法都是极不稳妥的方针。因此除表示完全赞同章文轩[1]四项主张外，并应提出：（一）军事上互不侵犯，并按时交换情报。（二）政治上共同防制特务破坏活动，并要求保护我方之往来人员。（三）经济上互相协助，并建立双方贸易关系。（四）允许我方派人驻章处联络，并经章争取其他蒙旗与我友好。乙、至于要求自治一项，时期尚嫌过早，我方基本精神应是利用此种形势，加强广泛的交友活动，切实建立各旗的工作基础，以谋伊盟之实际为我控制，但在形式上不应突出及防止铺张暴露，为的使章无感有所顾虑而与我关系疏远，此点极为重要，请注意。丙、干部完全由你处自行解决，此间目前无人可派。

12月11日 陕甘宁边区政府第一百一十六次政务会议通过决议，聘请习仲勋、贾拓夫、谢觉哉[2]、柳湜[3]、李卓然[4]等人组成委员会，习仲勋为召集人，负责修正《陕甘宁边区施政纲领》。

12月12日 同贺龙等致电高峰等。电文说：关于十一旅部队内小的叛变逃亡，应该提起我们严重注意。（一）三旅[5]派去之工作人员在方式上应很好注意，不要过急。（二）积极的方面是进行教育说服，争取团结进步分子，建立连队的核心力量，

---

[1] 章文轩，蒙古族，时任国民党军伊南游击司令部司令、鄂托克旗保安司令部司令。
[2] 谢觉哉，时任陕甘宁边区参议会副议长。
[3] 柳湜，时任陕甘宁边区教育厅厅长。
[4] 李卓然，时任中共中央西北局委员。
[5] 三旅，指驻防陕西三边的陕甘宁晋绥联防军警备第三旅。

逐渐提高其政治觉悟，才能达到真正巩固。（三）用最大力量察知其主要破坏分子。（四）特务家属可送走者送走，不能送走者也可送定边、宁条梁，不准其自由活动，并严加注意榆、横[1]派来人之反动活动。（五）捕拿十一旅之叛变及逃跑人员，坚决打垮特务在三边[2]的破坏活动。

12月23日 致电汪锋。电文说：某部[3]工作应抓紧时机积极准备，争取其大部分都能相机起义，孔[4]能参加更好，如孔暂仍犹疑不决，某师或某些团则可先行起义。万勿错过时机，致失机密，遭受挫败。起义后，除在该部内部进行深入动员外，并可对外发表谈话，响应高树勋[5]通电，反对内战，主张和平民主，广泛进行宣传，以推动高树勋运动之开展。

12月24日 主持中共中央西北局召集的农业科技人员和劳动模范座谈会，讨论改进农业生产技术问题。在讲话中说：必须认识改良农业技术的重要性和长期性，采取有领导有计划的群众路线，一方面反对对此采取不闻不问的错误思想和态度，一方面又不能操之过急，必须根据当地群众的具体情况，一步一步地做，切忌强迫命令和形式主义。

12月29日 同王世泰[6]致电贺晋年、高峰等。电文说：

---

[1] 榆、横，指陕西榆林、横山。
[2] 三边，指靖边、安边、定边。
[3] 某部，指国民党军第三十八军。
[4] 孔，指孔从洲，时任国民党军第三十八军第五十五师师长。
[5] 高树勋，曾任国民党第十一战区副司令长官兼新八军军长，1945年10月30日在河北邯郸率一个军和一个纵队宣布起义。中共中央为此开展宣传运动，号召国民党军官兵学习高树勋部队，站到人民方面来。这个运动被称为"高树勋运动"。
[6] 王世泰，时任中共中央西北局常委、陕甘宁晋绥联防军代司令员兼三边军分区政治委员。

鄂旗〔1〕问题，如酿成事变，则马鸿逵或其他部队必来，对我极为不利。因此我们应当继续支持章文轩，坚持团结并揭露其内部叛乱阴谋，望即将情况查明妥善处理。

12月31日 致电赵通儒。电文说：（一）你处对伊盟工作方针和具体布置究竟如何，以前未见详报，望即报来。（二）对鄂托克旗争取章文轩是我们早已确定的方针，一切工作都应在这个原则下。（三）扩兵只宜在可能的条件下，逐渐扩充并贵精，能扩多少，先扩多少，不宜一下规定数目，操之过急会引起我与蒙民间不良关系。

12月 出席中共中央西北局召开的联席会议并讲话。在谈到对一九四六年形势估计时说：在国内就是一个民主势力和反民主势力斗争的形势。国民党要搞内战，不给我们民主，不给老百姓民主，不给全国人民和平，而在那打共产党、八路军，我们就要反对这个内战，进行自卫战争。全国就是这样的一个问题——民主与反民主的斗争。在谈到陕甘宁边区的地位和作用时说：陕甘宁边区还是全国的指导中心。党中央还在这里，中央的政策要从这里发出去，战争的指令要从延安发出去，所以我们这里对推动全国民主运动特别是对推动西北民主运动仍是一个重要阵地。陕甘宁边区目前总的方针是，一切从长远打算，进一步巩固边区、建设边区和保卫边区。在谈到一九四六年陕甘宁边区的工作任务时说：第一，继续发展生产，整顿财政。要坚持以"发展经济，保障供给"为中心，尽量发展农业。工业除了公营的纸厂、兵工厂、毛织厂外，可以发展家庭纺织业为主，实行自种、自纺、自织、自用的方针。要整顿合作社，防灾济荒，精简机关人数，健全经济制度。第二，加紧练兵。明年要至少完成半年时间

---

〔1〕 鄂旗，指伊克昭盟鄂托克旗。

练兵任务，以加强部队的干部教育，彻底纠正部队涣散、疲沓现象和严重违法现象。第三，开展文教工作。各分区要办好中学，各县要办好完全小学。要加强对报纸工作的领导，注意团结文艺工作者，改善他们的政治和生活待遇。要加强医药卫生工作，关心人民群众疾苦。第四，发展民主政权建设。要认真总结边区第二次参议会以来政权建设方面的经验，倾听老百姓中间的各种意见；要诚恳同党外人士合作，团结一致为和平民主而斗争。第五，整顿党务，转变作风。我们边区政策也有，方针也定了不少，为什么有时不能把工作搞得更好一些呢？就是我们的作风还不那么对头，还有这样或那样的毛病。我们在下面做工作，如果老百姓不自觉，不愿意，你硬要他那样搞，你就会犯主观主义的错误。有了主观武断，命令主义形式主义也就都来了。这一点我们一定要很好地注意，无论什么问题，自己想通了，不要以为老百姓也想通了。在农村里，就有这样一个特点，老百姓亲身体验过了，才能心甘情愿地去执行。否则，不会高兴参加这些运动的。我们应当注意这个特点，永远不要脱离群众。

同月 致电赵通儒。电文说：据称你们准备搞城川章文轩胡营长部，我们有以下意见提出请考虑。（一）胡营长过去和我们有关系，又不反对我们，即应尽量团结靠近我们，并经过他争取章文轩，如将他搞下台，会使他和我直接对立，并影响争取章及其他蒙旗工作。（二）对蒙人中的进步势力应求实际掌握，不要强求形式，以免人家怀疑害怕。（三）城川蒙汉群众会议如未召开，可否不举行为妥，否则，请将进行情形详即电告。（四）请你暂勿回延，目前应集中力量布置伊盟工作，俟各方就绪后再说。

本年 同张德生、马文瑞[1]致电高锦纯、汪锋。电文说：

---

[1] 马文瑞，时任中共中央西北局常委、组织部部长。

因边区外来知识分子干部绝大部分调走，现边区办中学、办报纸及其他文教、秘书等干部无法解决，因此特决定由你们在陕西之秘密党中调一批在外边作用不大及将不能站足的知识分子同志进来，送到延安，加以短期训练培养后，来担任这些工作。此事请你们能认真办理，并将情形电告这里。

1946年　三十三岁

1月4日　致电赵通儒、贺晋年、高峰。电文说：（一）对鄂旗，我方针是团结章[1]，经过章来开展其下工作。（二）对章不能只看他某一时的表现，而宜看到他基本是中间分子，因此应坚持争取的方针，不宜以一时表现而动摇。章对我态度实取决于我政策与工作。（三）要章继续进步，我应诚恳地团结支持之。（四）援章应是暗中援助，除万不得已时绝不宜取公开的军事援助。因为伊盟问题决不是一二军事方法所能解决的，我们应做的是积极而耐心地开展各方工作。（五）至桃力民[2]，宜抓住已有关系努力工作。

1月5日　国共双方达成关于停止国内军事冲突的协定。十日，双方下达停战令。十日至三十一日，政治协商会议在重庆召开，国民党、共产党、民主同盟、青年党和无党派人士代表参加。会议通过政府组织案、国民大会案、和平建国纲领、军事问题案、宪法草案案五项协议。

2月10日　主持中共中央西北局记者招待会，向新闻记者通报工作。在谈到领导作风问题时说：八年来边区工作有很大的进步，不论政治、军事、经济、文化各个方面之工作，都已打下了基础。但我们要把边区建设成为全国的榜样，就不能以现有的

---

[1] 章，指章文轩。
[2] 桃力民，地名，位于鄂托克旗。

成绩为满足。相反，我们的工作还有许多缺点。我们把历年的工作仔细检查起来，可以看出我们党的方针和政策都是对的，但在执行过程中往往发生偏向，这主要是由于各级干部在工作作风上存在着缺点。过去对区乡干部的责备很多，但应该说，县以上的领导机关的作风也不是没有缺点的。县级对区乡缺乏具体的领导，办法提得少，没有很好地去研究下面的干部问题，并很好地去帮助解决，或作出示范，启发下面。今年转变工作作风的关键在县级。分区及边区一级的领导机关，也应先检讨并很快很好地转变作风。在谈到监督问题时说：党报的任务，就是要发扬优良的工作作风与批评坏的工作作风。过去党报表扬好的典型事迹这是对的，以后还应更切实地去做。但另一方面，过去党报对于我们工作中缺点的批评似乎不够，特别是对于县级以上干部的工作作风的缺点批评很少。希望党报在这方面多加注意，对领导干部的缺点提出严正的善意的和实事求是的批评。必须纠正某些干部只愿听说好话，不愿听批评的偏向。

春 主持召开中共中央西北局统战部全体人员会议，部署陕甘宁边区北线的兵运工作。在讲话中说：榆林、神木、府谷、横山一带的国民党驻军大部分是杂牌部队，封建意识很浓厚，我们的工作必须做到超出这个封建关系，才能取得成果。会议决定：师源任中共绥德地委统战部副部长，主要从事对国民党陕北保安指挥部副指挥胡景铎的统战工作。此后，在听取师源同胡景铎接触的情况汇报后说：要办好这件事，首先应该解决胡景铎的党籍问题，然后由胡在部队中发展党员，发展骨干，积极做好各项准备工作，到一定时机再举行起义。

2月21日 同王世泰、张德生、赵通儒开会讨论伊盟工作。会议认为，目前伊盟工作的方针是：广泛开展上层与下层的统一战线，团结蒙人，巩固和平，统一内部，推动民族自治地方自治运动，反对国民党民族压迫政策。伊盟工作应贯彻为蒙古人民服务的精神，从帮助他们发展经济入手，经过通商，便利交换必需品，鼓励其生产发展（畜牧与熬碱等），并举办医药、办学等（合作与组织起来方法可适用）。这是党的一个极其重要的政策。

3月8日 在延安纪念三八国际妇女节大会上发表题为《贯彻边区妇女运动的正确方针》的讲话。在讲话中说：边区妇女工作的方向是组织生产，在发展生产的基础上讲文化，讲卫生。边区妇女运动的具体内容是：一、把边区妇女组织起来，积极参加生产，纺线织布，喂猪养鸡，帮助男人种地和经营各种农村副业，提高技术，今年生产要超过以往任何一年。二、保养娃娃，提倡卫生，减少疾病死亡，财旺还要人旺。三、提倡妇女识字，宣传初步科学知识，破除迷信，提高文化。四、发展节约运动，学会治家，做到家家勤俭，家家和睦。

3月18日 致电贺晋年、高峰并赵通儒。电文说：应切实注视国特[1]在伊盟的活动和计划，坚持团结蒙人方针，坚决与国特作斗争。今后伊盟工作的成败完全决定于和国特的斗争。望提高警惕，军事上需经常有备，以防蒙人受国特阴谋指使，实行暗害和突然袭击。

3月29日 出席中共中央西北局召开的专员、地委书记春耕座谈会。在讲话中说：在和平民主新阶段[2]中，边区人民免除了抗战动员的负担，以后我们应当更加培养民力，爱护民力。

---

[1] 国特，指国民党特务。
[2] 抗日战争胜利后，国共双方停战协定和政治协商会议协议先后于1946年1月达成，中共中央在1946年2月1日发出的《关于目前形势与任务的指示》中，认为"从此中国即走上了和平民主建设的新阶段"。但随着国民党破坏政协协议和停战协定的行动不断发展，中共中央改变了关于和平民主建设新阶段已经到来的估计，加强各项应变准备。

减租减息是发动群众生产情绪的一个重要环节，是一切工作的基础。抗战结束以来，干部和群众都特别关心时事，有不少干部把主要的注意力放到时局上去了，当然，我们应该注意时局，但是不能因此放松了对领导群众生产运动的注意。我们应该时时刻刻留心群众生产运动中的阻碍，要及时指导、及时克服。分区和县级的主要干部要有计划地经常下乡，专署、地委或县府、县委要和本机关所在地的乡村取得密切的联系，就近了解政策在群众中执行的情况，及时进行具体的领导。

4月1日 发表《庆贺〈边区群众报〉[1]六周年》一文。文章说：《边区群众报》是陕甘宁边区群众公认的好报纸。它不但容易读容易懂，并且说出了边区群众要说的话，讲出了边区群众要知道的事情。这就是为群众服务，当得起"群众报"这个光荣的称号。这个报纸要好好办下去。边区的方针是继续紧紧团结，好好生产，和一切反民主势力作斗争，建设一个更繁荣的、更巩固的边区。这个报纸的方针也应该这样。《边区群众报》是指导工作的工具，也是指导干部学习的工具。我们干部要学会新的更多的本领、新的更多的知识，从哪里学？《边区群众报》是很好的一个学校。经过它交换经验，哪里有新的好的工作方法，做好了的新的工作范例，就写出来登在报上，别的地方也就读到了，大家来学；哪里有不好的事情、不好的作风，也写出来登在报上，批评一下，别的地方也就读到了，大家也就警惕了，不再犯同样的毛病。我们要好好表扬工作做得好的，但也要批评工作

---

[1]《边区群众报》，1940年3月25日在延安创刊，先后为中共陕甘宁边区委员会、中共陕甘宁边区中央局、中共中央西北局的机关报，1948年1月更名为《群众日报》。1954年10月16日，《群众日报》改为中共陕西省委机关报，并更名为《陕西日报》。

做坏了的。我们革命同志是不怕而且要有自我批评的。

4月2日 在延安出席陕甘宁边区第三届参议会第一次会议。在讲话中说：今后的任务是进一步巩固和繁荣边区，切实进行复员工作，继续发展农业生产并逐渐工业化，提高边区人民的经济、政治和文化生活。共产党员要在"三三制"政权中加强同党外人士的合作。这次会议于四月二日至二十七日召开，到会议员一百二十一名、候补议员二十一名。会议通过经济、文化等建设方案和三年经济建设计划等提案，提出"继续发展经济为一切建设的根本，为边区今后的首要任务"。会议选举高岗为议长，谢觉哉、安文钦为副议长，选出边区政府领导成员。会议还选出常驻议员十二名，习仲勋当选为常驻议员。

4月3日 致电陇东分区党政军负责干部黄罗斌[1]、朱敏[2]等。电文说：据悉，国民党军队二十八日起严密封锁边区，各口子不准通行，并使国特配合大举活动，请通知有关方面注意免受损失，同时军事上应有所准备，防止突然袭击，在整军中国民党是无诚意的，我们戒备之心不可无，严防国民党借口挑衅（坚持自卫原则，来犯则消灭之）和国特破坏活动。

4月8日 为中共中央西北局起草关于东西乌审旗团结统一问题给赵通儒的指示。指示说：（一）对东西乌审我应团结统一，即使形式上西乌统一于东乌也可，但必须坚持西乌已得民主利益和人民利益。（二）奇玉山[3]大致要用软的办法来统一西乌，西乌主动提出团结，即有理有利，但仍时刻警惕，提防突然进袭。你们可以依据这原则来和奇来人谈判，不要拖延；如奇无诚

---

[1] 黄罗斌，时任陕甘宁晋绥联防军警备第三旅旅长。
[2] 朱敏，时任中共陇东地委副书记。
[3] 奇玉山，时任伊克昭盟警备区第二司令部司令。

意则责在彼方，我政治上有利。

4月16日 为悼念王若飞、秦邦宪、叶挺、邓发等烈士，撰写《纪念我们的先驱》一文。[1] 文章在回忆同烈士们相识交往的情形后说："近百年来，历史充满无数人民重重淤积的凝血，这二十年间，我们也亲见我们同志不断流洒的鲜血。我们知道这些鲜血为什么而流。我们就是在这些先烈的血泊中奋然前行。""中国人民已经走上胜利的道路，人民的战士仍将前赴后继，把悲痛立刻变成勇气，变成力量。""边区人民和工作者，就以自己更加紧张的工作，更加亲密的团结，更高的勇气，更炽烈的斗争热情，来纪念我们的先驱者！"

4月23日、24日 主持中共中央西北局邀集的陕甘宁边区各分区地委书记、县委书记座谈会，听取春耕工作汇报。在讲话中说：目前全国的和平并不巩固，作为全国和平、民主堡垒的陕甘宁边区，应在既有的基础上把群众继续组织起来，更加提高和开展生产运动，生产运动的重要关键在于春耕。今年春耕产生了许多过去没有的新困难，如春荒、春瘟等。几年来生产运动的开展，有的干部以为过去已有很大成绩，就自满起来，不再积极地去领导群众进行生产，个别干部对时局的盲目乐观的思想，也会使我们的生产工作松懈。全边区党政军民还要更加努力，争取在今后一个月内不违农时，使春耕胜利达到预期目的。讲话还要求，地委、县委的干部要亲自动手给区乡干部作出榜样，切实向

---

[1] 1946年4月8日，参加政治协商会议的秦邦宪、王若飞回延安报告工作，叶挺、邓发等同机随行，因所乘飞机在山西兴县黑茶山失事而遇难。王若飞牺牲时任中共中央城市工作部副部长、中共中央重庆（南方）局副书记；秦邦宪牺牲时任新华社和解放日报社社长；叶挺，1941年皖南事变后被俘，1946年3月获释后重新加入中国共产党；邓发牺牲时任中共中央职工运动委员会书记。

农民学习农作技术，更好地利用劳动英雄、农村党员等积极分子来推动生产，应该特别注意利用和通过报纸交流经验推动生产。

4月28日 出席陕甘宁边区高级干部会议预备会议，说明会议要解决的财经问题、复员问题、保卫工作、边防和武装等问题。

4月底—5月中旬 主持召开陕甘宁边区高级干部会议。五月二日，以《告诉一个时局的消息》为题，向与会者通报国际国内形势发生的新变化。在讲话中说：蒋介石已完成了对中原的封锁线，那里常驻有七万多人。中原的战争搞起来是全国性的问题。关中也是他们计划之内的，准备在这一次内战中把关中搞掉。目前的形势发展得很严重。我们对这些问题，在思想上多做些准备，要好好研究一下。目前，边区一方面要突击搞好春耕，特别是陇东、关中；另一方面应积极备战，不这样做就不得了。我们的工作要准备两套，即和平来了怎么办？战争来了怎么办？

5月4日 中共中央作出《关于土地问题的指示》（即五四指示），将全民族抗战时期的减租减息改变为"耕者有其田"政策，并指出解决解放区的土地问题是党目前最基本的历史任务。各解放区迅速开展土地改革运动。

5月13日 出席陕甘宁边区高级干部会议并作总结报告。在谈到发展陕甘宁边区的生产问题时说：（一）发展边区的生产，要实事求是，从现有条件出发，要有远景规划，要看得远一点。这个远景不是我们等待着就会到来，而是要在现有的基础上、现有的条件上一步一步发展起来。发展农业，加上边区若干工业建设，这就是将来边区的远景。（二）发展农业为第一，对于农业的要求，就是增产粮食，争取棉花自给。我们要贯彻群众路线，推广土生土长的好的农作法。其次是组织劳动力。现在边区各地存在着很多变工队，它是在群众自愿基础上组织起来的，确实在生产上起了很大的作用，但不能搞形式主义，只有数目而无实际活动的变工队，不是我们所要求的。再次是加强具体领导。固然一般号召能够动员群众掀起生产热潮，但光有这一套不成，要加上具体领导和解决具体问题。（三）坚持发展农村家庭纺织业，发展手工业。穿衣自给是一件大事，发展家庭纺织业是实现"耕余"的依靠。要就地取原料，就地搞成成品，有计划地帮助民间手工业发展。（四）边区的畜牧业也要发展。我们可以增加更多的牲口、皮毛向外出口，换回来外汇[1]，换回来必需品。（五）现在留下的合作社还要搞，要继续地整顿发展。边区合作社的方向，应该搞小型合作社，搞群众需要的合作社。（六）要继续办好公营工厂，比如火柴工厂、石油工厂、纺织工厂、皮革工厂、军工工厂等，要用一切力量办下去，坚持下去。各分区也应有办一个工厂的计划。全党的同志要有搞工业的思想。边区的工厂要贯彻企业化的方向，改善劳资关系。对私营工业，今后应大力地扶助。在工业这方面，我们要有远的眼光，要特别去注意节衣缩食，积累资本。应该使全党和全边区的人民认识到，这样做是于今后的经济大发展有益的。

6月26日 国民党撕毁停战协定和政协协议，以二十二万人悍然进攻中原解放区。其后，国民党军向其他解放区展开大规模进攻。全面内战由此爆发。

6月底 致电黄罗斌等。电文说：请通知有关方面注意，警惕国民党军队进攻，免受损失，同时在军事上应有所准备，防止突然袭击。我们的戒备之心不可无，应严防国民党制造借口，进行挑衅。

6月 向毛泽东汇报陕甘宁边区备战情况。毛泽东指示：胡

---

[1] 外汇，这里指陕甘宁边区以外的货币。

宗南[1]已在调兵遣将,准备进攻陕甘宁边区,并且命令榆林的国民党部队一致行动,对我实行南北夹攻。现在胡宗南还没有采取大的动作,顾不上进犯边区。你们要抓住这个时机,集中精力,组织北线战役,策动横山起义,解放榆横地区,使我们获得较大的回旋余地,以便对付胡宗南的进攻。毛泽东还指示:保卫延安、保卫边区必须加强统战工作,争取榆林地区国民党部队起义,以扩大保卫延安战争的战场。

7月1日 经中共中央特别批准,胡景铎加入中国共产党(无候补期)。习仲勋为介绍人之一。

7月初 在延安花石砭西北局机关驻地主持召开中共中央西北局扩大会议,传达毛泽东的谈话精神和党中央北线作战意图。在讲话中说:国民党军队的人数和装备都比边区要强。但是我们的队伍是党中央、毛主席领导和指挥的人民军队,有着广大人民群众的支持和拥护,人民的武装必定能够战胜反人民的武装。我们必须在胡宗南大举进攻边区之前,集中力量解决北线问题。一方面要对北线国民党军队开展统战工作,争取一切可以争取的国民党官兵站到我们一边;另一方面要抓紧北线战役准备,用政治和军事相结合的办法,解放榆横地区,为我方在反击胡宗南的自卫战争中取得更大回旋余地。会议决定,陕甘宁晋绥联防军立即进行北线战役准备;派曾在国民党三十八军长期从事兵运工作的西北局统战部处长范明进入绥德地区,随时同胡景铎直接接触,具体商定起义事宜。

7月初 同即将前往绥德的范明谈话,介绍有关情况,并在白绸子上写下亲笔信,介绍范明去见胡景铎。

---

[1] 胡宗南,时任国民党第一战区司令长官,1947年任国民党军西安绥靖公署主任。

7月8日 出席陕甘宁边区绥德分区干部会议并作报告。在谈到陕甘宁边区形势及加强备战问题时说：（一）要不要备战？在全国打打停停、停停打打的形势下，陕甘宁边区处在不打不和的局面下，这就是所谓的一种相对的和平局面，但今后这种情况不一定原样不变。蒋介石在军事上加强防御，调兵遣将；在政治上发动反共宣传，造成进攻边区的社会舆论；在经济上囤积粮草，在各地布置恢复补给囤粮区域。敌人在表面看来是防御，而实际上却是准备进攻。倘若我们不能深刻认识此点，就会吃大亏。"争取时间，积极备战"已成为当前我们的紧急任务。（二）有没有时间备战？敌人还没有按其计划布置就绪，兵力不足，北线不巩固。边区是中共中央所在地，在全国内战没有大规模爆发之前，敌人尚不可能冒险进攻，在两三个月内不致发生大规模战争，我们还是有时间来准备自卫的一切力量。（三）什么是当前的备战中心？一是用一切力量争取今后生产成绩超过以往任何一年。"经济是一切之本"，搞好生产，经济上有了基础，才能完成其他一切准备工作。二是利用一切空隙反复练兵。只有任务明确、纪律严明而与广大人民有联系的军队，才能打垮敌人的任何进攻。三是加强整训民兵。我们要精练三万民兵，才能有力配合正规军作战，因此要有精心的组织工作。另外，要教育干部，克服悲观情绪，巩固党内团结，为执行党的路线而奋斗到底。要教育群众，使群众对目前时局和政治形势有正确的认识。要在巩固的基础上开展国民党区的工作，提倡高树勋运动、曹又参运动，欢迎国民党部队中不愿意打内战的官兵起义参加革命。只有发展才能巩固自己。（四）边区的前途。陕甘宁是老根据地，是党中央所在地，有经济基础，群众有斗争经验，群众和党有深厚的感情，边区是不会在敌人进攻之下越打越小的，而将是越打越强，最坏的前途也不过是"得此失彼"，是小换防，而不是大换防。

只要大家努力，边区是会永远存在下去的。

7月19日 同张德生就争取国民党军驻平凉某部工作致电李合邦[1]、朱敏。电文说：（一）闻某部已开抵平凉，是否继续东调，请再查明见告，并希望设法争取其驻平不动。（二）武工队应多向陇南派去，请设法派三四十人，分数组前去，分散活动，每组最好能配一个政治上较强的干部随行进行群众工作。

7月20日 同林伯渠[2]致函王耀华[3]、赵玉文[4]暨志丹县全县干部。信中说：你们已经很好地完成了上半年度的生产任务，许多干部努力为人民服务，深入农村，掌握正确的工作方法与作风。为今年生产"超过以往任何一年"奠下了坚实的基础，兹特向你们致贺。你们逐渐重视利用报纸推动工作，这是极可喜的进步。凡是善于利用报纸者，其工作必日新月异，朝气蓬勃；这点亦已为你们的行动所证实。希望你们坚持下去，并研究如何更进一步地利用报纸来推动工作。

同日 中共中央发布《以自卫战争粉碎蒋介石的进攻》党内指示。

7月23日 同林伯渠等出席延安各界欢迎李敷仁[5]脱险到达延安的集会。

7月24日 主持召开中共中央西北局扩大会议，讨论甘肃工作。会议认为：（一）目前全国内战正在发展，在此局势下国

---

[1] 李合邦，时任中共陇东地委书记。
[2] 林伯渠，时任中共中央西北局常委、陕甘宁边区政府主席。
[3] 王耀华，时任中共志丹县委书记。
[4] 赵玉文，时任志丹县县长。
[5] 李敷仁，中国民主同盟西北负责人，原西安《秦风·工商联合报》主编。1946年5月1日，该报报馆被国民党特务捣毁，李敷仁遭特务暗杀，脱险后于1946年7月17日到达延安。

民党区工作应采取发展的方针,并在有战略意义的和可能开展游击战的地区搞武装搞根据地。甘肃工作中,搞武装搞若干根据地是中心问题,不可忽视。目前甘肃大体有三种不同的地区,即邻近边区的地区,一般城市与一般地区,以及陇南地区,应有不同的具体方针、不同的工作。(二)甘肃工作目前的方针应是在陇南地区发展武装,准备建立根据地。第一,尽一切可能派干部去,现在就准备,陆续派百十个干部,散在陇南一带,争取八九两个月内把干部派出。第二,加强徽县山上原来坚持的武装,加强指导,在这支武装周围再布置若干小武工队配合行动。(三)甘肃城市以及一般地区,应有计划地建立工作、交友、建党,在各社会阶层中活动,以至准备武装工作。这些地区的党组织尽量求隐蔽,多作合法斗争。(四)陇东边境地区,应对现有党员加紧教育,起码要求每个党员能当一个好战士,都能拿起一支枪,敢于与敌作武装斗争;要搞秘密武装,与公开合法斗争配合;每个党员都有瓦解国民党军队的任务;准备配合保卫边区的战争,在一定时机下起义配合我军解放本地区。(五)这三种地区中,陇南地区不仅为甘肃将来开展工作的基地,而且在保卫边区、策应陕东与川陕边地区上,有其大的意义。甘肃工委要用最大力量,放在这地区上。

7月26日 接到毛泽东当日来信。信中说:仲勋同志:陕南来报五份请查阅。李、王[1]两部决定分散;李部分为七股,均在陕东南。王震率部正向柞水、镇安前进,将分散于柞水、镇安及其以西地区。这一带西北局是否可派干部前去协助?因该区

---

[1] 李,指李先念,时任中原军区司令员。王,指王震,时任中原军区副司令员兼参谋长。

尚无如像巩德芳[1]那样的地方部队，如不多派熟习情形的干部，恐立脚困难。此外，郑位三[2]、陈大姐[3]、戴季英[4]三同志及其他大批离军干部，如何秘密接引来边区（需十分秘密），亦请考虑办法。信中还说：请考虑派一二个大员去帮助李、王两部，如汪锋[5]及其他适当之人。接信后，习仲勋派出汪锋等赴鄂豫陕边区工作。一九七八年十二月二十日，习仲勋在《红日照亮了陕甘高原》一文中回忆说：一九四六年夏，国民党发动全面内战，集中重兵向我各解放区大举进攻。我中原解放军于六月底胜利突破国民党军队的包围。王震同志率领一支队伍，向陕甘宁边区转移。毛主席把我叫去，问我路该怎么走，从哪里过渭河，并要我派人接应。这期间，毛主席不几天就来一封信，有时隔一天一封，一个多月的时间，共写了九封。毛主席在信中的指示十分具体，既谈到要派熟悉情况的得力干部去策应，又要我收集沿途敌人驻防和分布情形，还指示我如何配合开创新游击根据地，甚至连部队到达后要开群众欢迎会都想到了。这些都具体地反映了毛主席对革命高度负责，对下级关怀备至的革命精神和优良作风。

7月28日 在中共中央党校大礼堂出席延安各界追悼关向应[6]大会。关向应于七月二十一日在延安逝世，享年四十四岁。

8月10日 毛泽东两次致信习仲勋。第一封信说：请考虑派出几支游击队（武工队性质），策应李先念、王震创造游击根

---

[1] 巩德芳，时任中共陕南工委委员、陕南游击队指挥部指挥。
[2] 郑位三，时任中共鄂豫皖中央局书记、中共中央中原局代理书记兼中原军区政治委员。
[3] 陈大姐，指陈少敏，时任中共中央中原局常委兼组织部部长。
[4] 戴季英，时任中共中央中原局委员。
[5] 汪锋，时任中共陕西省工委书记。
[6] 关向应，逝世前任八路军一二〇师政治委员。

据地，以利将来之发展。（一）麟游为中心一支，约三至五个连，其中三分之二（两个至三个连）以班或以排为单位，分散于泾渭之间、陕甘之间十余县，只要有党的地方，或无党而群众条件好，就放下一班或一排，完全地方化；如穿军衣不便，则穿便衣；如一班、一排目标太大，给养困难，则更加分散，每地（例如一区）三五支枪，总以广泛分布于泾渭间十余县，作为当地人民武装斗争之骨干为目的。其余三分之一（一个至两个连），则集中公开行动，但须取当地人民自卫队或人民游击队名义，或其他地方性名义；无论分散的，集中的，在一年内一律由边区供给经费，不从民间筹款；派出之前须加以训练；须配备政治工作人员；须有强的领导；须有本地干部率领，队员都要陕甘人（或杂以少数外地有经验者）；要自愿肯干；要准备吃苦。（二）两当、徽县为中心一支，约二个至三个连；办法同上。（三）此外，尚请考虑可否以海原、固原为中心派出一支，以静宁、庄浪为中心派出一支，每支约二百人左右。以上方针是否可行？估计派出后是否有站稳脚跟之把握？或先派麟游、两当二支，每支数目较小？请你召集有关同志讨论见复。此外，蒲城、白水各县力求就当地非法武装予以干部及指导，创造游击根据地。毛泽东的第二封信说：十七军八十四师现开陕南佛坪堵击我王震部。八十四师内是否有同志及同情者，情况如何，请查明见告为盼！

8月11日 就陇南武装工作致电李合邦、朱敏、孙作宾[1]、黄罗斌、郭炳坤[2]。电文说：（一）为配合五师[3]创造鄂豫陕

---

[1] 孙作宾，时任中共甘肃工委副书记。
[2] 郭炳坤，时任陕甘宁晋绥联防军警备第三旅副政治委员。
[3] 五师，指李先念任司令员的中原军区部队，该部队前身是新四军第五师，这里沿用旧称。

边根据地，决定由你们共同组织一百五六十人的武装（内干部四十余人，均由三旅〔1〕调出），向陇南地区活动。干部有计划地分散隐蔽在有党的或无党的而群众条件好的地区，作为发动与领导群众武装斗争的骨干。其余武装部队则公开活动，并与发动起来的各部武装取得呼应，争取成为领导这些武装的核心，创造陇南广大游击区。（二）陇南敌统治较弱，目前五师进入陕东南正是在此地区发动武装斗争的时机，宜争取半月内能派出活动。你们应抓紧时间积极准备，如挑选干部，准备服装，探好几条线等。西北局派张仲良〔2〕等同志后日起程专门前来布置。（三）由你们负责布置派若干武工队性质的武装（中间须配备较多强的干部）向海原、固原、静宁、庄浪一带活动，发动与领导群众武装斗争。（四）以上只限你们五人知道，由你们指定有关同志筹划，必须严守秘密，不得泄露。

8月16日 就成立陇南特委及人员配备问题致电李合邦、朱敏、黄罗斌、郭炳坤、孙作宾。电文说：西北局决定：（一）以刘仁达为陇南武装司令，马福吉为副司令，孙作宾为政委，惠庆祺为副政委。（二）由孙、惠、刘、马组织中共陇南特委，以孙为书记，惠为副书记，至其余为何人参加为宜，请你们商酌告西北局批准。（三）陇南武装活动以徽成〔3〕为中心，向陕川及陕、甘交界广大地区发展。（四）陇南党组织统移交陇南特委领导。（五）仲良〔4〕同志已于昨天动身来庆〔5〕，请和他详细具体筹划，争取在最短期间出动。

---

〔1〕 三旅，指陕甘宁晋绥联防军警备第三旅。
〔2〕 张仲良，时任陕甘宁晋绥联防军副政治委员。
〔3〕 徽成，指甘肃徽县、成县。
〔4〕 仲良，指张仲良。
〔5〕 庆，指甘肃庆阳。

8月19日 毛泽东致信习仲勋。信中说：王震行进甚速，拟以十一天到达宁镇[1]或旬正[2]地区。王来两电请阅，并摘要转告关中、陇东。关于准备三个强的团位于适中地点，以便迅速出动，策应王震，此事请于日内准备好，并即速出动于边境附近，待命策应为要。

同日 晚十时，同王世泰、张仲良电令阎揆要[3]、张文舟[4]及陕甘宁晋绥联防军警一旅、警三旅和新四旅指挥员。电令说：（一）陕南王震部于十六日到江口镇（留坝以北），取捷径计划通过宝鸡、凤县公路，抢渡渭河、陇海、平凉路入边区，预计时间在八月二十七八日可接近镇、宁、正、旬地带。（二）我军奉命组织三个精锐团出击迎接王部。新四旅全部及三旅七团，在两日内将出动及做好战斗准备（以轻装作准备），待命行动。（三）阎、张考虑武工队早组织好，利用出击机会与王部会合，以中原部队名义达预定地区活动。（四）通知电台随时注意联络。

8月20日 晚八时，同王世泰、阎揆要、张仲良向陕甘宁晋绥联防军发出奉命出击迎接王震部的电令。电令说：（一）中原王震部十九日通过宝凤路[5]刻继续前进中。（二）我迎接部队编组如下：甲、以新四旅全部配属山炮一连为左翼部队，于二十五日前集结于金村、庙原、九岘塬地带，担任长武、邠县间缺口突破出迎任务。乙、以警三旅七团全部、五团一部配旅之工兵侦察部队为右翼部队，于二十五日集结驿马关、西华池之后方隐蔽地带，担任平凉、泾川间缺口突破出迎任务。丙、警一旅应组

---

[1] 宁镇，指甘肃宁县、镇原县。
[2] 旬正，指陕西旬邑县、甘肃正宁县。
[3] 阎揆要，时任陕甘宁晋绥联防军副司令员。
[4] 张文舟，时任陕甘宁晋绥联防军参谋长。
[5] 宝凤路，指宝鸡至凤县的公路。

织数小股游击部队昼伏夜出，活动于淳化、旬邑地带，以达麻痹牵制敌人，辅助出迎部队顺利完成任务。（三）三旅、四旅到达集结地点后，即配合前沿我守备部队完成正面之详细侦察工作，一俟王部到达适当地境，待令扫清封锁道路，展开攻势，争取主动，以达与我归来部队夹击之任务。（四）中原部队之进入边区，将引起国民党对边区积极进攻之形势，我各部之备战工作务期继续贯彻，尤其民兵爆破训练等，前示任务必须认真进行，以期战局扩大而立于必胜之地位。（五）出击部队原驻地生产家务，留少数体弱人员看管，勿致任务归来后产生困难。（六）本部组织医疗队随四旅行动，协助出迎与归来部队之救护医疗工作。（七）新四旅遗防由教导旅独立团富县之营接任，富县防务由教导旅一团派部接充。

8月22日 致电张仲良、李合邦等。电文说：（一）派出的三支武装立即出动，不要迟延。（二）派出的武装应轻装，不要累赘，人员要精干，非战斗员尽量减少。（三）派出部队经费拓夫[1]即有电批发，但财物不要一次带得太多，以带两个月为宜。（四）王震部今日已入陇县境，二十六日即可到西兰路附近。你们要做的事赶快做，一切都要配合这个情况。（五）派出去各地区的组织与人士均同意你们的配备。（六）边境即需派出数股小部队以连为单位在碉堡线附近活动。

同日 主持召开中共中央西北局会议，讨论伊克昭盟工作。会议指出，伊盟工作现在自然还宜以西乌审及鄂托克旗作为开展伊盟各旗工作的中心，作为基础。在这两地，多做建设事业，帮助蒙人把军队、政治（改良办法）、经济（发展畜牧等）、卫生等

---

〔1〕 拓夫，指贾拓夫。

办好，这是中心方针。在鄂托克旗，中心是做好顾[1]部工作。如果能争取顾部武装长期和我合作，鄂托克旗问题就解决了。在西乌审、鄂托克旗中，应放手发展党员，建立党的组织。在蒙地不发展党员是不对的。曹力如[2]、高增培[3]等参加会议。

同日 晚八时，同王世泰、阎揆要、张仲良向警一旅、警三旅、新四旅发出电令。电令称：（一）王震二十一日渡渭河至赤沙镇，二十二日经八渡镇、杜阳镇通过陇凤路[4]继续北进，在二十六七日可达西兰公路。（二）由于王部行动迅速，且敌人追堵甚急，有一部分在后失联络，我军各部必须提前执行任务，争取二十三、二十四日各达目的地边境，关中应立即开始在我边境靠山河、旬邑、淳化、耀县以连、排兵力分数股袭击扰乱牵制敌人。（三）右翼部队依照二十一日电积极准备行动，左翼部队加速进至襄乐边界，在宁县、山河间选择弱点，准备突破后向邠、长[5]线进展。（四）三旅、四旅之电台可互相联络交换情报。

同日 晚上，毛泽东致信习仲勋。信中说：长武、邠县、平凉、隆德、静宁、正宁、宁县、西峰、镇原、固原等处共有多少敌军驻防及其分布情形，请即告。

8月23日 向毛泽东报告当日陕甘宁晋绥联防军南线出击战况。毛泽东接报后即复函：来示悉，布置甚好，已告王震。陕西边境仍以保持平静为宜，请告关中分区，旬邑以东不去扰击；宁县、正宁及陇东分区各部则照计划办理。

8月24日 向关中分区传达毛泽东指示，并致电张仲良等。

---

[1] 顾，指顾寿山，时任鄂托克旗保安团团长。
[2] 曹力如，时任中共中央西北局副秘书长、陕甘宁边区参议会常驻议员。
[3] 高增培，时任中共伊克昭盟工委常委、组织部部长。
[4] 陇凤路，指陕西陇县至凤翔的公路。
[5] 邠、长，指陕西邠州、长武。

电文说：王震部现已进至陇靖交界，拟继续北上，亟须沿陕甘交界及泾、渭之间地方武装配合，并进行有力策应，你们拟派出之武装和人员，千万迅即派出，以免坐失良机。并告前进及当地同志，设法与王联系并尽力协助之。

同日 同王世泰等电令警一旅、警三旅和新四旅。电文说：我军此次出击主要任务为迎接王震部安全进入边区，故对追堵之敌必须奋勇排除、打击与消灭之。王部归来后，为对付国民党向全边区之进攻，我军仍以内线作战为有利，故对无妨害执行此任务之坚固据点，勿作无把握之攻坚，应在掩护王部安全通过后，徐徐收束攻势，撤回边区，无十分必要勿渡泾河，以防涨水失却联络。

8月28日 在《解放日报》发表《提高警惕　保卫边区》一文。文章说：陕甘宁边区的军民，和其他解放区军民一样，渴望和平，热爱和平。但是，当蒋介石不惜破坏和平、悍然进攻的时候，边区军民也一定会像其他解放区军民一样，给予坚决有力的回击。边区军民有把握粉碎蒋介石的进攻，这是因为：第一，陕甘宁边区具有悠久的光荣革命历史。边区军民有能力建设自己的园地，也有能力保卫自己自由劳作的成果。去年七月关中军民在爷台山消灭进犯蒋军，就是一个例证。第二，蒋介石放在西北的反共将军胡宗南十余年来已和西北人民结下了深仇。可以肯定地预言，蒋军如敢于进犯边区，它的后方犹如火山一样，是有爆发危险的。第三，由于一贯的反共反人民教育，胡宗南部队军民关系恶劣，士气衰落，战斗力下降。第四，陕甘宁边区为全国人民希望所寄托的一座灯塔。保卫这座灯塔的力量，不仅有边区一百五十万军民的努力，不仅有解放区一万万四千万人民的拥护，而且还有全国人民的声援。让我们更紧张地工作，使边区成为不可战胜的和平民主的堡垒。

8月29日 毛泽东致信习仲勋。信中说：王震部主力已到边边〔1〕，即在陇东休整，请令陇东党政军予以欢迎及帮助。

8月31日 同林伯渠、王世泰致电抵达陕甘宁边区边境的王震部队。电文说：你们转战万里，冲破反动派重重围堵，胜利归来，我们无限高兴，并已派刘景范副主席代表边区党政军民前往欢迎与慰问。你们辛苦了，谨致慰劳之忱！

8月底 同王世泰向毛泽东汇报北线战役问题。毛泽东向他们介绍了粟裕〔2〕、谭震林〔3〕率华中野战军在苏中七战七捷的战例，强调要学会集中优势兵力打歼灭战。

9月1日 毛泽东致信习仲勋。信中说：（一）胡宗南似有向陇东进攻之计划，我们如何应付，请加筹划，并见告。（二）我军出至封锁线外占领多少地方，消灭多少敌人，缴枪多少，正宁、宁县、镇原一线碉堡线是否已完全攻破，或尚余多少，请饬人绘图附说（明）送我为盼。

同日 将陕甘宁边区敌我形势及我方作战方案向毛泽东作报告，并指示张文舟：指定专人按照毛泽东要求内容绘制地图和文字说明上报。

9月2日 毛泽东致信习仲勋。信中说：来信收到。即照所定方针去做。作战时，注意集中绝对优势兵力歼敌一部，如来信所说集中六至七个团歼敌一个团。得手后看形势，如我损伤不大，又有好打之敌时，可接着打第二仗，再歼敌一个团；如不好打，则撤回休整，待机再打。此外，须准备三千人左右补充作战部队的消耗，请早为准备。最好先期交付各旅训练，临时可迅速补充。

---

〔1〕 边边，指陕甘宁边区边沿地带。
〔2〕 粟裕，时任华中野战军司令员。
〔3〕 谭震林，时任华中野战军政治委员。

9月3日 同王世泰、阎揆要、张仲良电令罗元发[1]、饶正锡[2]。电文说：（一）为集中主力打击进攻陇东之敌，决定抽你旅一团参加战斗。（二）二团三营可电调南下固临[3]至富县双龙镇防务，由你们讨论布置电告。（三）一团须于十四日到达庆阳，罗布置后来延面谈情况与任务。

9月4日 晚十时，同王世泰电令警一旅、警三旅、新四旅。电文说：（一）今日三旅与胡顽一旅一团激战于太平北，我以六个连击溃其四个营，遗尸三十余具，缴获在清查中。（二）四旅接电即取隐蔽道路，转移至驿马关、唐家塬地带，由仲良统一指挥，与三旅主力配合消灭前进之敌。（三）一旅派队在山河、平子地带向敌展开积极活动，迷惑敌之注意。

9月6日 出席中共中央西北局组织部长联席会议并作总结讲话[4]。在谈到贯彻群众观点和群众路线问题时说：（一）有些同志对党和群众的利益关系搞不清楚，或不十分明确，还不懂得党和群众利益的一致性。"我们党的一切事情，就是老百姓的事情，也就是为了老百姓，这是一致的。"这中间产生了矛盾，就要发生问题。要了解我们对党负责、对人民负责的一致性。（二）所谓群众观点，就是立场和方法问题。立场是全心全意地为人民服务，方法是发动群众，经过群众方法、群众路线去搞我

---

[1] 罗元发，时任陕甘宁晋绥联防军教导旅旅长兼政治委员。
[2] 饶正锡，时任陕甘宁晋绥联防军教导旅副政治委员。
[3] 固临，陕甘宁边区县名，辖今陕西宜川县北部地区。
[4] 该总结讲话分为三部分：一、边区目前情况与任务；二、干部的思想倾向与纠正办法；三、当前党的工作几个问题。会前，习仲勋将讲话稿报送任弼时审阅。任弼时于1946年9月5日回信，就群众路线和群众观点、党内民主和自我批评、加强军事准备等方面提出修改意见。习仲勋据此对讲话稿作了修改完善。

们的事情,就是当老百姓的勤务员。为群众服务,这个道理很容易懂,实际做起来确实不容易。有群众观点,就是要全心全意为群众服务,实现群众的需要,为解决群众的迫切需要而斗争。不用心地听取群众的意见,就很难知道群众的疾苦,以及群众当前所必须要解决的问题,也就无法熟悉群众,无法给群众服务。所以我们要深入群众,向群众学习,听取群众的意见。这就叫有群众观点,为群众服务,这是很要紧的问题。(三)为群众服务,工作时要采用群众方法、群众路线去实现。我们许多同志,他的心肠是很好的,但是群众不拥护他,因为他只有群众观点,而没有群众方法、群众路线,所以有很多问题就不能很好地解决。只要能"从群众中来,到群众中去","经过群众","依靠群众",同时要相信群众,那许多问题都好解决,而且群众可以自己解决。比如今年的春荒问题,全边区的春荒,拿政府的粮食救济得活?那得很大的数目。结果我们政府所救济的是很少的一部分,全边区的春荒就度过去了,而且生产还搞得很好。这是依靠了什么力量呢?是依靠了群众的力量。少奇同志在七大有一个报告[1],把群众观点和群众路线讲了几点,强调要向群众学习,相信群众,依靠群众。要把这一段摘录出来,给各地发下去作为参考。

9月上旬 指示已到绥德的范明持其写给胡景铎的密信,赴横山县波罗堡国民党陕北保安指挥部面见胡景铎。范明向胡景铎传达了中共中央和西北局同意其起义的决定,并一起商定起义计划和行动方案。范明返回延安后,习仲勋审查了起义计划和行动方案,向毛泽东作了汇报。毛泽东指示:这个起义可以搞了。毛泽东要求陕甘宁晋绥联防军集中六个团的兵力于北线,作好接应胡景铎起义的准备,解放无定河以南的大片土地。

---

[1] 指1945年5月14日刘少奇在中共七大上作的关于修改党章的报告。

9月12日、17日 出席中共中央西北局常委会议和陕甘宁边区各机关首长会议,听取李卓然关于过去各机关党章学习情况的报告及对今后学习的意见,并联系实际,学习党章。会议认为,在蒋介石大举向解放区进攻、边区正处在严重的内战威胁的局面下,重新深入学习党章,改造干部思想,增进工作效能,加强自卫准备,实为今天全党急不容缓的任务。

9月17日 同林伯渠等中共中央西北局和陕甘宁边区政府领导人,赴延安城南十里的南区合作社,迎接中原突围归来的王震和三五九旅将士。二十九日,在杨家岭大礼堂出席欢迎三五九旅南下归来大会。

9月21日 致电李合邦、朱敏。电文说:(一)去陇南、海固部队既已回来,宜即调回庆阳好好休息。并迅即派精干小队出去收容失散人员。(二)仍按西北局已定方针,再不宜派较大的队伍出去,只可派精干的小武工队或先派干部去就地组织武装,这样才易出去,才易在当地立脚。故现有干部应加改组,孙、惠[1]等重要干部暂留边区,三旅调出官兵如不适用者,可归还建制。(三)你们这次布置出发中,我们觉得其精神与方针尚有缺点,望地委和工委很好检讨这次经验教训,并详报我们。

9月24日 为中共中央西北局机关干部业余学校作《最近时局概况与边区内外情况》的报告,解答干部在学习中存在的一些疑难与争论问题。

9月29日 致电任弼时。电文说:接李、任[2]返延路线,

---

[1] 孙、惠,指孙作宾、惠庆祺。
[2] 李、任,指李先念、任质斌。任质斌,时任中共中央中原局委员、中原军区副政治委员。

以及接郑、陈〔1〕返延路线，陕西省工委已妥为安置，去接护的人员已经派出。

9月 为贯彻中共中央《关于清算减租及土地问题的指示》，前往关中分区进行征购并分配地主超额土地的试点，调查和处理农村的粮食、土地问题。

10月3日 代中共中央西北局起草关于伊盟工作给赵通儒的指示。电文说：（一）对奇玉山来除驳斥其荒谬欺骗言论外，应晓以大义，互不侵犯，并指出勿中奸人之计。我应一方面严防再为侵扰，另则不拒绝与其拉拢，特别对东乌之不满内战人士，应广为团结，造成进步势力，对抗与孤立反动者。（二）在目前三边不安情况下，对加强开展伊盟各旗工作更为重要，请加详细筹划。

10月5日 中共中央西北局和陕甘宁晋绥联防军召开联席会议，研究联防军组织北线战役并策应胡景铎起义事宜。

10月12日 主持召开中共中央西北局会议，研究陕甘宁边区备战工作。会议决定将边区工作重点立即转移到自卫战争的轨道上来，并建议边区政府委员会举行全体会议，确定战时政府工作方针和任务。二十九日，第三届边区政府委员会在延安举行第二次全体会议。会议提出，动员一切力量，准备粉碎国民党军的进攻，是目前边区最紧迫的战斗任务。边区一百六十万人民要更加紧密地团结起来，共同担负起保卫边区的重任。

10月13日 陕甘宁晋绥联防军在榆林与横山之间的武镇和镇川堡发起北线战役。同时，胡景铎率国民党陕北保安第九团及二十二军八十六师、新编十一旅反内战官兵五千余人，分别在波罗堡、石湾、高镇等地举行起义。二十四日，北线战役胜利结束。是役，国民党军一千余人被俘或投降，无定河以南三十多个

---

〔1〕 郑、陈，指郑位三、陈少敏。

城镇、十二万人口、五千平方公里的广大地区获得解放。中共榆横特别委员会和榆横政务委员会先后成立。

10月 横山战役结束后,同李敦白[1]从绥德返回延安,受到毛泽东接见。多年后,李敦白回忆说:给我印象最深的,是习书记和沿路老百姓亲切无间的关系。从绥德到清涧到延安,凡是我们见到的大人小孩,农民工匠,无不亲切地跟习书记打招呼,而都由习书记称姓道名地问候。他往往还问到他们家人的具体情况——如"爸爸的腰疼病好些吗?""婆姨已经满月子吧?""孩子课本的问题解决了吗?"等等。我当时觉得很惊奇,怎么可能同那么多人那样的熟悉呢?到延安以后,习书记一直非常关心我,经常抽时间来同我讲他亲自经历的学生运动以及同刘志丹开辟陕甘革命根据地的情况。我始终把他看作真正人民革命领导人的一个高大榜样。

同月 为中共中央西北局编发的《党内通讯》撰写发刊词。发刊词说:《党内通讯》是党内学习与教育的武器,每个同志都有权利来利用它,有些不大成熟的或者不便在公开党报上发表的意见,只要你认为在党内提出有必要,对党的工作有好处,你就可写出来送到这刊物上发表。今天全党正处在保卫边区的光荣战争面前,党内学习与教育的目的首先就是为着保证这个战争的胜利,一切不适合于战争环境与要求的思想(如和平幻想)、作风(如疲沓现象)或组织形式(如庞大的机构)均应批评与改正,凡属在保卫边区战争中的英雄与模范人物均应得到及时的表扬,《党内通讯》应当在这方面发挥应有的作用。发刊词还提出:第一,要学习用毛泽东同志的思想方法,把边区各地各方面的实际工作经验加以适时的分析与总结,提倡打开脑筋,多调查,多研

---

[1] 李敦白,美国进步人士。1945年来中国,1946年7月和10月先后在张家口、延安新华广播电台从事英语广播稿的编辑和播音工作。

究，反对"得过且过""过去就算了"的思想懒汉。第二，要大大发扬自我批评和加强党的纪律教育，纠正自由主义，反对脱离群众及个人主义倾向，帮助犯错误的同志真正改正。

11月6日 晚上，毛泽东致信习仲勋。信中说：胡宗南第一军第九十军已开始由禹门口渡河西进，有直攻延安模样。请立即作下列处置：（一）即日起封锁边区；（二）要路民众粮食速即隐藏；（三）集中最大兵力于富甘[1]地区准备作战；（四）必要疏散事项应即开始；（五）动员民众准备打敌。联司注意侦察。

11月10日 致电张仲良。电文说：转告三五九旅暂不东进，仍在米脂，待军委决定后行动。

11月13日 出席陕甘宁边区政府机关召开的干部动员大会。在讲话中号召边区全体军民动员起来，保卫延安，保卫边区，保卫毛主席，把敢于侵犯的国民党军坚决赶出去。所有人力、物力都要组织起来，服从战争，争取战争的胜利。

11月21日 中共中央在延安召开会议，决定用"打倒蒋介石"作为最后解决国内问题的方针。

同日 同王世泰、王维舟等发布关于阻敌进攻延安的命令。命令称：甲、蒋介石决心进攻我陕甘宁边区，已由晋南调三个师入陕，向我边沿宜洛[2]开进中。乙、我军决心保卫我党中央所在地之陕甘宁边区，初期作战以运动防御之方针，阻敌于甘泉、南泥湾、金盆湾、临真[3]之线以南，争取时间，待我大军到达，歼敌于延安东南地区。丙、新四旅张旅长、黄副政委[4]指

---

[1] 富甘，指陕西富县、甘泉县。
[2] 宜洛，指陕西宜川县、洛川县。
[3] 临真，今为临镇，位于陕西延安市东南。
[4] 张旅长、黄副政委，指张贤约、黄振棠。

挥所部及警三旅之七团、教导旅之独立团（缺一个营）任富县至劳山地区之守备，沿咸榆路两侧组织防御，分构太合山、富县、交道、牛武、榆林桥（含）及榆林桥（不含）至甘泉与甘泉至劳山三个防御地带，阻敌北进。独立团（缺一个营）归七团刘团长、刘政委[1]指挥。教导旅（缺独立团团部及两个营，一团一个营）任临真、金盆湾地区之守备，阻敌由宜川向延安前进。两旅作战界线为旧县杠树梁、南阳府之线，线上属张黄[2]。丁、通讯卫生另令规定。戊、联司设指挥所于南泥湾。

同日 同马明方[3]、张德生、曹力如在《解放日报》发表致胡景铎电。电文说：将军举反对内战之大纛，率部起义，成立西北民主联军骑六师[4]，谨电申贺，并致慰问之忱！当此蒋介石一面召开其一手包办的国大，一面积极布置进攻延安之际，陕甘宁边区军民誓为抗击蒋胡进攻，保卫民主和平而斗争，深愿团结一致，共谋西北人民之安宁，以慰三秦父老之期望。

11月30日 出席延安各界举行的庆祝朱德六十寿辰活动，送去贺词"与中国人民解放事业同寿"，并在《解放日报》发表《祝贺朱总司令六十寿辰》一文。文章说：边区同志务必时刻向您学习，学习您一心一意为了人民利益，不问个人得失；学习您一往无前，百折不回，不怕任何艰难险阻；学习您钢铁般的原则立场，大海样的气概度量；学习您密切联系群众，信任群众，倾听群众意见，关心群众疾苦。边区同志务必彻底克服存在着的不深入群众甚至脱离群众的不好作风，不断努力，继续前进。十二

---

[1] 刘团长、刘政委，指刘殿英、刘昌汉。
[2] 张黄，指张贤约、黄振棠。
[3] 马明方，时任中共中央西北局副书记。
[4] 胡景铎率部起义后，部队改编为西北民主联军骑兵第六师，胡景铎任师长，后又任榆横政务委员会主任。

月一日晚，出席中共中央西北局和陕甘宁边区政府为朱德六十寿辰举办的庆祝会。

12月4日 同王世泰联名向三边警备区发出打击西线进犯之敌的命令。

12月8日—11日 主持召开中共中央西北局扩大会议，讨论甘肃工作。会议形成并印发的《西北局讨论甘肃工作的记录》指出：保卫边区，打垮胡宗南，解放西北，这是今天西北党的任务。甘肃工作的好坏，对党解放西北的任务来说，其作用非常大。目前甘肃工作的总方针是放手发展隐蔽力量，准备开展游击战争。会议对中共甘肃工委领导人员进行调整，朱敏调任中共三边地委副书记，孙作宾任中共甘肃工委书记。

12月9日 出席延安各界商讨纪念"双十二"〔1〕十周年会议。会议商定，"双十二"当天召集延安各界代表举行纪念活动。

12月11日 同彭德怀〔2〕从延安启程，前往山西离石县高家沟，与晋绥解放区领导人共同研究陕甘宁、晋绥两个解放区配合作战问题。当日到达永坪镇。十五日到达高家沟。

12月16日 在高家沟出席陕甘宁和晋绥两区高级干部会议，贺龙〔3〕、陈赓〔4〕、李井泉〔5〕、王震〔6〕、罗贵波〔7〕等出席。会议传达中共中央军委关于粉碎国民党军进攻陕甘宁边区

---

〔1〕 "双十二"，指1936年12月12日张学良、杨虎城发动的西安事变。
〔2〕 彭德怀，时任中共中央军委副主席兼总参谋长。
〔3〕 贺龙，时任中共中央晋绥分局常委、晋绥军区司令员。
〔4〕 陈赓，时任晋冀鲁豫野战军第四纵队司令员。
〔5〕 李井泉，时任中共中央晋绥分局书记、晋绥军区政治委员。
〔6〕 王震，时任中共中央晋绥分局委员、中共吕梁区委书记、晋绥军区野战第二纵队司令员兼政治委员。
〔7〕 罗贵波，时任晋绥军区所辖吕梁军区副政治委员。

的企图、做好战备工作的指示,研究部署两个解放区联防和配合作战、开辟吕梁军区问题。

12月中旬　陪同毛泽东、朱德接见胡景铎起义部队官兵。毛泽东对胡景铎说:能在敌强我弱的情况下,下邓宝珊[1]的船,上习仲勋的船,你选择的这个道路是正确的。你们的行动给西北的旧军队指出了一条光明大道。

12月22日　同林伯渠、李鼎铭[2]、王世泰等发布陕甘宁边区政府、陕甘宁晋绥联防军司令部命令,公布实施《战时管理白洋[3]行使办法》及《战时严禁法币行使办法》。

12月　出席中共中央西北局召开的西北民主联军骑兵第六师党委委员和主要领导干部会议,传达中共中央军委的指示,决定骑兵第六师移防甘泉县清泉沟继续整训,加紧军事训练,准备参加自卫战争;要求师党委选拔一批干部到陕甘宁晋绥联防军学习,再派一部分干部到兄弟部队参观,以提高军事政治素质。

12月—翌年2月　国民党军约十六万人三次大举进犯关中分区。在中共中央和中共中央军委领导下,同陕甘宁晋绥联防军首长指挥联防军和关中分区武装进行自卫反击,分别于一九四六年十二月七日至九日、十二月三十日、一九四七年一月三十一日击退敌人进攻。一九四七年二月十九日,边区部队在大量杀伤敌人后主动撤出关中分区首府马栏,向延安靠拢,国民党军占领关中分区大部分地区。

---

[1] 邓宝珊,时任国民党军晋陕绥边区总部总司令。
[2] 李鼎铭,时任陕甘宁边区政府副主席。
[3] 白洋,银元的俗称,也称光洋。

1947年　三十四岁

1月上旬　出席陕甘宁边区政府召集的专员、县长联席会议，讨论战争动员、土地改革和开展大生产运动问题。在讲话中说：一九四六年在困难、复杂的环境中过去了，但是困难并没有过去，今年将要更困难些。蒋必败，我必胜，这个大势是越来越看得清楚了。但在西北还有胡宗南的一大股兵力，他们现在正在打我们陕南的新四军，这是他们再进攻边区的准备。因此，我们不要认为太平无事了，应该更加紧备战，增加自卫力量，要作长期战争的打算。努力克服困难，就能得到胜利。

1月28日　同马明方致电李合邦、孙作宾。电文说：一、平东工委所开辟之两面政权工作，我们认为很好，应广为发展并力求巩固。到底采取什么方法及其经验，希总结详告。二、已暴露之部分可以撤离与躲避办法预防之，仍加设法隐蔽，暂不作大的暴动。游击队亦暂不脱离生产为宜。用力发展秘密群众斗争应以合法为主，非法斗争尽量减少或暂不进行此种斗争。那里发生的矛盾适于缓和解决，过于激烈对我不利。

1月31日　中共中央军委致电贺龙、李井泉。电文说："边区各旅及一纵队组织一野战集团，以张宗逊、王世泰为正、副司令，习仲勋、廖汉生为正副政委，二月底完成一切战斗准备。"

2月10日　毛泽东为统一陕甘宁边区人民解放军行动发布命令：将独一旅、三五八旅、新四旅、教导旅、警备一旅、警备三旅组成陕甘宁野战集团军，司令员张宗逊，政治委员习仲勋，副司令员王世泰，副政治委员廖汉生，参谋长阎揆要，政治部主任徐立清。

2月13日 致电李合邦、孙作宾。电文说：（一）统战部长会议，请着重将镇原、平凉及其东南各县工作，详细讨论具体布置，好好总结十八保经验，研究如何开展两面政权，准备武装力量，建立城镇内应工作，发展党员，加强党员教育和活动，进行对外侦察及宣传攻势等问题，务期于一月内，能有新的开展，以便适应新情况的需要。（二）工委委员西北局已有决定，任达[1]暂不必参加工委，设科与否请依工作需要你们自行决定。海固工委如无适当人时可暂缓成立。（三）所需干部此间正物色中，请先从陇东抽调若干。

2月20日 胡宗南部整编第七十六师师长廖昂指挥第四十八旅、二十四旅、一四四旅和新编第一旅、骑兵第一旅，在青海马步芳[2]集团整编第八十二师的配合下，分三路向陕甘宁边区陇东分区的庆阳、合水进攻，以吸引边区主力部队西调，达到乘虚突袭延安的目的。

2月24日 同张宗逊收到中共中央军委关于反击胡宗南集团进攻边区的部署的电报。电文说：（一）教导旅任务，在敌攻延时，利用交道、茶坊、牛武、临真第一线坚固阵地及榆林桥、道佐铺、清泉沟、九龙泉、南泥湾、金盆湾有利地形坚固工事，顽强抵抗半月，尽量吸收敌人于自己当面消耗疲惫之，以利主力出击。（二）边区主力独一旅、三五八旅、新四旅全部，警一旅、警三旅各一部隐蔽集结张村驿以西及其西南地区。待敌主力进攻

---

[1] 任达，原名刘余生，时任陇南游击队司令员。
[2] 马步芳，时任国民党青海省政府主席兼国民党政府主席西北行辕副主任。

我教导旅时，向南突击收复关中，夺取中部[1]、宜君、同官、白水，或歼击可能由洛川以西向张村驿前进敌之暴露侧翼，看当时情况再决。但须作各种准备，如侦察地形、准备干粮、如何克服宿营困难等。（三）如敌进占关中，至三月十日还无进攻延安象征时，我应于西峰、宁县、正宁、中部、马栏地区寻求歼灭敌人一团一营机会，抑留胡军主力于大关中，以便晋南陈王[2]集团歼敌。

2月25日 在邠县大佛寺召开关中分区党政军负责同志会议，对关中分区坚持游击战争以及配合主力作战问题进行讨论和布置。会议决定，军事仍由警一旅旅长兼政委高锦纯统一领导；其一、三团休整后配合野战部队在关中周围作战；其他地方武装，包括游击队、武工队坚持在关中斗争，伺机向外发展。会后，随陕甘宁野战集团军司令部进至关中分区以北的新宁县盘克塬东北武氏村。

同日 同张宗逊就敌军进攻陇东及我军部署致电中共中央军委。电文说：甲、据息，敌七十六师师长廖昂及一四四旅部、四三〇团于二十五日向陇东肖金镇前进，二十四旅于二十五日向宁县前进。乙、估计七十六师有向我陇东进攻之企图。我准备歼灭其进犯之部队，已令独一旅于二十七日集结古城川，三五八旅于二十八日集结塔儿原、黑亩原，新四旅于二十七日集结盘克附近，野司[3]进驻盘克东北之武氏。

2月26日 同张宗逊收到中共中央军委电令。电文说：敌向西转移，准备进攻陇东，我军不要出动得太早，让敌深入，弄

---

[1] 中部，今陕西黄陵县。
[2] 陈，指陈赓，时任晋冀鲁豫野战军第四纵队司令员。王，指王新亭，时任晋冀鲁豫野战军太岳军区司令员。
[3] 野司，指陕甘宁野战集团军司令部。

清情况，以逸待劳。待敌进至与我有利地区，准备连续几个战斗消灭敌一两个旅，如过早暴露，恐打不好。切戒急躁。

同日 同张宗逊致电中共中央军委。电文说：（一）侵入我关中之敌现正在构筑工事进行"清剿"，除二十四旅及七十六师之指挥部已判明西移宁县、肖金外，其他各旅尚无转移之确息，惟西撤传闻较多。据传情况估计，敌于控制关中之后，可能继续进攻陇东，执行其过去之攻延[1]计划，企图侵占关中、陇东之后，将从南、西、北三面攻延，目前似无直接攻延可能。（二）据上述情况，我们因为在关中区北线作战，山沟狭窄，大的兵力不易展开，决遵军委二十四日电示，转到新宁以北，全部准备歼灭陇东之敌，或于敌人进攻准备未完成之前，创造机会歼敌一部。如判明敌已开始直接攻延，我们于四日之内，即可转到张村驿附近向东出击。此间将向东南出击之各项准备工作正进行中。（三）我们本日已进到五亭子，一、八旅[2]到太白附近，新四旅本晚向西转移。

2月28日 同张宗逊、王世泰、廖汉生致电王维舟、张仲良并中共中央军委、中共中央西北局。电文说：二十五日在大佛寺召集关中党务军队各负责同志，对关中整个组织及坚持游击战争配合主力诸问题作了讨论，现正布置执行中。军事上仍归锦纯[3]统一领导，但在工作上却准备两套。一、三团准备整理后将来配合野战部队在关中周围作战。其他地方武装（包括游击队、武工队）积极活动，坚持关中地方向外发展。

2月 中共中央西北局分设前线工作委员会（简称前委）和

---

[1] 攻延，指进攻延安。
[2] 一、八旅，指陕甘宁野战集团军独立第一旅、第三五八旅。
[3] 锦纯，指高锦纯，时任陕甘宁野战集团军警备第一旅旅长兼政治委员。

后方工作委员会（简称后委）。前委以习仲勋为书记，张宗逊、王世泰、廖汉生、阎揆要、徐立清为委员；后委以马明方为书记，林伯渠、王维舟、贾拓夫、周兴为委员。

3月2日 同张宗逊接到中共中央军委关于胡宗南部攻延部署和我军作战方案的电报。电文说：我们作战方案有三：（一）迅速消灭四十八旅，我主力转向关中，歼击守备之敌。（二）我主力迅集张村驿、直罗镇线，准备歼击北进或东进之一路（几个战斗）。（三）让敌深入延安、延长后，待敌困难增多时再从敌侧后歼击。以上何者为宜请即考虑并将理由说明电告。

同日 同张宗逊收到中共中央军委电报。电文说：据联司获息，胡宗南令进占陇东之二十四旅、四十八旅、一四四旅迅速东开中部、宜君，并于八日到达。如确实，望乘敌南撤集中全力歼灭其一个旅，即可推迟进攻延安计划。

3月3日 上午十时，同张宗逊致电中共中央军委。电文说：根据我军集结位置与当前敌情，决遵第三方案执行，今晚先击板桥再打合水歼灭四十八旅（如四十八旅待命令撤退，我仍决击板桥求得消灭其一个团到一个旅），然后转入敌后收复关中。四十八旅如被歼，敌西线即行动摇，而关中又为其薄弱一点，此种情况敌必须照顾。且根据其企图消灭我军主力之方针，东线主力可能来援，即可达成推迟进攻延安之目的。

3月4日—5日 同张宗逊指挥陕甘宁野战集团军进行西华池战斗，共歼胡宗南部第四十八旅一千五百余人，击毙少将旅长何奇。因敌第二十四旅增援迫近，野战集团军撤出战斗。

3月5日 晚上，同张宗逊、王世泰、廖汉生就西华池战斗未达歼敌目的致电中共中央军委。电文说：敌虽死伤近千，受到致命打击，只因未能歼灭其主力，以至今日晨敌援赶到，我遂放弃歼敌决心。此次未达歼敌目的经过检讨后主要有如下原因：

(一) 敌反动教育很深,较为顽强,长于守备,且占房屋据以顽抗,我在巷战中炮兵使用受到限制。(二) 我指挥机关及各旅刚合起六个机构,不灵便,协同不密切,对情况调查不确。另地形不熟,地区窄小,对机动受到不小限制。思想上出发于保卫延安的政治目的,急于歼敌,以破坏敌人攻延计划,对战斗组织、后勤工作、政治工作等考虑均差。同时情况变动很快,形成仓促作战。

3月6日 同张宗逊收到中共中央军委来电。电文说:西华池战斗给了四十八旅以严重打击,何奇毙命。今后任务是内外线配合坚决保卫边区、保卫延安(陈谢[1]、王震、王[2]三纵在外线配合),独一旅、新四旅、八旅、警七团八日由现地东进,限十日隐蔽集结张村驿附近地区,准备内线机动,警一旅警五团在原地集结休整数日,待廖昂主力转移至中部洛川线时,在关中陇东地区寻求小歼灭战,每次消灭敌一连一营,我武工队、游击队、独立营等在保卫边区、保卫延安、保卫土地利益的口号下,应深入封锁线外,配合主力作战,加强翻车、破路、割线、炸桥、袭夺辎重的战斗。

3月7日 同张宗逊收到中共中央军委关于调整保卫延安作战部署的来电。电文说:要取得外线有效配合,内线防御须有二十天坚决抗击才能粉碎敌人,保卫延安。鉴于持久防御,教导旅正面太宽,该电重新划分了防御地段。

同日 同林伯渠、李鼎铭、刘景范[3]、王世泰、王维

---

[1] 陈谢,指陈赓、谢富治,谢富治时任晋冀鲁豫野战军第四纵队政治委员。
[2] 王,指王新亭。
[3] 刘景范,时任陕甘宁边区政府副主席兼民政厅厅长。

舟〔1〕、阎揆要、张仲良发布《陕甘宁边区政府、联防司令部戒严令》。

3月8日 同张宗逊收到中共中央军委来电。电文说："胡〔2〕敌九十师全部已于七日到达秋林附近。你部除警七团开富县接替交道、茶坊守备任务外,其余主力请全部集结张村驿及其以东至羊泉镇间。"随后即同张宗逊指挥部队进入防御阵地。

3月10日 胡宗南集团进攻延安的十五个旅共十四万人在洛川、宜川地区集结完毕。当晚,胡宗南在洛川召开有军长、军参谋长和各师师长、师参谋长以及第七补给区、空军第三军区司令、特种兵部队长等参加的作战会议,宣布进攻延安的作战计划。

同日 同张宗逊、王世泰、廖汉生收到毛泽东当日为中共中央军委起草的电令。电令称:(一)西安确息,胡宗南准备伞兵千人,寅齐〔3〕在西安集中,待命起飞袭击延安;(二)望着新四旅立即开延安,以两天行程赶到延安附近,保卫延安为要。

3月11日 中共中央、中共中央军委作出主动放弃延安的决策,并确定陕北我军的基本作战方针。主要为:诱敌深入,必要时放弃延安,与敌在延安以北山区周旋,陷敌于十分疲劳、十分缺粮的困境,然后抓住有利战机,集中优势兵力在运动中逐次加以歼灭。为加强陕北地区的兵力,中共中央军委决定调晋绥军区第二纵队西渡黄河,加入西北人民解放军作战序列。同时命令晋冀鲁豫第四纵队暂缓渡河,即在晋西南发动攻势,以配合陕北作战,尔后使用方向再作考虑。

同日 奉中共中央军委命令,同张宗逊率部从西线转到南线

---

〔1〕 王维舟,时任陕甘宁晋绥联防军副司令员。
〔2〕 胡,指胡宗南。
〔3〕 寅齐,指3月8日。

布防，在富县茶坊召开陕甘宁野战集团军营以上干部参加的西华池战斗总结会，检讨未能全歼国民党军第四十八旅的教训，进一步动员打好延安保卫战。在南泥湾、金盆湾、茶坊一线检查防务的彭德怀到会参加总结，在讲话中说：这是敌人大举进攻延安和陕甘宁边区的侦察作战。毛主席、周副主席、朱总司令和我们大家，一直在听着你们的消息。没打好，部队有伤亡，不要紧。打了这一仗，把敌人的底摸一摸，这对今后作战大有好处。也算是实战演习嘛！

3月12日 毛泽东、周恩来在延安王家坪解放军总部听取彭德怀关于南线情况的汇报，当场研究决定由彭德怀和习仲勋到前线指挥西北人民解放军粉碎国民党对陕北发动的重点进攻，由周恩来代理中共中央军委总参谋长。

3月13日 拂晓，胡宗南集中两个整编军、六个整编师十五个旅十四万余人，以董钊[1]部为右兵团，以刘戡[2]部为左兵团，兵分两路，从宜川、洛川一线大举进犯延安。保卫延安部队依托既设阵地，节节抗击进攻之敌。

3月14日 同张宗逊收到中共中央军委来电。电文说：王震两旅[3]十五日从延水关西渡向甘谷驿集中，张纵队[4]（一、八两旅缺一营）准备向甘泉及以北集结，新四旅在延安集结。主力准备在内线各个歼敌，得电须立即准备五至七天干粮在原地待命。习仲勋同志即回延安与彭德怀同志一处主持边区全局，王世泰即去关中指挥中央警备团及关中、陇东两军分区，廖汉生即去

---

[1] 董钊，时任国民党军整编第一军军长。
[2] 刘戡，时任国民党军整编第二十九军军长。
[3] 王震两旅，指王震率领的独立第四旅和第三五九旅。
[4] 张纵队，指以张宗逊为司令员的原晋绥军区第一纵队。

关中仍与张〔1〕一处指挥一、八两旅。至此，陕甘宁野战集团军奉命结束。

3月16日 毛泽东以中共中央革命军事委员会主席名义发布保卫延安的命令。命令指出："敌以五师十二旅约八万人进攻延安，经三天猛烈攻击，突破我第一线阵地，由于我军坚决英勇抵抗，敌伤亡甚大，困难增加，颇疲劳，今后将更甚。""我边区各兵团有坚决保卫延安任务，必须在三十里铺、松树岭线以南甘泉、南泥湾、金盆湾地区，再抗击十天至两星期（十六日至二十九日），才能取得外线配合，粉碎胡军进攻延安企图。""各守备兵团应利用地形组织短促火力，大量使用手榴弹、地雷杀伤敌人，掌握预备队，灵活反击夜袭歼灭敌人。""在防御战斗中疲劳与消耗敌人之后，即可集五个旅以上打运动战，各个歼灭敌人，彻底粉碎敌人进攻。"命令还决定，独一旅、八旅、警七团为右翼部队，归张宗逊、廖汉生指挥；教导旅、二纵队为左翼兵团，归王震、罗元发指挥；新四旅为中央兵团，该旅首长仍兼延安卫戍。"上述各兵团及边区一切部队，自三月十七日起统归彭德怀、习仲勋同志指挥。"西北野战兵团正式成立，下辖六个旅，约二万六千余人。彭德怀任司令员兼政治委员，习仲勋任副政治委员。当时，命令未授予正式番号，但已开始使用西北野战军名称。

同日 收到中共中央急电后，由南线飞马急驰赶赴延安。

3月18日 在王家坪中共中央军委驻地同彭德怀见面，汇报前线战况，并接到彭德怀转交的毛泽东亲笔信。下午，同毛泽东、周恩来、彭德怀、王震〔2〕等在王家坪开会研究撤出延安和西北野战兵团作战问题；黄昏，同彭德怀在延河岸边送别毛泽

---

〔1〕 张，指张宗逊。
〔2〕 王震，时任西北野战兵团第二纵队司令员兼政治委员。

东、周恩来离开延安，待返回王家坪时，胡宗南部已进抵延安城南七里铺；晚上，到西北局、联防军司令部驻地及杨家岭等处检查疏散情况，二十一时回到王家坪，对部队行动作了部署。

同日 中共中央撤出延安后，中共中央西北局前线工作委员会随西北野战兵团活动；后方工作委员会随陕甘宁边区政府一起转移，领导地方工作。

3月19日 上午，西北野战兵团经过六昼夜的节节抗击，歼敌五千二百余人，在完成掩护党中央、中央军委和其他机关、学校的转移与疏散群众的任务后主动撤离延安，延安保卫战胜利结束。下午，国民党军整编第一师进占延安空城。

3月20日 上午，同彭德怀率西北野战兵团、指挥机关人员抵达青化砭西北的梁村，并召开会议，正式成立西北野战兵团指挥机构。张文舟任参谋长，徐立清任政治部主任，王政柱任副参谋长。四月二日，中共中央军委任命刘景范兼西北野战兵团后勤司令员。

3月21日 同彭德怀致电中共中央军委，报告部队部署情况。电文说：敌占延后动向尚未判明。我各兵团自二十二日起暂休息七天，情况许可再延长之，并准备干粮四天。边区全局部署今晚发中央请批示后再发各区。

3月22日 同彭德怀致电张宗逊[1]、廖汉生[2]并报中共中央军委。电文说：我准备伏击敌三十一旅。着一纵队主力经安塞开至青化砭以西之梁村、石家沟、白家沟之线。三五八旅（缺一营）限二十三日晚到达，留蓝家坪北之营继续与敌保持接触，吸引敌主力向安塞。独一旅应即尾八旅开安塞以东之王家庄、丁

---

[1] 张宗逊，时任西北野战兵团副司令员兼第一纵队司令员。
[2] 廖汉生，时任西北野战兵团第一纵队政治委员。

家庄、枚家庄之线，限二十四日到达，不得迟误，行动时须特别注意隐蔽。

同日 上午，同彭德怀就围歼敌第三十一旅的部署致电毛泽东、中共中央军委。电文说：（一）二十日敌约两个旅向蓝家坪进攻，似系九十师，与我三五八旅一个营接触。另约一个旅经杜甫川、小砭沟向枣园东进攻，似系一六五旅，与我独一旅一个营接触。胡宗南二十一日令三十一旅经川口渡延水，限二十四日到达青化砭筑工据守。胡似系判断我主力在安塞及其以西地区，有进攻安塞找我主力决战企图。（二）我拟以伏击或乘敌立足未稳围歼三十一旅。王震纵队及教导旅限二十二日晚隐蔽集结青化砭东南之阎罗寺、郝家河、胡家河之线；新四旅隐蔽集结青化砭东北之二峁渠、常家塔之线；张宗逊纵队三五八旅集结青化砭西之梁村。独一旅拟集结于冯家庄，但须二十四日才能赶到，只能为预备队，监视延安、安塞方面，因该旅擅自开高桥之故。二十三日，毛泽东为中共中央军委起草复电，同意该作战部署。

3月23日 同彭德怀等带领各纵队司令员、旅长到青化砭周围查看地形，现场分配战斗任务，具体部署兵力，确定抢占要点及进攻路线。

同日 同彭德怀电令西北野战兵团各纵队并报中共中央军委。电令称：本军决定明二十四日以待伏动作，消灭敌三十一旅全部。各兵团部署如下：（一）第二纵队及教导旅统归王震指挥，伏击于青化砭至房家桥大道以东，待敌后尾通过房家桥后，教导旅由东向西猛烈侧击。第二纵队应首先截断敌退路，沿小河东岸由南向北猛击敌侧背，并于拐峁、延水南岸派出便衣队，侦察桥儿沟方向敌有无后续部队。（二）一纵队之三五八旅自阎家湾（青化砭西北五里）至白家坡沿小河以西山地宽正面伏击，待二纵队截断敌归路后，由西向东猛烈夹击。独一旅为预备队，位置于守头庄、丁家庄、郭家庄（安塞以东）之线，除对安塞布置警戒外，须以小部（不大过一营）位置于冯家庄以南高地，对延安方向警戒，并切实封锁消息。（三）新四旅伏击于青化砭正东及东北高地，待二纵、教导旅打响后，即向青化砭猛烈扑击。电令还要求，各兵团务于三月二十四日六时半以前部署完毕。

3月24日 西北野战兵团于拂晓进入青化砭伏击阵地，因国民党军第三十一旅未到达设伏地区，预定歼敌计划未能实现。黄昏时，各部返回原集结位置。

同日 同彭德怀致电中共中央军委和毛泽东。电文说：敌三十一旅二十四日午前到达拐峁，停止前进，可能是待补粮食。我们明（二十五）日仍按原计划部署待伏三十一旅。晚八时，同彭德怀致电各纵队、旅首长：敌三十一旅仍有向青化砭前进之可能，明日我军仍以伏击姿态，按二十四日部署坚决执行伏击。必须耐心认真布置，勿因敌一二次不来而松懈战斗准备。

3月25日 同彭德怀等指挥西北野战兵团发起青化砭战役。西北野战兵团主力于本日凌晨四时左右再次进入设伏阵地。上午十时许，敌第三十一旅旅部率一个团完全进入我预定伏击圈。伏击部队立即出击，经过一小时四十七分钟激战，歼敌二千九百九十三人，俘旅长李纪云、副旅长周贵昌、参谋长熊宗继等，缴获子弹近三十万发，取得撤离延安后的首战胜利。

同日 同彭德怀向中共中央军委和毛泽东报告："今日歼灭之敌军为三十一旅直属队与九十二团全部，旅长李纪云以下无一漏网。战斗时间短，子弹消耗少，缴获多。"

同日 同彭德怀就部队争取时间休整发布命令，同时报中共中央军委、毛泽东。命令称："三十一旅主力或全部被我歼灭后，第一师、九十师、三十六师配以飞机可能于明二十六日向青化砭进攻，寻我主力决战。"为了今后便于机动，各个歼敌，争取必要休整时间，命令对各纵、旅的位置作了部署，并要求务于二十六日六时前移至指定位置，不得延误。

3月25日—5月12日 在西北野战兵团同胡宗南集团作战之时，国民党西北行辕所属马鸿宾[1]整编第八十一师（海固兵团）、马步芳整编第八十二师（陇东兵团）、马鸿逵[2]整编第十八师（宁夏兵团）等部，乘机先后侵占陕甘宁边区三边分区盐池、定边、安边、宁条梁、张家畔和陇东分区庆阳、合水、曲子、环县、悦乐、将台等城镇，并进行所谓"清剿"。

3月26日 同彭德怀收到毛泽东为中共中央军委起草的电报。电文说：（一）庆祝你们歼灭三十一旅主力之胜利。此战意义甚大，望对全体指战员传令嘉奖。（二）一三五旅可能向青化砭方向寻找三十一旅，望准备打第二仗。（三）毛[3]于昨日已与中央各同志会合。

3月27日 同彭德怀致电中共中央军委。电文说：新四旅有节节阻击向永坪北进之敌，掩护中央转移之任务。我一、二纵与教导旅原地隐蔽，待敌主力后尾离开甘谷驿、青化砭后，猛烈攻击永坪敌人。

同日 同彭德怀、贺龙、李井泉收到毛泽东为中共中央起草的电报。电文说：中央率数百人在陕北不动，这里人民、地势均好，甚为安全。目前主要敌人是胡宗南，只要打破此敌即可改变局面，而打破此敌是可能的。据彭电已歼三十一旅（缺一个团），俘四千人，旅长以下无一漏网，缴子弹二十万[4]，士气大振，

---

[1] 马鸿宾，时任国民党军陕甘宁绥靖总部副司令。
[2] 马鸿逵，时任国民党宁夏省政府主席兼国民党政府主席西北行辕副主任。
[3] 毛，指毛泽东。
[4] 原文如此。实际数字是近30万发。

信心提高，并可能争取新胜利，各个歼灭胡军。为配合打胡宗南，我陈谢集团日内开始向晋南三角地带出击，约需一个月时间。如阎锡山[1]向石楼、中阳出扰，那时亦可北上打阎。大约在三四个月内，我主力尚不能北上打傅作义[2]，全靠你们以现有兵力支持北线。

3月28日 同彭德怀就敌情及我军部署致电中共中央军委。电文说：安塞敌于二十六日放弃，我已收复。敌已感兵力不足。我以小部背靠岔口力求吸引敌向东，主力纵深位置于贺家渠、财神庙线，节节阻敌北进。我一、二两纵和教旅在原地休练，待敌侧背暴露时再求歼敌。二十九日，毛泽东为中共中央军委起草复电。电文说：（一）你们部署甚好。（二）我们昨夜移至绥德以南地区，为迷惑敌人之目的，先向东移，下一步则准备向西移。（三）侦察台今晚可到，明日可恢复工作。

同日 同彭德怀就对敌斗争方针致电三边地委、军分区并报中共中央军委。电文说：当敌人大举进攻时，不要企图保卫城市自处被动，这是很危险的，应当勇敢地坚决地放弃城市。敌人进占城市后，发动群众性质的游击战去困扰、封锁城市，不给敌人颗米寸薪，饿死敌人。集结自己的主力部队，集中优势兵力去寻找敌人弱点，每次消灭敌人一连、两连以至一营，寻求这样的胜利战斗，缴获敌人械弹，捉俘虏兵来补充主力。只有这样的办法，才能使自己愈战愈强，打出威气，壮自己胆势，灭敌人气焰，并将你们坚持三边斗争的方针电告。

3月29日 在延安郭家畔出席彭德怀主持召开的西北野战兵团司令部旅以上干部会议。会议总结青化砭作战经验，讨论部

---

[1] 阎锡山，时任国民党军太原绥靖公署主任。
[2] 傅作义，时任国民党军张垣（张家口）绥靖公署主任。

队下一步作战方案和整顿纪律问题。会后，西北野战兵团开展整顿纪律活动。

同日 晚九时，同彭德怀致电中共中央军委和毛泽东。电文说：（一）敌左路为一二三旅、一三五旅、一六五旅次序，由青化砭向东北经永坪以南高地前进；中路为第一军，由甘谷驿经禹居；右路为七十六师两个旅，由延长向交口镇。三路均向延川会攻。估计敌占延川后，可能巩固延川、延长、清涧、永坪、青化砭地区或向北打通咸榆公路，或者继续寻找我主力决战。（二）我拟寻求歼击一三五旅，好打时再歼一二三旅，因该两旅较其他东进各敌战力稍弱。为此部署：拟于三月三十一日隐蔽集结蟠龙、石咀、李家沟、贺家岩、风背上之弧线上。位置此线，可以应付敌占延川后上述三种情况，寻求歼敌左路之机会。三十日，毛泽东复电同意。

3月29日晚—30日 中共中央在清涧县枣林沟村召开会议，讨论中央机关行动问题。会议决定：由毛泽东、周恩来、任弼时率中央机关和人民解放军总部留在陕北，指挥全国各解放区人民解放军的作战；由刘少奇、朱德、董必武组成中央工作委员会，以刘少奇为书记，前往晋西北或其他适当地点，进行中央委托的工作。枣林沟会议后，中共中央机关为了便于行动，按军事编制编成四个大队，成立直属队司令部，任弼时为司令（代号史林），陆定一[1]为政治委员（代号郑位）。毛泽东代号李得胜，周恩来代号胡必成。四月十一日，中共中央又决定中央和中央军委机关大部分工作人员暂驻晋西北的临县地区，组成以叶剑英为书记、杨尚昆为后方支队司令员的中央后方委员会（简称后委），统筹后方工作。

---

[1] 陆定一，时任中共中央宣传部部长。

3月31日 同彭德怀致电张贤约〔1〕、黄振棠〔2〕、程悦长〔3〕并报毛泽东。电文说：我主力昨晚已移至新的待机位置，定能寻得歼敌机会。敌愈深入愈分散，歼敌机会亦将愈多。你们主力须集结永坪西北张家湾附近，注意封锁消息，上下石窟方面留一个营，附侦察员电台，派得力团级指挥员率领，跟踪侦察，随时电告。如敌北进，节节稍加阻击，诱敌北进。如敌西进，一枪不要放，使敌大胆向永坪、蟠龙、青化砭，以利我主力歼击。

4月1日 同彭德怀、徐立清致电各纵队、各旅。电文说：我采取诱敌深入，扰疲与分散敌人，利用根据地条件，寻找敌之过失，各个歼敌主力，才能收复失地，保卫边区，发展西北。应动员党政军民团体积极拥护这一方针，立即进行各种战斗部署。在预计敌可到之处，进行坚壁清野，埋藏粮食，增敌困难，饿敌肚皮，饱自己肚皮，这是达到战胜敌人最有效办法之一。该电批评军队中违反群众纪律的现象，提出要建立纪律检查制度，强调军民亲密团结是战胜敌人的基础，团结愈好，胜利愈大。

同日 在宋家沟出席西北野战兵团各纵队、旅政治部主任会议，讨论彭德怀起草的关于加强党政军民团结、战胜敌人的指示。在会上讲话，强调加强党政军民团结的重要性及严明纪律的重大意义。

4月2日 同彭德怀致电中共中央军委。电文说：敌十个旅（一军五个旅，三十六师两个旅，一四四旅，十二旅，一三五旅）背依延川、清涧两城，分三路前进。敌之左路进至永坪东之冯家坪，中路进至永坪西北之王家沟，右路进至热寺湾西高地。我二

---

〔1〕 张贤约，时任西北野战兵团新四旅旅长。
〔2〕 黄振棠，时任西北野战兵团新四旅政治委员。
〔3〕 程悦长，时任西北野战兵团新四旅参谋长。

日于永坪公路侧伏，但因敌间隔很小，纵深大，在南北三十五里、东西四十五里内，以十个旅布成方阵，故停止伏击，隐蔽撤至蟠龙西北地区集结。敌未发现，另找机会击敌。自三十一旅歼灭后，此间未弄清敌情，请二局〔1〕所得随时电告。

同日 同彭德怀收到毛泽东来电。电文说：我军歼击敌军必须采取正面及两翼三面埋伏之部署方能有效，青化砭打三十一旅即是三面埋伏之结果。此次我在蟠龙、永坪设伏，因敌未走此路，且只有正面（较弱）及右翼，缺少左翼埋伏，故未打成。但只要敌前进，总有机会歼敌。请考虑敌攻瓦窑堡，我应如何部署方为有利：甲、在瓦窑堡、清涧之间设伏，准备打清涧西进之敌；乙、在永坪附近设伏，准备打延水西进之敌。以上两方案究以何者为宜，请酌定。敌是否已占清涧，请查告。

同日 晚九时，同彭德怀复电毛泽东。电文说：敌自青化砭战斗后异常谨慎。不走大道平川，专走小路爬高山；不就房屋设营，多露天宿营；不单独一路前进，数路并列间隔很小。以致三面伏击已不可能，任何单面击敌均变成正面攻击。敌人此种小米碾子式的战法，减少我各个歼敌机会，必须耐心长期疲困它消耗它，迫其分散，寻找弱点。目前敌军疲劳，掉队落伍逃亡日渐增加。为对付敌人此种强大集团战法，拟分散三四个营兵力，以一连至两连为一股（现群众游击战未开始），派得力指挥员在敌前左右后四面袭扰，断敌交通，将敌疲困，使敌不能不分散部分守备交通，以创造打击分散与打援敌之机会。此法拟试行，妥否

---

〔1〕二局，指中共中央军委总参谋部第二局，负责情报工作。1947年3月，国民党军进攻延安，根据中央军委实行战略转移的部署，第二局派出工作队即中央前委二大队，对外番号为昆仑纵队二大队，跟随中共中央前委转战陕北。

盼示。

4月3日 同彭德怀收到毛泽东为中共中央起草的复电。电文说：（一）敌十个旅密集不好打，你们避免作战很对。（二）敌占瓦窑堡后动向如何？速告。（三）我们现在瓦窑堡东北地区，二局无法侦察，敌情完全不明，望派一个营附电台到瓦窑堡以西旧安定城附近担负侦察及掩护之责。我们尚须两天至三天时间，方能转至安定以西安全地区。（四）你们数日内仍以隐蔽待机为宜。

同日 同彭德怀致电中共中央军委。电文说：三日晨敌占瓦窑堡。目前敌仍寻找我主力决战，但已露出疲惫。

4月4日 同彭德怀致电毛泽东。电文说：（一）胡军进占延安后，第二步战略方针是求战还是避战打通咸榆路，始终未弄清。自三月二十五日歼李纪云部后，调一军五旅、三十六师两旅、一三五旅及十二旅共九个旅，拥集青化砭，似求主力决战。当时我主力在蟠龙附近休整，敌突然转向延川，又似避战，占延川后七十六师集十旅之众占清涧不即北上而西进，我伏击永坪一路未成，移至蟠龙西北。王纵〔1〕有司务长投敌，供出全部兵力部署，敌避我主力占瓦市〔2〕，使我备战扑空。（二）我目前行动方针：一是集结绥德、清涧、瓦市、双庙湾四点之间，待敌向绥德前进时，寻机歼敌一两个旅，但因敌挤得太紧，有不好打的可能；其次向延长、延川寻求七十六师作战，打五十五旅，然后出甘（泉）、富（县）、关中，即所谓各打各的。两者以何者为是或另有方案请示。

4月5日 同彭德怀致电毛泽东。电文说：敌整编一师、整

---

〔1〕 王纵，指王震率领的西北野战兵团第二纵队。
〔2〕 瓦市，指陕西子长县瓦窑堡，当时称瓦窑堡市。

编九十师进至瓦窑堡东北。我军现在蟠龙南北及其以西地区，隐蔽待机。

同日 同彭德怀致电中共中央军委。电文说：秘密已解破，敌情已开始明白，我们十天内仍在原地待机。

4月6日 同彭德怀收到毛泽东为中共中央军委起草的电报。电文说：支日两电〔1〕悉。请告下列各点，以便考虑行动方针：（一）你们进至绥德、双庙湾、瓦市、清涧之间以后，如南面不好打，是否可打北面，歼灭邓高〔2〕有生力量，补充自己并减轻北面威胁。如打邓高，如何打法（邓高如不出击，我须攻坚）。（二）马鸿逵是否已至定边，共有多少兵力，如我进至绥德地区，南北都不好打，是否可移师打马鸿逵，然后再打陇东、关中之敌，或由现地直打马鸿逵，再打陇东。（三）打延长、临真、甘泉是一个很好方针，但如胡军不进绥德，将过早引退胡军，是否对尔后行动有妨碍，是否引胡军北进绥德，于我尔后行动更为有利。（四）率性休息数天，看清情况再定行动是否有利。

同日 同彭德怀部署西北野战兵团设伏于永坪西北之大小寨地区，以打击经永坪南下的敌整编第十七师之十二旅。由于敌军迅速占领阵地，我军部署尚未就绪，在歼敌六百余人后撤出战斗，进至瓦窑堡至蟠龙大道两侧地区，继续休整待机。

同日 同林伯渠、李鼎铭、刘景范、王世泰、王维舟、阎揆要、张仲良发布《陕甘宁边区政府、联防军司令部联合布告——立即纠正违犯群众纪律现象》。

---

〔1〕 指1947年4月4日晚7时和晚11时彭德怀、习仲勋给中共中央军委的电报。
〔2〕 邓高，指邓宝珊、高双成。高双成，原任国民党军第二十二军军长，1945年病故。此时第二十二军军长为左协中。

4月8日 同彭德怀就敌军分布与我之对策致电毛泽东。电文说：胡军仍有北犯模样。如敌北犯，待深入绥德后，我军出延长或清涧、延川间，寻打七十六师，得手后出临镇打五十五旅，甘泉打四十八旅，并相机接陈谢西渡，取得在陕北根据地内各个歼灭胡军主力，只要不犯错误，不放过有利战机，这种可能是存在的，故为上策。如敌主力既不南调又不北进时，我则北进歼击出犯二十二军之部队，求得补充。围榆引敌深入，如胡军主力不北进，则相机夺城，如城坚不可得时，则出三边打马[1]，得手后出陇东、甘南，此举不能歼灭胡宗南主力，但仍可牵制胡军主力于西北，有利于他战区反攻，故为中策。不出北而仅西出三边打马，绥、米[2]失守与黄河东岸暂时隔断可能，此亦不关重要，惟在敌主力成方阵交替前进的情况下，寻求歼敌不易，且常陷被动，故为下策。应行何案，盼示。

同日 同彭德怀收到毛泽东为中共中央军委起草的电报。电文说：根据西安情报及胡军退返永坪行动，敌似已放弃攻绥德企图。粮食极缺，又找不着我主力，将领极苦闷，认为仗不好打。在此情况下，似已至实行你们所提打敌后路之时机。全军休整数天（避免作战），检讨经验，调整人事，极为必要。在休息期内考虑行动方针：或仍对敌之主力待机歼击一部（要有极大忍耐心）；或分为数路广泛袭击敌之后路，正面只留一个旅或少于一个旅即够。此外则集中主力打邓左[3]，打马鸿逵，打马鸿宾（镇原），打陇东、关中，而以一部钳制胡军，亦可作为考虑方针之一。究应如何？望斟酌电告。

---

〔1〕 马，指马鸿逵。
〔2〕 绥、米，指陕西绥德和米脂。
〔3〕 邓左，指邓宝珊、左协中。

同日 同彭德怀致电廖汉生等。电文说：敌异常疲劳，一纵应以小部队在敌前后左右灵活袭击，增加敌之恐慌疲倦，捉落伍士兵，劫夺辎重。

4月9日 同彭德怀收到毛泽东来电。电文说：（一）敌情正在变化，可实行你们前提议分散三四个营各带电台四面袭扰敌人之办法，主力则在现地待机为有利。此外，请考虑要王世泰袭击洛川、三原间公路。（二）陈谢于占翼城、侯马外，七日又攻占新绛、稷山，俘获颇多，已令其向河津等地前进。

同日 毛泽东为中共中央起草党内通知。通知指出：国民党采取召开伪国大、制定伪宪法、宣布国共破裂、进攻延安和陕甘宁边区这些步骤，"丝毫不是表示国民党统治的强有力，而是表示国民党统治的危机业已异常深刻化"。其进攻延安和陕甘宁边区，还为着妄图首先解决西北问题，割断我党右臂，并且驱逐我党中央和人民解放军总部出西北，然后调动兵力进攻华北，达到其各个击破之目的。中央决定：一、必须用坚决战斗精神保卫和发展陕甘宁边区和西北解放区，而此项目的是完全能够实现的。二、我党中央和人民解放军总部必须继续留在陕甘宁边区。此区地形险要，群众条件好，回旋地区大，安全方面完全有保障。三、同时，为着工作上的便利，以刘少奇同志为书记，组织中央工作委员会，前往晋西北或其他适当地点进行中央委托之工作。

4月10日 在子长县云山寺出席彭德怀主持召开的西北野战兵团旅以上干部会议。会议总结永坪歼敌经验教训，讨论今后作战方针，强调整顿部队纪律。

同日 同彭德怀致电陈赓、谢富治并报中共中央军委。电文说："胡军集十二旅由安塞扑向延川找我主力决战，经清涧扑永坪，又转扑瓦市，经过四处扑空，经常将八万兵力集结在三四十里方形内，像小米碾子式的前进，不走大道专爬山，不住房子专露营，兵力疲劳，逃亡、病甚严重。六日受我在永坪袭击后士气更加低落，敌来时寻主力决战，但现时力求避战，逃脱消灭。""边区主力正尽力吸引胡军，使你放手歼敌。估计胡军主力在三星期内不能到晋南。"

同日 同林伯渠、李鼎铭、刘景范、王世泰、王维舟、阎揆要、张仲良发布《陕甘宁边区政府、联防军司令部关于停发棉衣的紧急通知》。《通知》说：自边区自卫战争爆发以来，由于出入口贸易停滞，财贸收入大减，物资已异感缺乏。加以战争疏散财物，均将蒙受损失。为此特决定今冬前线后方部队与人员的棉衣一律停发。希各级党政军民接此通知后，即行深入动员解释，将现有棉衣及早拆洗缝补，切实注意保存，以免临冬受冻而又无法解决。

4月11日 同彭德怀向中共中央军委报告：准备抽出主力及一批有经验的营、连、排干部，统归延属地委指挥，发展与加强延属游击战主力。为了加强纪律，决定在连队中建立纪律小组和纪律值班员。群众工作方面，过去行政命令工作方式多于群众路线，党政机关从延安撤出后异常混乱，公私物资损失均重。在实际工作中议论多实行少，缺乏紧张严肃的工作制度，表现相当严重的带有普遍性的松懈麻痹现象。望西北局全体同志严重正视这些现象。

同日 同彭德怀向中共中央军委报告：蟠龙地带已驻二十天，民粮公粮均已吃光，准备移至瓦窑堡东西地区就粮和围困瓦市之敌。

同日 同彭德怀收到毛泽东的电报。电文说：清涧之二十四旅一个团本日调赴瓦窑堡。该团到瓦后，一三五旅很可能调动，或往安塞，或往蟠龙，望注意侦察，并准备乘该旅移动途中伏歼之。

4月12日 同彭德怀致电王震并报中共中央军委。电文说：

二十四旅之七十二团十一日到瓦市后可能换出一三五旅,向蟠龙,或向永坪,或向清涧,或者冒险出安塞,此时尚难判明。希各兵团根据预定方案作各种必须准备。

同日 晚八时,同彭德怀致电西北野战兵团各纵、旅。电文说:敌一三五旅南调有三条道路可取,即:(一)沿瓦市、安定以南山地向安塞前进。(二)沿瓦市东南高地向永坪或清涧前进。(三)沿蟠(龙)瓦(窑堡)大道以东或以西山地南进,目前此种可能最大。我必须乘敌一三五旅移动中歼灭之,得手后准备连续歼击其他部分。随后对各参战部队进行部署。

4月13日 同彭德怀致电王震并报中共中央军委、陈谢纵队。电文说:第一师三个旅,刘戡三个旅正向蟠龙、西榆树峁子南地区进攻中,有继续驱逐我军掩护一三五旅南调模样,我主力仍在瓦蟠大道东西地区待机歼击一三五旅中。

同日 同彭德怀在子长县西南的后回湾西北野战兵团司令部主持召开旅以上干部会议,分析敌军态势及企图,提出歼敌作战方案。会议强调,坚决阻住南线敌军主力北进与一三五旅会合;速战速决;各作战部队密切配合,务必全歼敌第一三五旅。在会上发表讲话,对作战中的宣传动员、思想教育、瓦解敌军、俘虏政策及伤病员收治等作了详细布置。午夜,同彭德怀、王政柱等视察第一纵队独一旅阵地,听取王尚荣[1]汇报战前准备工作。

4月14日 同彭德怀指挥西北野战兵团发起羊马河战役。上午,敌第一三五旅全部进入羊马河以北高地,被埋伏在岭湾、黑山寺地区的第二纵队和教导旅及埋伏在李家川、安家嘴一线的新编第四旅包围,形成四个旅围歼一个旅的绝对优势。数里之外的敌军主力在西北野战兵团第一纵队抗击下寸步难进,救援不

---

[1] 王尚荣,时任西北野战兵团第一纵队独立第一旅旅长。

及。经六小时激战，西北野战兵团以四百七十九人伤亡的代价，全歼敌第一三五旅四千七百余人，俘少将代旅长麦宗禹，首创全歼敌一个整旅的范例。担任阻援的部队亦予敌整编第一、二十九军以杀伤。

同日 晚十时，同彭德怀向中共中央、中共中央军委报告歼敌第一三五旅的经过。

4月15日 中午，同彭德怀就羊马河歼敌后我军行动致电王震并报中共中央军委。电文说：希你争取在杜家畔、大小寨、热寺湾、新岔河地区隐蔽休息三天（自十六日起）。一三五旅被歼后胡宗南将开始慌乱，四月下半月我还须争取打一至两仗，求得再歼敌一至两个旅，破坏敌增援山西计划。

同日 同彭德怀收到毛泽东为中共中央起草的关于西北战场作战方针的电报。电文说："敌现已相当疲劳，尚未十分疲劳；敌粮已相当困难，尚未极端困难。我军自歼敌第三十一旅后，虽未大量歼敌，但在二十天中已经达到使敌相当疲劳和相当缺粮之目的，给今后使敌十分疲劳、断绝粮食和最后被歼造成有利条件。""目前敌之方针是不顾疲劳粮缺，将我军主力赶到黄河以东，然后封锁绥德、米脂，分兵'清剿'。""我之方针是继续过去办法，同敌在现地区再周旋一时期（一个月左右），目的在使敌达到十分疲劳和十分缺粮之程度，然后寻机歼击之。我军主力不急于北上打榆林，也不急于南下打敌后路。应向指战员和人民群众说明，我军此种办法是最后战胜敌人必经之路。如不使敌十分疲劳和完全饿饭，是不能最后获胜的。这种办法叫'蘑菇'战术，将敌磨得精疲力竭，然后消灭之。"

同日 同彭德怀及各战略区首长收到毛泽东为中共中央起草

的电报。电文说：接彭习寒亥电[1]，继寅有[2]在青化砭歼灭三十一旅主力后，卯寒[3]又在瓦窑堡附近将敌一三五旅（属十五师建制）全部歼灭。这一胜利给胡宗南进犯军以重大打击，奠定了彻底粉碎胡军的基础。这一胜利证明仅用边区现有兵力（六个野战旅及地方部队），不借任何外援即可逐步解决胡军。这一胜利又证明忍耐等候不骄不躁，可以寻得歼敌机会。望对全军将士传令嘉奖，并望通令全边区军民开会庆祝，鼓励民心士气，继续歼敌。

4月16日 同彭德怀致电中共中央军委，汇报羊马河战役情况。电文说：一三五旅六千余人，十四日经八时战斗，旅长麦宗禹（原旅长祝夏年在西安未来，麦为副旅长代旅长），四〇四和四〇五团长、副团长、参谋长以下共俘四千余人，毙伤近千。该旅非战斗人员和少数掩护部队走先头，紧靠刘戡之接援部队，故有数百人漏网。缴获武器弹药颇多，正清查中。我军伤亡约五百人。此次战斗，刘戡、董钊率九个旅，经我三天抗击，始进至崖畔（瓦市西南）南山、高山。我歼击一三五旅于前后李家滴哨、羊马河地区。南北对进之敌，相距不及五十五里，仍歼敌一旅，使刘、董九旅之众，无法救援。此役，我集中兵力的对比，尚不及敌三分之一，足见敌军战力弱、士气低，我军战力强、士气高。

4月17日 中共中央西北局就青化砭、羊马河胜利歼敌通报各纵旅、军分区及地委。通报说：（一）青化砭、羊马河的胜

---

[1] 寒亥电，指彭德怀、习仲勋1947年4月14日晚10时给中共中央和中共中央军委的电报。
[2] 寅有，指3月25日。
[3] 卯寒，指4月14日。

利,给胡宗南进犯军重大打击,奠定了彻底粉碎胡军的基础,西北局特向我英勇作战的全体将士表示嘉慰。并望再接再厉,为保卫边区、保卫中央、保卫毛主席继续立功。(二)这一胜利证明以边区现有兵力和地方部队,完全可以逐步解决胡军;这一胜利证明忍耐、等待、不骄不躁,可以寻得歼敌机会。敌以相等边区人口十分之一的强大兵力进攻,边区人民难免遭到暂时的痛苦,但只要熬过这暂时的痛苦,更加团结、坚忍、奋斗,必可取得战争最后胜利,也只有战胜敌人,才能排除边区人民的痛苦。胡军将被全部消灭在深沟山谷中的命运,已不可避免。全体将士更加坚决勇敢,更加严肃纪律,和人民紧紧结合,继续歼灭敌人。全边区人民更加积极协助我军作战,全力支持战争直至最后胜利。(三)各兵团政治部和各地党政应召开大会举行庆祝,并将上述各点利用各种方式深入宣传,务使每一个党员、每一个干部、每一个战士与群众,人人奋发,一致努力,继续消灭敌人。

同日 同彭德怀就截击敌军致电张宗逊、廖汉生、王震并报中共中央军委。电文说:敌董刘[1]两军已集结瓦市以南及西南地区,有东退清涧极大可能,亦有南退蟠龙可能,不管敌南退和东退,我军必须继续截击敌一至两个旅。各兵团要克服粮食困难,准备连续作战。

同日 同彭德怀就防敌南下致电王震、张宗逊、廖汉生、张贤约、黄振棠、程悦长并报中共中央军委。电文说:敌九十师昨十六日宿营景家坪、桑树坪南北高地,本日拂晓后,忽向安定城西南十里铺前进,是否有后备部队不明,敌可能有意向北伸一下,然后突然南撤。望王纵速查明瓦市敌动态,如发现敌南退,

---

[1] 董刘,指董钊、刘戡。

张廖[1]须即以一部在云山寺至安镇线，王立即以一小部在蟠瓦大道东西两侧节节抗击，迟滞敌南退，并随时报告情况。如瓦市敌南撤，新四旅应猛烈尾击。

同日 同彭德怀就加强对敌宣传及监视致电王震、罗元发[2]、饶正锡[3]、张宗逊、廖汉生、张贤约、程悦长、黄振棠并报中共中央军委。电文说：第一纵队应派出两三个连，以排为单位，附轻机、小炮，派一营长指挥，分在第一军西、南、北三面活动，敌进我退，敌退我进，敌驻我扰，纠缠敌人，增敌恐慌与疲劳。王纵对刘戡部派出隐蔽监视哨与便衣侦察，新四旅对瓦市秘密监视其行动。各兵团主力均须隐蔽待机，并照前电进行夜间作战教育。当前瓦解敌军口号多宣传、多散发至敌军周围。夜间组织对敌宣传小组，实行火线上喊话，宣传活捉董钊、刘戡（不提其他），增加刘董恐慌。大兵团注重情报侦察网，情报收集所，用传骑迅速传达。设立夜间观察所，使敌一出一动均在我控制下，并随时向指挥所反映。

4月20日 同彭德怀致电中共中央军委。电文说：王世泰率两个团破坏同官至洛川交通，近日已开始。拟以警七团及独一旅之三十五团两个营，组织第二个支队，由阎揆要率领至宜川、韩城线及白水、蒲城、富平活动，开展游击战争。野战军主力拟在清、瓦地区[4]休息十天，争取俘虏补充。

4月22日 同彭德怀致电中共中央军委。电文说：战略方针，同意暂在延水以北再拖敌一时间，同时不放松有利歼敌机

---

[1] 张廖，指张宗逊、廖汉生。
[2] 罗元发，时任西北野战兵团教导旅旅长兼政治委员。
[3] 饶正锡，时任西北野战兵团教导旅副政治委员。
[4] 清、瓦地区，指陕西清涧、瓦窑堡。

会，休息数天后准备夺取瓦市，得手后再围清涧或延川，不打援，调董军[1]回头。

同日 同彭德怀、徐立清[2]致电中共中央军委，报告部队利用五天（二十二日至二十六日）休息期间总结工作的情况。电文说：（一）司令部着重检讨战术技术，以及与政治部联系、后勤工作指导等，在战术上最好到自己作战地区实际研究，找出自己当时攻击成功与失败原因。（二）政治部着重检讨战时政治工作，在战斗发起前、进行中贯彻战斗任务，提出口号鼓动全体指战员达成任务，在陕北人口稀少、群众工作较弱与物质困难的情况下是异常重要的。（三）总结每一次战斗中军事政治工作经验教训，发扬优点，克服缺点，即是使部队战斗一次进步一次的有效办法。

4月24日 同彭德怀致电中共中央军委，报告三边、陇东、关中等地敌情。

4月26日 同彭德怀收到毛泽东来电。电文说：除阎揆要率一个团及两个营南进外，主力宜在现地多休息数日，完全弄清敌情，然后考虑行动。又王世泰对甘泉、洛川、耀县间之袭击应是长期的，保证断敌粮道。

同日 同彭德怀收到毛泽东为中共中央军委起草的电报。电文说：（一）陈赓威胁西安，董军可能南撤；（二）瓦市敌可能逃跑，其道路或经瓦市东北（王家湾、李家川等地）向清涧，或经瓦市西南向蟠龙，望部署歼击之。

同日 同彭德怀就歼董钊、刘戡两军之部署致电张宗逊、廖汉生、王震并报中共中央军委。电文说：董刘两军向北前进时，

---

[1] 董军，指董钊任军长的国民党军整编第一军。
[2] 徐立清，时任西北野战兵团政治部主任。

我各兵团力求隐蔽，勿使敌发现，才有可能打到敌人。

同日 同彭德怀两次致电阎揆要。电文说：敌董、刘两部九个旅本日晨已出动，动向尚未判明，望派出侦察队迅速查报。你们须于三十日以前向南出动。

4月27日 晚上，同彭德怀致电毛泽东。电文说：（一）董刘两军二十七日未时进抵瓦市，有犯绥德模样。蟠龙留一六七旅直及四九九团守备，似有粮弹未发完。（二）我野战军本日隐蔽于瓦市东南及西南，拟待敌进逼绥德时，围歼蟠龙之敌。得手后再围歼甘谷驿、桥儿沟八十四旅之二五一团，并彻底破坏永（坪）延（安）段公路。

4月28日 毛泽东复电彭德怀、习仲勋。电文说：感酉电[1]计划甚好。让敌北进绥德或东进清涧时，然后再打蟠龙等地之敌。

4月29日 晚八时，同彭德怀就围歼蟠龙敌之部署致电西北野战兵团各纵队并报中共中央军委。电文说：（一）一纵队由核桃坪、孙家台线南北高地由东向西攻击蟠龙镇、窑坪线之敌。（二）二纵之独四旅由何家峁子、郭家庄之线向北攻击蟠龙线之敌。教导旅主力位于青化砭以北地区机动，一部肃清青化砭及其以南之反动组织，彻底破坏青化砭南北公路。（三）新四旅由谢家咀、刘家坪向纸坊坪、蟠龙线之敌攻击。（四）各兵团务必根据上述地域区分，明（三十）日进行详细侦察与各种战斗准备，限明（三十）日午后四时以前报告和提出攻击部署意见，以备五月一日攻击参考。（五）彭参[2]明（三十）日午前至蟠龙东北

---

[1] 感酉电，指彭德怀、习仲勋1947年4月27日酉时给中共中央军委的电报。

[2] 彭，指彭德怀。参，指张文舟，时任西北野战兵团参谋长。

侦察地形、敌情，午后二时以前至薛家沟附近。纵队与旅正副首长有一人来薛家沟面商和接受攻击命令。

4月30日 上午，同彭德怀、张文舟带领西北野战兵团各纵、旅指挥员到蟠龙东北高地察看地形，掌握敌情；午后，在薛家沟附近具体区分攻击区域和任务。当日，西北野战兵团包围蟠龙镇，完成进攻准备。

同日 同彭德怀收到毛泽东为中共中央军委起草的电报。电文说：经过精密之侦察，确有把握，方可下决心攻击瓦窑堡或蟠龙，如无充分把握，以不打为宜，部队加紧休整，以逸待劳，准备运动中歼敌。

5月1日 上午，同彭德怀致电中共中央军委。电文说：原准备一日拂晓攻击蟠龙，因天雨路滑停止，待雨停后二日攻击。胡军为避免消灭，现工事技能已达最高点，清（涧）瓦（窑堡）以南至延水，所有山头村庄，均有相当强固野战工事。蟠龙工事已完成外壕、鹿砦、铁丝网，平毁甚不易。该军所到之处，木器门板大部烧光，牲畜杀光，一切工具均损坏，壮丁抓走亦不少，与日本"三光"政策同。人民损失五年难以恢复。

5月2日 同彭德怀收到毛泽东为中共中央军委起草的复电。电文说：攻击蟠龙决心很对。如胜利，影响必大；即使不胜，也取得经验。

5月2日—4日 西北野战兵团进行蟠龙攻坚战。

5月3日 同彭德怀致电张宗逊、廖汉生并报中共中央军委。电文说："拂晓攻击均夺取了第一线阵地，俘虏保安队约四百余人，击落敌机一架。已令二纵、新四旅各以一部巩固已得阵地，进行筑工近迫作业，破坏敌外壕、鹿砦，我山炮与迫炮转移至阵前最近距离，准备猛烈射击（注意使用迫炮），主力在适当地点休息，开十分钟连排班干部会、班的战士会，讨论如何夺取主要阵地。具体分配各兵团出击任务,准备黄昏猛击。动员一切非战斗人员送水、送饭、救护伤员、搬胜利物资。"当时,各攻击部队召开的连排干部会、班战士会,被称为"火线诸葛亮会议"。指战员们在会上献计献策,提出许多克敌制胜的办法。西北野战兵团调动指战员集体智慧、实行军事民主的做法,受到中共中央军委和毛泽东的重视并在全军推广。

同日 下午,同彭德怀致电毛泽东。电文说:今拂晓攻击,敌保安队守备第一线,我攻占第一线后,即已天明,故停止攻击,共俘保安队六百余人,我主力均已接近敌阵地,伤亡甚小,本日黄昏后决心再攻。

5月4日 凌晨一时,同彭德怀致电中共中央军委。电文说:昨(三)日黄昏前后,我用坑道爆破,夺取蟠龙东南与西南高地。敌一六七旅尚据守蟠龙村落及西北、东北数小高地,均有外壕、鹿砦、铁丝网、地雷,故仍须采取坑道爆破。估计尚须两昼夜,才能全部解决战斗。敌敢于白刃战,昨黄昏前我夺取蟠龙东南一高山阵地(一连据守),仅俘二十人,余均被刺死。昨日俘虏共约一千人(保安队占八百)。晚七时,同彭德怀致电毛泽东:"蟠龙战斗今晚可解决","此刻已攻占蟠镇一半"。晚十二时,蟠龙战役胜利结束。西北野战兵团以优于国民党军四倍之兵力,高度发扬军事民主,及时改进部队的战术动作,充分发挥对壕作业与爆破技术作用,全歼敌第一六七旅旅部和第四九九团及陕西保安第三总队等部共六千七百余人,俘少将旅长李昆岗,缴获军服四万套,面粉一万余袋,子弹百万余发及大量药品。

同日 同彭德怀收到毛泽东来电。电文说:(一)江未电[1]悉。俘敌六百,甚慰。敌主力似在绥米地区有数天停留,

---

[1] 江未电,指彭德怀、习仲勋1947年5月3日未时给中共中央军委的电报。

至少一星期才能返抵蟠龙。我军如能在一星期内攻克蟠龙，即可保持主动。胡宗南已令张新〔1〕率二十四旅一部（可能是一个团）增援，望注意。（二）东北自卯初〔2〕歼敌四个团后，敌之攻势已停，我正准备发动攻势。山东卯宥〔3〕歼七十二师三个旅，现似准备新的有力战役，惟尚未接报告。刘邓〔4〕已克汤阴。陈谢正攻运城。聂萧〔5〕正攻正太线〔6〕。

同日 同彭德怀收到毛泽东来电。电文说：支子电〔7〕悉。昨日战斗，俘敌千人，甚慰。蟠龙完全攻克后，如二十四旅增援到达，则歼灭该部，再歼拐峁之敌，并在蟠龙、拐峁地区休息数日。然后请考虑取直路（南泥湾或临真）直趋洛川、中部、宜君、蒲城、白水，大闹关中，并考虑是否接引陈谢纵队主力（四个旅）过河，协力歼灭胡军，打开西北局面。董钊、刘戡率九个半旅本日在绥德未动，似尚有数天停留，估计董、刘由绥德到洛川、中部之线约需二十天以上，时间于我有利。

同日 同彭德怀收到毛泽东于本日为中共中央起草的电报。电文说：现在可以确定下列诸点：（一）刘邓、陈粟〔8〕两军任

---

〔1〕 张新，时任国民党军整编第七十六师第二十四旅旅长。
〔2〕 卯初，指4月初。
〔3〕 卯宥，指4月26日。
〔4〕 刘邓，指刘伯承、邓小平，当时分别任晋冀鲁豫野战军司令员和政治委员。
〔5〕 聂萧，指聂荣臻、萧克，当时分别任晋察冀军区司令员兼政治委员和副司令员。
〔6〕 正太线，指正定至太原的铁路线，即今石太线。
〔7〕 支子电，指彭德怀、习仲勋1947年5月4日子时给中共中央军委的电报。
〔8〕 陈粟，指陈毅、粟裕。陈毅，时任华东野战军司令员兼政治委员。粟裕，时任华东野战军副司令员。

务是协力击破顾祝同[1]系统。（二）晋南（陈谢）、陕北两军任务是协力击破胡宗南系统。（三）刘邓军十万立即开始休整，巳东[2]以前完毕，巳东后独力经冀鲁豫出中原，以豫皖苏边区及冀鲁豫边区为根据地，以长江以北，黄河以南，潼关、南阳之线以东，津浦路[3]以西为机动地区，或打郑汉[4]，或打汴徐[5]，或打伏牛山，或打大别山，均可因时制宜，往来机动，并与陈粟密切配合行动，凡有共同作战之处，陈粟军受刘邓指挥。（四）陈谢主力（四个旅）在现地工作待命，随时准备从下流或从上流渡河，受彭习指挥，歼灭胡宗南及其他杂顽，收复延安，保卫陕甘宁，夺取大西北。

5月5日 同彭德怀收到毛泽东来电。电文说：分布于延川、交口、延长等处之一四四旅工事强弱如何，是否有攻取可能？请加调查。如董刘徘徊绥德一个时期，似可考虑于青化砭解决之后（休整数日）移师解决一四四旅，然后再出关中、陇东。

同日 同彭德怀收到毛泽东为中共中央军委起草的电报。电文说：（一）如无好仗可打，仍以隐蔽待机，待敌分散并更加疲惫之时，发起歼击为适宜。（二）我们已转至旧安定城西北地区。（三）望每日电告敌情。

同日 同彭德怀收到毛泽东来电。电文说：蟠龙之敌解决

---

[1] 顾祝同，时任国民党军陆军总司令部总司令。1947年3月初，顾祝同在徐州组成陆军总司令部徐州司令部，统一指挥原徐州、郑州两个绥靖公署的军队。
[2] 巳东，指6月1日。
[3] 津浦路，指天津至浦口的铁路，即今京沪线一段。
[4] 郑汉，指河南郑州、湖北汉口。
[5] 汴徐，指河南开封、江苏徐州。

后，延安、瓦市、清涧等地之敌必起恐慌。昨日白天胡[1]以绥德重要令一师留守，半夜得悉蟠龙陷落，立刻令董钊放弃绥德。本日董刘均已行动，似是回头，如急行军走公路，可能四五天内赶至蟠龙。因此，青化砭战斗[2]及一切战后处理，望在三四天内办理完毕。部队如甚疲劳，可移至安塞以西荫蔽休整一时期，再出关中、陇东，似较稳妥。

5月6日 同彭德怀收到毛泽东为中共中央军委起草的电报。电文说：董刘行动似可大体确定，昨（五）日由绥德向南到田庄镇南北地区，估计走得快可能今日到老君殿，明（七）日到瓦市。你们可派一部进至蟠龙以北迟滞其行动，掩护青化砭作战及打扫战场。

同日 同彭德怀致电西北野战兵团各纵、旅首长并报中共中央军委。电文说：蟠龙胜利，青化砭敌人昨晚冒雨南退，兵力疲劳。为继续疲惫敌主力，造成有利战机，一、二纵队和教导旅须于七日完成野战兵团司令部打击南退敌军的部署。

5月7日 同彭德怀在蟠龙的主峰积玉峁召集营以上干部会议，现场讲评蟠龙战斗。随后，召集旅以上干部会议，传达中共中央军委的指示。

5月9日 同彭德怀、贺龙、李井泉等收到任弼时为中共中央军委起草的电报。电文说：晋绥独立五旅到警备区后仍归贺、李直接指挥。如敌五十五旅向绥德推进，彭、习主力北上歼敌时，则拨归彭、习指挥。

同日 同彭德怀向毛泽东报告：部队休息十天，准备开全军

---

[1] 胡，指胡宗南。
[2] 蟠龙战役结束后，西北野战兵团计划在青化砭再打一仗，后因情况变化，战斗未进行。

祝捷大会。以后开俘虏兵诉苦会,检讨战斗经验与群众纪律。同时向中共中央军委报告各纵、旅驻地,有四个营在董(钊)、刘(戡)两军四周袭扰。

5月10日 同彭德怀收到毛泽东复电。电文说:恩来[1]、定一[2]今日动身去真武洞[3]和你们商量作战方针,并参加祝捷大会;在祝捷大会上请代我及朱总司令慰问全军将士并致祝贺之忱。

5月10日—14日 同周恩来、陆定一、彭德怀等在马家沟西北野战兵团司令部连续开会,分析西北战场局势,共同研究六月份作战计划。计划决定:野战兵团主力在安塞地区进行短期休整后,于六月出击陇东,歼灭马步芳、马鸿逵集团有生力量,收复庆阳、合水,尔后相机南下关中或北上三边,以调动胡宗南集团主力,相机歼敌。

5月11日 毛泽东为中共中央军委起草致陈毅、粟裕,刘伯承、邓小平,彭德怀、习仲勋并告朱德、刘少奇电。电文说:(一)从实施黄河堵口复故计划之时起,蒋介石一贯方针,第一步驱我至黄河以北,第二步于黄河以北歼灭我军。(二)二月间刘邓渡河休整,蒋认为已经驱逐,再难飞渡,故敢将王敬久[4]军用于山东。(三)很长时间开放泰安缺口,让陈粟由此北渡,陈粟不听,且歼李仙洲[5],蒋乃开放胶济,封锁泰安,压陈粟北撤西转。今后方针必以第一线各部(五军、十一师、七十四师、八十三师、二十五师、六十五师、七师、四十八师等)向胶

---

[1] 恩来,指周恩来。
[2] 定一,指陆定一。
[3] 今安塞县城。
[4] 王敬久,时任国民党军陆军总司令部徐州司令部第二兵团司令官。
[5] 李仙洲,原任国民党军第二绥靖区副司令官,1947年2月在莱芜战役中被俘。

济线前进。如陈粟放手让路，敌必误认为不敢恋战，可达驱逐目的。（四）胡宗南此次进攻，亦是企图将我驱至河东，寅世〔1〕占清涧故意不去绥德，让一条路给我走，差不多过了一个月，卯宥〔2〕起才令董钊率八个半旅北上，辰冬〔3〕到绥德，认为可以驱我渡河。辰微〔4〕我克蟠龙，彼始惊悉我在延安附近，令董钊迅速南撤，绥德不留一兵，仍然开放着。由此证明，胡军目的完全不是所谓打通咸榆公路，而是驱我过河。（五）待陈粟击破顾祝同第一线，刘邓渡河向南，彭习向陇东、关中进军，蒋将发现他的迷梦归于破产。

5月14日 黄昏，同周恩来、陆定一、彭德怀等出席西北野战兵团在真武洞举行的青化砭、羊马河、蟠龙镇三战三捷祝捷大会。周恩来代表中共中央向全体军民致贺，并宣布：党中央、毛主席从撤出延安后，一直在陕北与边区军民共同奋斗。会上，彭德怀检阅主力部队和游击队并讲话。习仲勋也在会上讲话。在讲话中说：陕甘宁边区的自卫战争到现在不过两个月，已经取得了很大的胜利。我们除了消灭胡宗南的三个旅之外，边区各地的人民自卫斗争、游击战争都大大小小地得到许多胜利。今天的祝捷大会，就是我们两个月胜利的总结大会。这两个月的胜利是全体指战员的功劳，是全边区人民的功劳，是全边区军民共同努力取得的。胡宗南匪军侵入边区，破坏了边区的和平生活，使边区人民遭到空前的磨难。"我们一定要很快地讨还这笔血债，消灭胡宗南！全边区人民紧张地动员起来，参加到游击队去，参加到

---

〔1〕 寅世，指3月31日。
〔2〕 卯宥，指4月26日。
〔3〕 辰冬，指5月2日。
〔4〕 辰微，指5月5日。

人民解放军去,拿起枪杆、炸药,去和胡宗南斗争,直至彻底消灭他。拿出过去创建陕甘宁边区的精神来,保卫自己,保卫自己的边区,保卫边区自由幸福的生活!今天这个大会完全揭穿了两个月来敌人的造谣。他们说什么'中共中央走了,西北局走了,边区政府也走了'。这只是敌人说梦话。边区人民离不开他们的民主政府,离不开中国共产党。中国共产党、边区政府和边区人民已经是血肉相连。边区的党和政府统统始终在这里和边区人民共同奋斗。毛主席和中共中央仍然在边区领导着我们。我们有着毛主席和中共中央直接领导,我们更加信心百倍,更加勇气百倍,一定把胡宗南的军队消灭干净。"

同日 同周恩来、陆定一、彭德怀收到毛泽东来电。电文说:寒辰电[1]悉。(一)完全同意六月作战方针,除留警七团于现地外,全军出陇东,先打新一旅,再打一百旅或其他顽部。(二)在目前短期内,陈谢部除以一部扫清吕梁顽敌开辟西进道路外,主力休整待命渡河。陈谢兵团过河后,或与边区兵团分开作战一时期,再集中作战;或开始即集中作战,依当时情况酌定。

同日 同彭德怀收到贺龙呈报中共中央军委电。电文说:根据晋绥现有条件,将于两三月后能够复装炮弹,请彭、习通令边区各旅把炮弹壳收集完全,送到碛口(黄河渡口)转工厂改装。

5月19日 同彭德怀向西北野战兵团发出命令。命令称:"本野战集团军决消灭侵占陇东敌八十二师及骑二旅全部,收复庆阳,夺取西峰、平凉,进逼咸阳,扩大陇东、关中解放区。""各兵团均于五月二十二日由现驻地出发,五月二十九日隐蔽进

---

[1] 寒辰电,指周恩来1947年5月14日辰时就彭德怀、习仲勋等商定的6月份作战计划给毛泽东的电报。

至攻击准备位置，五月三十日晨各兵团向指定之敌进行歼灭攻击，迅速解决战斗，完成序战任务，以便扩大战果。""各兵团须特别注意隐蔽封锁消息，防止逃亡泄密。攻击准备位置须选定离敌二十里至三十里处。完全封锁消息，保守秘密是争取这次行动全部胜利的重要关键。"

同日 同彭德怀致电毛泽东。电文说：部队已休整十天，二十二日出动，准备月底打一仗歼击骑兵第二旅、八十二师之骑兵第八旅，得手后再打第二仗，歼击一百旅。二十日，毛泽东复电彭德怀、习仲勋。电文说：十九电悉。二十二日向陇东出动，先打骑二、骑八旅，再打一百旅，计划甚好。

同日 同彭德怀收到周恩来、陆定一、林伯渠等联名发来的电报。电文说：对于向我联络意欲起义者应按以下三个原则办理：（一）起义者有武器有人，有反胡行动，愿受我指挥领导，将来能成为我们力量者，可以给予人民解放军名义。（二）有枪有人，有反胡行动，但不愿受我拘束，则只作友军当作反胡同盟军。（三）无人无枪，亦无反胡行为，想利用我军名义达其投机者，只能与之进行外交工作，鼓励其进行反胡。

5月20日 同彭德怀致电阎揆要并报中共中央军委。电文说：（一）敌二十九军在永坪、贺家渠地区。一军在蟠龙、青化砭地区筑工，限二十一日完成，拐峁有其小部。（二）野战军主力于二十二日向预定方向行动。你们两个团即到甘谷驿附近，今后两个团均转移至安塞境内，向延安、蟠龙线敌人活动，在未转移前，可否先向拐峁、青化砭、永坪线敌人进行一次袭扰，迷惑敌人，望自酌定。

同日 出席西北野战兵团前线总指挥部政治部召开的政治工作会议。会议主要讨论群众纪律、解放战士工作和行动中的政治工作，提出在今后一个时期政治工作中心是做好解放战士的工作。

同日 毛泽东就东北民主联军夏秋季和冬春季作战任务致电林彪、高岗[1]并告朱德、刘少奇。电报在通报战局时说：我彭习军（只有六个不充实的旅）对付胡宗南三十一个旅的进攻，两个月作战业将胡军锐气顿挫，再有几个月必能大量歼敌，开展局面。陈赓部四个旅拟使用于西北。

5月中旬 同彭德怀通知贺龙：为了加强军工生产，我们已把一部分硫酸、棉药机和化验室经绥德运往黄河东岸，以后请你负责指挥统一生产计划。

5月22日 凌晨三时，同彭德怀率西北野战兵团离开安塞地区，按照预定计划向西隐蔽开进。部队分为左、右、右中、左中四路纵队。第一纵队为右纵队，以消灭曲子、元城子敌人为作战目标，并向庆阳以北推进；第二纵队为左纵队（包括教导旅），消灭合水之敌，并准备歼击由西华池、盘克、宁县方向增援之敌；新四旅为右中纵队，以消灭悦乐、阜城并攻击庆阳之敌；彭德怀、习仲勋率野战兵团指挥机关和直属队为左中纵队，实施靠前指挥。

5月24日 同彭德怀等收到毛泽东为中共中央军委起草的电报。电文对陈谢纵队西进作战进行部署，要求六月内完成休整及一切西进准备工作；陈谢入陕后，粮食由陕甘宁边区解决，其他一切仍由太岳、太行接济。

5月26日 同彭德怀在行军途中收到毛泽东电报。电文说：（一）五旅[2]昨攻波罗（守敌两个营）未克，原因是轻视该敌，事前没有精密侦察及充分准备。（二）你们到达陇东攻击准备位置后，望照蟠龙攻击范例，事先进行两天至三天之详细侦察，确

---

[1] 高岗，时任中共中央政治局委员、中共中央东北局副书记兼秘书长、陕甘宁边区参议会议长、东北民主联军副政治委员。
[2] 五旅，指晋绥军区第三纵队独立第五旅。

有把握然后攻击；如无把握，则宁可改换攻击目标，不要勉强攻击预定之敌。

5月28日 同彭德怀致电中共中央军委。电文说：陇东作战，拟于三十日开始。新四旅歼击悦、沙〔1〕之骑三团。一纵队五个团（八千人）歼击将台之一七九团。二纵队、教导旅（共一万三千人）歼击合水骑兵四个连。得手后定会引起二马〔2〕调动，再集中兵力作战。

5月30日 拂晓，西北野战兵团右纵队攻克将台，全歼宁夏马鸿逵整编第八十一师六十旅一七九团（缺一个营），俘上校团长马奠邦；右中纵队攻克悦乐，消灭青海马步芳骑兵第二旅三团五个连，俘少将副旅长陈应权和上校团长汪韬。左纵队于二十九日提前向合水守敌发起进攻，因敌多路增援，主动撤出战斗，夺取庆阳、西峰的预定计划未能实现。

同日 同彭德怀致电毛泽东。电文说：青马〔3〕之八十二师甚顽强，夺取合水东二坨山阵地及城南阵地，全部击毙，无一生俘。三十日击溃援敌千余，获战马二百匹，击毙战马二百余，亦无生俘。并以不住民房住帐篷，以"蒋毛争天下与民无关"欺骗人民。捉获民兵及我干部士兵，割头破脊开肚，异常残暴，是一支劲旅，不可轻视。须经过放伤兵、困、拖过程，使之发生困难再打。拟集中主力先歼灭八十一师，再打八十二师。

同日 同彭德怀致电各纵队、旅并报中共中央军委。电文说：（一）一纵队、新四旅均于三十一日向曲子镇前进，乘敌尚

---

〔1〕 悦、沙，指华池县悦乐镇、沙石沟。
〔2〕 二马，指青海马步芳和宁夏马鸿逵。
〔3〕 青马，指青海马步芳。

未集中前，迅速各个歼灭马鸿宾主力与白海风[1]残部。（二）二纵队、教导旅本日歼击援兵胜利，今晚应乘胜夺取合水城，三十一日休息，准备六月一日围歼固城、西华池之敌。得手后歼击赤城、白马铺、驿马关之敌。惟歼击到任何一个小据点（一营一连），均须集结三个旅行动，以备打援，求得调动八十二师出援逐次歼灭之，然后收复庆阳城，再定夺取西峰镇、平凉城计划。总之在内线消灭敌人愈多，对转至外线作战愈为有利。

5月31日 同彭德怀致电中共中央军委并陈赓、谢富治，通报陇东作战的初步战果。

6月2日 同彭德怀致电王震、罗元发、饶正锡并报中共中央军委。电文说：（一）三十日袭击三点，有两点取胜，伤亡甚微，一点未成功，取得经验，了解青马军情形。为歼灭该顽敌，为扩大战果各个歼敌，一纵、新四旅二日向曲子镇、阜城前进，准备首先歼灭骑二旅直及四团，得手后再歼八十一师，肃清后方，取得粮食补充，再歼击青马。（二）增援合水之敌坚守该城，或退回庆阳。我独四旅、教导旅向庆阳以北阜城以东之郭家畔、刘家庙地区集结，准备歼击向曲子增援之敌，务须于三日到达指定地点。三五九旅移至悦乐镇，或大凤川，或东华池，休息十天，补充俘虏，配备干部。

6月3日 同彭德怀致电中共中央军委。电文说：如敌八十一师及马步芳所属独骑五团坚守环县时，则准备歼灭该敌。如该敌向北退出环县，则五日即准备向南打八十二师，消灭马步芳部。

6月4日 同彭德怀收到毛泽东为中共中央军委起草的复电。电文说：提议先打八十一师，再打十八师，即专打马鸿逵，

────────
[1] 白海风，时任国民党军骑兵第二旅旅长。

暂时不打青马，亦不向南。这是因为：（一）宁马〔1〕较好打，青马较难打。我应先打弱敌，后打强敌。（二）打开西北一面，利于尔后机动，利于安置大批伤兵。（三）董钊有开山西讯，刘戡有开延安以南讯。我应让敌向东向南，而我军则不应过早向南。如果我军过早向南，则有抑留董钊不去山西之可能（董军去山西对我利益甚大）。以上请考虑见告。目前数日内如环县敌未跑，则打环县之敌（应以两天至三天时间进行详细侦察及充分准备）；如环县之敌已跑，则休整数日为宜。

6月5日 同彭德怀收到毛泽东为中共中央军委起草的电报。电文说：你们集中全力（六个旅）准备打环县甚好，惟王震部损失较大，似宜令其与一纵、新四旅全军会合多休息几天，鼓励士气，并作充分准备，然后攻击较为适宜。

6月6日 同彭德怀、陈赓、谢富治、韩钧〔2〕收到毛泽东为中共中央军委起草的电报。电文说：（一）同意你们微电〔3〕所提意见，准备于十五日后开始北移西渡。（二）你们要开营以上干部大会，反复说明在和晋南很大不同的条件下作战，要准备吃很多的苦，要有克服一切困难的勇气，要有消灭胡宗南、夺取大西北的雄心，并要准备打阵地战（以后运动战将大大减少），学会近迫作业，善于攻坚。以上这些，你们一定要用积极态度向营以上干部说得明明白白，经过他们向战士说明，鼓动一切指战员勇敢地执行新任务。关于陕甘宁边区只能供给你们粮食，其他一切都要太岳自己接济一项，你们也要向干部说得清清楚楚，免

---

〔1〕 宁马，指宁夏马鸿逵。
〔2〕 韩钧，时任晋冀鲁豫野战军第四纵队副司令员。
〔3〕 微电，指1947年6月5日陈赓、韩钧给中共中央军委的电报。电文说：情况若无变化，我决心于本月15日以后开始北移，经汾离公路，由军渡西渡。

得将来发生怨言。总之，你们要有精神上物质上一切充分准备。为此目的，你们可在晋南至军渡之间择一适当地点休息数日，开干部会及军人大会。

6月9日—16日 西北野战兵团进行环县攻击战。九日，同彭德怀指挥各纵、旅从曲子镇地区出动，向环县进发。十四日，开始进攻环县。十五日，向环县城内的马鸿宾第八十一师发起总攻。十六日午后，攻克环县。

6月12日 同彭德怀收到周恩来电报。电文说：刘戡军九日经王家湾、白庙岔达卧牛城、青阳岔、冷窑则之线，十一日向西占小河[1]以南地区，今晨移两道湾，似有与董钊军靠拢在保安、安塞、化子坪地区进行"清剿"的可能。警卫团一小部，昨今去小河及以西与敌保持接触，明起将尾随敌人南进，我们仍在小河西。

6月15日 同彭德怀、林伯渠、王维舟、马明方、叶剑英、杨尚昆收到周恩来为中共中央军委起草的电报。电文说：敌之"清剿"主要在骚扰我区，捉走壮丁。根据我们经验，只要我们采取积极态度，坚持反"清剿"斗争，即使是十数人的游击队，经常保持与敌接触，也可使敌踌躇不敢冒进，或者据山筑工，不敢下沟捉人。这样，既可迟敌前进，便我掩护群众及机关转移，又可阻敌骚扰，减少群众及机关损失。

6月17日 同彭德怀收到毛泽东为中共中央军委起草的复电。电文说：（一）攻克环县，甚慰。（二）董军铣日[2]、刘军

---

[1] 小河，村名，位于陕西靖边县南部，是当时中共中央的临时驻地。
[2] 铣日，指16日。

篠日〔1〕从高桥出发，似准备以五六天行程到达庆合〔2〕。你们在环县休整三五天后，开至东华池地区打该两军一部，时间上恐来不及，且目前宜打分散与较弱之敌，不宜打集中与强大之敌。目前对董刘两部野战军及青马八十二师皆宜避开不打，专打各方分散之敌。（三）在董刘到达庆合条件之下，我军下一步行动可从打宁马十八师，收复定盐〔3〕；或打延安、洛川间守备之敌，断敌后路二者择一。如你们觉得打十八师有把握，则先打十八师，再打延洛线上之敌最为有利。究应如何，请以你们意见电告。同时，等候董刘情况完全判明后再作决定。

6月20日 同彭德怀收到毛泽东电报。电文说：鉴于打合水未能集中兵力，对宁马十八师作战务望集中全部兵力（六个旅）一起行动，即使打一个旅也宜如此。

6月上中旬 同彭德怀在环县西北野战兵团指挥部与被俘的马鸿宾侄女婿马奠邦谈话，了解国民党第八战区兵力部署及装备情况，让马奠邦带信给马鸿宾，转达问候及兰州解放后马鸿宾可以起义的意见，并请马鸿宾释放有关西北野战兵团被俘人员。谈话结束后，安排专人和马匹护送马奠邦返回宁夏中卫县驻地。马鸿宾在不久后便释放了关押在中卫县的西北野战兵团被俘人员。一九四九年九月，马鸿宾父子率部起义。

6月21日 同彭德怀致电中共中央军委，报告歼击三边敌人计划。电文说：环县战斗证实，宁马军装备战力并不比胡军弱，士气、身体强健，善走比胡军强。马鸿逵为避免被蒋介石吞并，将精锐部队编为保安团，宁夏共有七个保安团，来三边者有

---

〔1〕 篠日，指17日。
〔2〕 庆合，指甘肃庆阳和合水。
〔3〕 定盐，指陕西定边和宁夏盐池。

三团，据云战力比正规军还强。收复三边当是一场恶战。二十二日，毛泽东为中共中央军委起草复彭德怀、习仲勋电。电文说："三边敌力强大，请注意各个击破，每次集中全力歼其一二个团，以一个月以上时间完成任务"。

6月22日 同彭德怀在环县鄂家湾召集西北野战兵团纵队首长会议，研究攻克环县后的行动方针。会议根据毛泽东的指示，决定向北消灭三边国民党军第十八师，收回三边，然后向南，攻取韦州、预旺、同心等地，再则出击镇原、固原、海原之线，威胁平凉、兰州。

6月25日 同彭德怀率西北野战兵团自环县向三边地区隐蔽进发。

同日 同彭德怀、陈赓、谢富治、韩钧收到毛泽东为中共中央军委起草的电报。电文说：（一）你纵[1]仍在曲翼[2]地区荫蔽休整待命，待陈赓来中央商定开动日期，然后部队再动。因胡军主力尚在延甘富[3]地区，彭、习正打三边，你们出动过早，有引起胡军过早向榆林增援可能。（二）陈赓即日来中央。

6月27日 同彭德怀就敌情及野战兵团行动等问题致电关中分区。电文说：三边战役下月初可发起。但宁马之十八师六个团及在三边之三个保安团（战力均强），在环县战斗证明宁马之装备、战力均不比胡军弱，军队内部关系、士兵体力较胡军强。三边战役可能是一个很艰苦的恶战，时间难以预定。三边战役结束后具体行动亦难预告。关中环境特别艰苦，你们行动须放在实际可靠的胜利基础上。

---

[1] 指晋冀鲁豫野战军第四纵队。
[2] 曲翼，指山西曲沃、翼城。
[3] 延甘富，指延安、甘泉、富县。

6月29日 同彭德怀率西北野战兵团冒着暑天酷热,越过人烟稀少的苦水地区,进入定边南山。此时,马鸿逵部正在抢运物资,开始西逃。

6月30日 西北野战兵团以第一纵队及新编第四旅迅速向定边进攻,教导旅前出至定边西南截击可能西逃之敌;以第二纵队向砖井堡及安边进攻,截断砖井堡以东敌西撤退路,并消灭砖井堡、安边之敌。当日午,西北野战兵团主力接近定边城郊,敌不战而逃。第二纵队占领砖井堡。

同日 同彭德怀收到毛泽东来电。电文说:马鸿逵迭次令其所部见小敌则抵抗,见大敌则保存实力转移逃避。你们打三边时除注意攻坚外,应部署强大力量准备于其逃跑时歼灭之。此外,请注意每次作战集中全力只打一点,得手后再打第二点,哪怕打一个团也是如此。这样可保证全歼,且常保有余力在自己手中,足以应付意外情况。

7月1日 同彭德怀表彰攻占定边的部队"纪律很好",进城两小时后,商店即开门营业。

7月2日 同彭德怀就攻击盐池的准备工作致电王震并报中共中央军委。电文说:敌骑二十团及一六八旅之二个营据守盐池,在我主力压力下,有撤退可能,亦有固守待援可能,我们应作后一种准备。盐池粮草均缺,城郊十里内有水,十里外没水,正在定边收集大车,准备运草运粮,准备油篓盛水驮送。练习沙地行军,防空射击,自动火器与炮须备油布等铺在地面上发射,须防飞沙吸进枪膛内。定边工事坚固,各兵团干部正在参观,实地研究攻击对策。继续动员消灭马鸿逵,收复盐池,巩固三边,巩固作战后方,准备四日开军民大会,六日向盐池进攻。

7月4日 同彭德怀收到毛泽东来电。电文说:关于击灭胡宗南,夺取大西北,有两个方案仍然值得考虑:(一)陈谢纵队照原议来边区，从内线歼灭其相当数量，然后出外线（陇南），与边区集团[1]直接协力完成任务。（二）估计到边区人口稀少，粮食及各种供应颇为浩繁；又估计到鄂豫陕三省交界及平汉以西、汉水以北、渭水以南广大地区敌力空虚；又估计到假如使用陈纵于该区，必然要吸引胡部一个军（五个到八个旅）使用于该方面，而如果胡部有一个军出该方面，则边区敌力大减，利于边区集团各个歼敌；又估计到刘邓十二万人已渡河向陇海前进，如若陈纵到鄂豫陕边开辟新战场，对刘邓亦有帮助，但陈纵基本任务是协同边区集团击灭胡宗南，夺取大西北，并不变更。以上两案究以何者较为适宜，请予考虑。陈赓七日可到军渡（部队仍在曲翼整训待命），在绥德停一二日，约于十二三日可到小河。你们二位是否可于盐池收复后，令部队在现地休整一时期，自己来小河会商一次。如若你们赞成开会，则我们拟电约贺龙[2]同志亦来开会，时间大约可定在十三日。

7月7日 同彭德怀指挥西北野战兵团主力继续西进，攻占盐池县城，歼灭宁马骑兵第二十团一个连。至此，三边分区全境收复，三边战役胜利结束。八日，西北野战兵团自定边东移，十二日抵宁条梁、张家畔，进行短期休整。

7月11日 同彭德怀收到毛泽东来电。电文说：陈赓十九日到小河，请你们于此时到达或提早数日先来。

7月12日 新华社发出电讯：陕甘宁边区各级干部响应"消灭胡宗南解放大西北"的口号。自中共中央西北局书记习仲勋、组织部长马文瑞、边府副主席刘景范及西北党校六十六人出发参加前线工作后，西北局边府各机关共有二百三十六人报名请

---

[1] 边区集团，指西北野战兵团。
[2] 贺龙，时任晋绥军区司令员。

求参军，绥德分区亦有一百余名干部要求入伍。陕甘宁边区干部中正在掀起参军热潮。

7月16日 同彭德怀从张家畔前往靖边县小河村，出席中共中央将于二十一日召开的扩大会议。十八、十九日，贺龙、陈赓先后抵达小河村。会前，毛泽东、周恩来、任弼时同他们研究磋商晋冀鲁豫野战军第四（陈谢）纵队的使用方向问题。中共中央根据全国战局的变化和陕北粮食供应困难的实际，决定陈谢纵队由原定从晋西南西渡黄河来陕北腹地直接参战，改为南渡黄河挺进豫西，参加中原地区的外线进攻作战，同时从相反方向牵制敌人，配合陕甘宁边区军民击破胡宗南集团进攻。彭德怀、习仲勋表示拥护中央决策。

7月17日—9月13日 中共中央工作委员会在河北建屏县西柏坡[1]召开全国土地会议。会议由刘少奇主持，制定《中国土地法大纲》。十月十日，中共中央批准发布。大纲规定："废除封建性及半封建性剥削的土地制度，实行耕者有其田的土地制度。"大纲公布后，解放区迅速形成土地改革热潮。

7月21日 同彭德怀致电林伯渠、王维舟。电文说：主力东进，请于本月二十五日前在石湾、麒麟镇之线集中五百石粮食。

7月21日—23日 中共中央扩大会议在陕北靖边小河村召开。出席会议的有毛泽东、周恩来、任弼时、陆定一、杨尚昆、彭德怀、贺龙、习仲勋、马明方、贾拓夫、张宗逊、王震、张经武[2]、陈赓等。会议着重讨论战略进攻的部署和解放区土地改革、财政金融工作等问题。毛泽东提出计划用五年时间（从一九

---

[1] 今属河北平山县。
[2] 张经武，时任晋绥军区第一参谋长，1947年12月任陕甘宁晋绥联防军参谋长。

四六年七月算起）来解决同蒋介石斗争的问题，同时指出："现在不公开讲出来，还是要准备长期斗争，五年到十年甚至十五年。"会议决定：一、改变原来陈谢纵队西渡黄河进入陕北作战的计划，决定陈赓率部挺进豫西，协助西北野战兵团粉碎胡宗南部的重点进攻，并协同刘邓经略中原；西北野战兵团发起榆林战役，以配合陈赓率部挺进豫西。二、晋绥军区并入陕甘宁晋绥联防军，下辖晋绥军区（下属绥蒙、吕梁两个二级军区、六个分区）及陕甘宁的五个军分区。贺龙任陕甘宁晋绥联防军司令员（兼任晋绥军区司令员），习仲勋任政治委员，王维舟、阎揆要任副司令员，张仲良任副政治委员。陕甘宁、晋绥统一后方、精简节约和地方工作，由贺龙负责。三、决定在西北野战兵团成立党的前线委员会，以讨论重大方针政策和执行战略任务。西北局回地方工作。

7月22日 在小河会议上发言。对边区土地改革中出现的问题，谈了自己的看法，认为土改中损害中农和民族工商业利益、乱斗乱打、抓"化形地主"[1]等偏向应该纠正，否则对战争和发展经济都不利。在发言中表示坚决拥护把晋绥和陕甘宁边区合在一起，统一后方。

7月24日 同彭德怀由小河村进到石湾以西十五里处，二十六日返回米脂县背坬西北野战兵团司令部驻地。

7月26日 毛泽东致电朱德、刘少奇、康生，通报近期工作和战争情况。电文说：（一）中央已召集彭、贺、习、马、

---

[1] "化形地主"，是康生（时任中共中央政治局委员）在晋绥土改中提出的一个概念。他认为，晋绥是老区，要是按照过去的标准，找不到地主富农。老区的地主富农，把财产转移到工商业区了，凡这些人都是"化形地主"，都应列为斗争对象。这与解放区对经营工商业的地主富农政策是相违背的。

贾〔1〕诸同志开会三天，检讨工作，决定河东、河西统一后方工作由贺负责，西北局回后方主持；又决定精简人员，规定新的生活标准，以利持久；又决定向脱离群众的干部作斗争，展开土地改革。（二）野战军自打合水、曲子、环县歼灭八十一师及骑二旅大部后，三边敌人逃回宁夏，收复三边；现决定向榆林行动，给该方之敌一个打击，相机夺取榆林，吸引胡军北援，以利陈赓纵队行动；决定陈纵不来边区，八月底向豫西出动。（三）刘邓歼敌八个半旅，山东歼敌一个半旅，山东局面稍见松动。

7月29日 同贺龙在子洲县马蹄沟出席彭德怀主持召开的西北野战兵团第一、二纵队旅以上和新四旅、教导旅团以上干部会议。会议研究部署晋绥与陕甘宁统一和榆林战役等问题。在会上就即将发起的榆林战役发表意见说：我们必须充分了解和高度重视敌军特点，坚决执行中央军委的战略部署和彭总的战役决心，诱敌深入，拖住胡宗南主力深入榆林，以利于陈赓纵队南进和发展，也利于西北野战军今后行动。

7月30日 同彭德怀、贺龙收到周恩来为中共中央起草的电报。来电通报胡宗南的下一步计划，并令王世泰部向关中活动，马锡五〔2〕率后勤机关人员物资向东华池、吴起西北方面疏散转移。

7月31日 中共中央军委批准以彭德怀、习仲勋、张宗逊、王震、刘景范组成西北野战军前线委员会，彭德怀为书记。同时决定西北野战兵团正式定名为西北人民解放军野战军（即西北野战军），彭德怀任司令员兼政治委员，张宗逊任副司令员，习仲勋任副政治委员，张文舟任参谋长，徐立清任政治部主任。西北

---

〔1〕 彭、贺、习、马、贾，指彭德怀、贺龙、习仲勋、马明方、贾拓夫。
〔2〕 马锡五，时任陕甘宁边区政府高等法院院长。

野战军下辖第一、第二、第三纵队又两个旅，共五万人。

8月1日 同彭德怀、贺龙收到毛泽东为中共中央军委起草的电报。电文说：（一）敌董钊五个旅，刘戡四个旅八月三日北进，八月八日到油房坪、靖边线，在油房坪补给，估计要八月十四日才能到冷窑则一线，尔后补给困难。我军可于八月六日开始作战，如能于十天内外完成榆林战役，仍可于月底回头打胡。（二）我们本日到青阳岔，明日向石湾进。

同日 同彭德怀就进攻榆林的准备工作致电各纵、旅。电文说：各兵团到达镇川堡附近指定地区后，二三两日各在原地休息，准备四日行动，并于二三两日完成下述准备工作：（一）各兵团及本部直属队全体人员必须带足四至五日粮食。（二）减少私人行李及不急需之办公用具，节省兽力驮运粮食。（三）为适应榆林区特殊地形作战，白布与草织凉帽及白布包袱等均须染成土色。

8月3日 在小理河口枣林坪西北野战军总部，同彭德怀、贺龙再次研究攻打榆林部署。在统筹安排前方和后方工作后，即离开作战前线。

8月6日 同贺龙、王世泰收到周恩来为中共中央军委起草的电报。电文说：胡已知我军在北面打响，但为粮食接济不上不能立派援兵，极焦急。望速令世泰率所部暂勿去长武、邠州，直向洛川、耀县间反复破坏公路运粮以迟滞胡军北援。另令七团开冷窑则、石湾间，从正面迟滞敌人，掩护物资眷属迅速东移。

同日 同贺龙收到周恩来、任弼时电报。电文说：中央机关部队八百余人，马二百多匹，七日将从麒麟镇出发，拟以三天行程赶过无定河后，即在庙岔以北或附近停留几天，再转至石咀宽滩地区，请派人至庙岔以北地区，准备三天到五天的粮秣。

8月6日—12日 西北野战军进行榆林战役。六日，为调动胡宗南主力北上，配合陈谢纵队南渡黄河行动，西北野战军开始对榆林外围据点进行攻击。八日，榆林敌军外围据点除凌霄塔外全部被肃清。九日、十日、十一日，西北野战军持续进攻榆林，因敌工事坚固及援军赶到，于十二日主动撤离。榆林之战，共歼敌五千二百余人。

8月7日 同贺龙出席陕甘宁边区绥德地委分区县委书记联席会议并讲话。在谈到西北战场时说：边区在撤离延安时，全党对战争的长期性与困难了解得不够，有些人在思想上没有准备。边区的部队能不能打胜胡宗南，能不能在陕甘宁边区中消灭胡宗南，在当时还是有疑问的。直到青化砭战斗、羊马河战斗、蟠龙战斗——特别是羊马河战斗后，把过去的认识转了过来，懂得了边区的军队不但可以和胡宗南打仗，而且可以消灭胡宗南，可以将进犯军打出去，收复延安，收复边区。在谈到国内战争时说：在军事方面我们消灭了敌人正规军一百一十个旅，蒋介石的军事力量被我们削弱了。我们自己的力量呢？过去我们党内讲："大、中、小"，现在看来也不是小，也不是中，全党的力量是发展了。我们的军队据军委最近的统计：地方兵团和主力兵团已有一百九十万到二百万。过去我们只有一百二十多万，这四五个月来又增加了很多，再搞上二三年蒋介石就会被我们打垮，三年不成再加上两年，这是中央的看法。在谈到统一战线问题时说：抗战时期我们对地主、资本家采取了又联合又斗争的态度，这种态度今天看来是对的，因为当时有些地主、资本家是拿出家产抗战的。今天我们对资本家、民族资产阶级，一般地是采取孤立顽固派，争取中间派，发展进步势力的方针。日本投降以后的和平谈判和"双十协定"〔1〕及以后的政协，我们党都采取了这个方针，虽

---

〔1〕"双十协定"，指国共双方代表于1945年10月10日在重庆签署的《政府与中共代表会谈纪要》。

然没有使中国问题达到政治解决的目的，但这个方针教育了人民，争取了人民，并且我们在这个时期中喘了一口气，整顿了我们的队伍。今天看起来，这个做法是非常必要的，如果没有这个做法，恐怕我们也不会有今天这样大的力量，蒋介石在政治上也不会像今天这样孤立。在谈到土地改革问题时说：土地改革是团结农民的基本，是打倒蒋介石的基本，是壮大我们的基本。如果没有土地政策，这次边区的战争就支持不下来。蒋介石有美国援助，我们没有美国援助，我们就要靠四万万多农民援助。土地改革和统一战线应结合起来。在大革命时期这两个东西没有结合起来，那时只有统一战线，没有土地革命，所以陈独秀犯了右倾机会主义。在内战时期，土地革命进行得很好，而统一战线就比较差一点，在其后期便打倒一切，在乡村中进行土地革命，在城市中打倒资本家。而今天这两个东西是结合起来的，是打倒官僚资本，保护民族资本，这和过去是不同的。

8月10日 同贺龙在绥德县委书记会议上传达中共中央小河会议精神。会议并讨论统一陕甘宁边区和晋绥边区的三项具体措施：（一）统一陕甘宁和晋绥边区的生产建设和金融贸易，建立独立自主的财政经济体系。（二）加强对支前工作的领导，有计划地使用人力、物力、财力；后方机关要精兵简政，把多余人员组织起来搞生产，为前方服务。（三）搞好土改，从根本上调动劳动人民生产、支前的积极性。

同日 同彭德怀、贺龙收到毛泽东为中共中央军委起草的电报。电文说：我刘邓大军已开始向大别山前进，陈谢集团未哿[1]前渡河进攻潼洛段。请令王世泰率警一、警三两军[2]迅速行动，

---

〔1〕 未哿，指8月20日。
〔2〕 警一、警三两军，指陕甘宁晋绥联防军警备第一旅、第三旅。

直出长武、邠州，攻占泾河以南、渭河以北诸县，吸引暂二旅、新一旅等部，使不能东调。世泰现到何处，该部行动愈快愈好。

8月11日 签署以中共中央西北局名义发出的《关于整顿后方的决定》。《决定》提出：（一）所有后方机关部队迅即厉行精简，裁减不必要的单位和人员，以提高效率，增强统一，并收节约之效。（二）后方重伤医院、荣誉军人院、工厂、中学、俘官教导处及边区一级各单位和野战军家属老弱暂移河东。（三）延属、关中、陇东各分区后方东来人员，除部分不适宜回原地者外，其余应陆续转回原地工作，家属亦分别转回安置。

8月12日 同彭德怀、贺龙收到毛泽东为中共中央军委起草的电报。电文说：（一）我攻榆林未克，敌钟松[1]部明元日[2]可进榆林，刘戡五个旅可到麒麟镇以东。（二）我军即在榆林、米脂间休整待机，隔断刘钟两部，吸引该敌，以利陈谢行动。陈谢定于未驾渡河。（三）为防刘董[3]进占绥德，我无定河、黄河间各后方机关，必须迅速移至黄河以东，望贺、习立即部署移动。收到中央军委指示后，即同贺龙率中共中央西北局、陕甘宁边区政府和联防军机关，沿蟋蜊峪大川向东开进。

同日 同彭德怀、贺龙收到中共中央军委电报。电文说：（一）胡令第一师十三日集结瓦窑堡以东，四十八旅集结永坪，该两部可能于十六日进绥德，十七日进义合，我各后方机关及医院为避免万一受损失，提议于五日内分路渡过河东，俟敌情变化再回来。（二）请彭率主力控制归德堡至镇川堡一线之无定河两岸，准备七天携带的粮食，以利必要时机动。（三）如胡敌进至绥德

---

[1] 钟松，时任国民党军西安绥靖公署整编第二十九军第三十六师师长。
[2] 元日，指13日。
[3] 刘董，指刘戡、董钊。

一带后，请贺、习注意阎锡山有配合这一行动向离石扰乱可能。

8月16日 同彭德怀、贺龙收到毛泽东为中共中央军委起草的电报。电文说：我刘邓军已到陇海、沙河之间。我陈唐[1]、叶陶[2]十二个旅已到陇海汴徐线，宋时轮、王秉璋[3]两纵在郓、巨、荷、定[4]间，陈粟率三个旅日内到聊城，我陈谢集团决于八月二十日南渡向豫西进。现顾祝同系统部署散乱，顾此失彼，尚无整个防御长江之部署。胡军主力集中绥德，八月十八日可能开始向北，八月二十日可能到镇川、葭县之线，钟松可能在武家坡不动，以期迫我东渡。

8月18日 同贺龙率部渡过黄河。到河东后，同贺龙、林伯渠研究决定，中共中央西北局、陕甘宁晋绥联防军和陕甘宁边区政府机关暂驻山西临县沙原村一带，立即组织力量支援前线。

8月18日—20日 西北野战军在彭德怀指挥下进行沙家店战役，共歼灭胡宗南集团整编第三十六师师部及一六五旅、一二三旅，毙伤俘敌六千余人，俘第一二三旅少将旅长刘子奇。至此，国民党军对陕北的重点进攻被粉碎，西北野战军开始转入内线反攻。

8月21日 同贺龙发出《关于配合野战军作战问题给陕北各分区、地方兵团的指示》。《指示》要求：（一）各分区各地方

---

[1] 陈唐，指陈士榘、唐亮，分别任华东野战军参谋长和政治部主任，当时正指挥华东野战军第一、三、四、八纵队和晋冀鲁豫野战军第十一纵队在鲁西南作战。

[2] 叶陶，指叶飞、陶勇，当时分别任华东野战军第一纵队司令员和第四纵队司令员。

[3] 宋时轮、王秉璋，当时分别任华东野战军第十纵队司令员和晋冀鲁豫野战军第十一纵队司令员。

[4] 郓、巨、荷、定，分别指郓城、巨野、菏泽、定陶。

兵团游击队和民兵,应根据本地分区当前的情况,积极地打击敌军,发动和组织群众开展游击战争,消灭可能歼灭的反动武装,摧毁反动政权,策应北线主力作战及准备配合主力反攻。(二)延属分区除发动和组织广大群众彻底破坏咸榆公路断敌运输外,目前应乘敌空虚组成较大的游击队,在坚强干部领导下,有计划有重点地歼灭本分区的反共团、还乡团等反动武装,摧毁各县反动政权,收复广大地区,并在积极进攻战斗中锻炼和壮大自己的游击队,争取逐渐发展为有战斗力的地方兵团。(三)宁马重犯三边,马〔1〕敌八十二师近又在关中陇东地区进行"清剿",我陇东、三边的党和军民应以反"清剿"为中心任务,应竭力整顿内部组织,肃清内奸,艰苦地进行群众工作,提高士气,提高群众对敌斗争的情绪,在求得巩固内地区的基础上,再去发展边沿区的游击战争,支持内地区的斗争,在敌强我弱的条件下,避免与敌主力作战,不打硬仗,不打被动仗,要多打有把握的小巧仗,以巩固部队,提高群众胜利信心。(四)关中分区所有地方武装应归王司令员世泰指挥,缩小敌占区,放手发动游击战争,有步骤地开辟新解放区,力求发展和壮大游击队,并解决人力物力的困难。(五)绥德分区目前主要的任务,应尽一切力量配合主力军作战。在敌后交通线上,发动各分区和武装群众,开展对敌斗争,并尽可能地动员各分区人力物力,解决野战军之担架、运输、粮食、军鞋等困难,并将已集中之新兵迅速补充野战军。

8月24日 同贺龙收到毛泽东来电。电文说:昨日我到前委参加会议,彭及各纵首长对于继续在现地区歼敌信心甚高,部队士气高涨,均愿先在现地歼敌,然后南下。请你们派几批得力

---

〔1〕 马,指青海马步芳。

人员迅速分赴神、府、葭、米、绥、吴六县[1]用大力动员粮食。如情况许可还可考虑再攻榆林。

8月27日 同贺龙收到毛泽东为中共中央军委起草的急电。电文说：沙家店战役后国民党军六个旅及一个团正在南撤，我野战军已向镇川堡、米脂猛追中，但野战军南进无粮携带，望速令绥、延两属沿途筹粮助战。

8月 同贺龙、林伯渠、王维舟发布陕甘宁晋绥联防军司令部、陕甘宁边区政府《关于统一河防的训令》。《训令》对河防守备部署及指挥区域划分、统一缉私问题、部队训练和水手工人组织等作出统一规定。

同月 同贺龙、林伯渠、王维舟发布陕甘宁晋绥联防军司令部、陕甘宁边区政府《战勤动员应遵守纪律》的联合通令。通令指出："为保证爱国自卫战争的供应，边区政府业已公布《战时勤务动员暂行办法》在案，但仍有不少军队和机关人员私自动员担架，强拉牲口，强要白面、草料及打骂群众和政府人员，浪费民力，耽误生产，对于支持长期战争，损害极大。"为严格纠正与防止上述违反纪律现象，特再次颁布通令，"务使达到自觉的遵守与严格执行"。

9月2日 同彭德怀、贺龙收到毛泽东为中共中央军委起草的电报。电文说：世日命令[2]很好。乘敌二十九军在米脂地区徘徊犹豫，我军以一部节节阻敌，主力迅速南进（避开一切强固据点），相机攻占洛川、中部、宜君、同官、耀县、三原、蒲城、

---

[1] 神、府、葭、米、绥、吴六县，指神木、府谷、葭县、米脂、绥德、吴堡。
[2] 指1947年8月31日彭德怀对西北野战军发布的命令。命令说：为配合陈谢部队，争取战略先机，迟敌南退，决沿咸榆公路及其两侧，向关中平原进军，与陈谢纵队呼应击灭胡军，解放大西北。

白水、富平及黄河以东、渭水以北各城，开辟战场（背靠黄龙山），解决冬衣，扩大兵源是可能的。

9月3日 同彭德怀、徐立清发出严整各兵团纪律的电令。电令称：近查我野战军各兵团破坏群众纪律，日益严重，若不严加整顿，必脱离群众，影响作战。此在蒋管区作战中，更为重要。"特责成各兵团首长于令到三日内，将各兵团群众纪律切实进行检查，对破坏纪律分子严格惩处；对群众纪律之模范单位、人员予以奖励"。电令并要求重新印发"三大纪律八项注意"，在连队普遍、深入地进行教育。

9月4日 同贺龙收到中共中央军委来电。电文说：西北野战军南下作战，你们对该军到达大关中及甘肃地区的支援工作布置得如何？望告。

9月5日 同贺龙向中共中央军委报告：为支援西北野战军南下，已征得粮食一万五千石，足供一个月军用。关于民夫、弹药、经费、干部，亦作了安排。

同日 以中共中央西北局名义致电中共陇东地委。电文说："我主力不久将向甘境出击，甘肃党应及早派干部分别出去加强各地工作领导，准备配合我军行动，并请准备二百干部作新区工作，望地委及工委专门讨论一次，并将布置与甘境情况报来。"

9月9日 同贺龙、王维舟发布陕甘宁晋绥联防军司令部关于战时暂时一律停止结婚的通令。通令要求：为集中一切力量，支援前线作战，争取战争胜利，我军正在进行整编精简和统一领导后方工作，肃清贪污浪费腐化和紊乱现象，更为防止婚姻问题影响工作，增加困难。特决定在战争期间，暂时一律停止结婚，望转饬所属遵照执行为要。

9月12日 新华社发表题为《人民解放军大举反攻》的社论。社论说："经过一年又两个月的内线作战，大量歼灭敌人之后，人民解放军大举反攻了。"社论在列举人民解放军在各战场的战绩时提到："八月二十日，我彭德怀、贺龙、习仲勋、王世泰诸将军所部西北人民解放军，在米脂以北歼灭胡宗南之整编第三十六师，西北战场我军转入反攻。"社论指出："人民解放军的大举反攻，标志着战争形势的根本改变，蒋介石的全面攻势已被打得粉碎，已经一去不复返了"。蒋介石"因为人民反对，兵力削弱与后方空虚，而处在极其危殆的地位"。"再打一年、两年，蒋介石匪帮就离全军覆灭不远了"。

同日 同贺龙、林伯渠等被推定为续范亭[1]治丧委员会委员。续范亭于当日上午十一时在山西临县逝世。十三日，同贺龙、林伯渠致电续范亭夫人，哀悼续范亭的逝世，赞扬他的精神永垂不朽。

9月16日 同彭德怀、贺龙收到毛泽东为中共中央军委起草的电报。电文说：（一）目前一个月内是重要关节，望鼓励全军将士英勇奋斗，配合陈谢完成重要任务。（二）不管本日是否作战，又不管作战得手不得手，请令王震率两个旅立即向延安以南开进，占领大小劳山、甘泉之线，节节阻敌南退。该纵在该线要处于正面，不要处于侧面。（三）主力六个旅即于现地休息三天、四天至多五天，解释行动方针，约于二十二日左右向南急进。全军（六个旅）直迫宜川，相机攻取该城；然后向南相机攻取韩城、合阳、澄城、蒲城、白水、平民[2]、朝邑[3]、大荔诸城。争取于十五天至二十天内完成上述任务。（四）为争取时

---

[1] 续范亭，逝世前任晋绥边区行政公署主任、晋绥军区副司令员、中国解放区人民代表会议筹委会副主任。
[2] 平民，旧县名，1929年设立，1950年并入陕西朝邑县。
[3] 朝邑，旧县名，1958年并入陕西大荔县。

间，请不要打清涧、延川，也不要打延长。（五）新兵冬服随后追送。

9月17日 收到毛泽东、周恩来为中共中央军委起草的致中共中央西北局、彭德怀、陈赓、谢富治、韩钧电。电文说：（一）我陈谢韩兵团已将豫西之敌大部扫清，本月下旬开始陕东、陕南之作战，时间约一个月，尔后主力向豫西南、鄂西北发展，留一个至两个旅于陕东、陕南地区（内有三十八军[1]之十七师，该军五十五师留豫西），三十八军政委汪锋率教导团即原陕南游击队即日去商洛。（二）请西北局选派大批地方工作干部，给以一星期训练，送往彭副司令处，随军至渭北，转往陕南交汪锋指挥，发展陕南根据地。原拟派回四川农村工作的干部，望由王维舟同志选出若干人随同此批干部南下，亦交汪锋指挥，先在陕南工作，然后再相机入川。

同日 同彭德怀、贺龙收到毛泽东为中共中央军委起草的电报。来电提议将王世泰部编为第四纵队，辖两个旅，参加野战军作战，使该部正规化。

9月19日 同贺龙收到彭德怀复电，该电并报中共中央军委。电文说：以警一、三两旅成立纵队，久有此议，因各种原因，迟未实现。根据目前形势，迫切需要加强野战军，扩大西北作战，以便协助陈谢建立新根据地。同意军委意见，成立第四纵，以王世泰为司令员，暂兼政委，以阎揆要为副司令员兼参谋长。新四旅、教导旅另成立第五纵队或六纵为适宜。该两旅在战斗作风上、相互关系上均较好，以罗元发为司令，张贤约为副司令，徐立清为政治委员。如军委同意，拟到关中后相机成立之。

9月20日 同彭德怀、贺龙收到毛泽东为中共中央军委起

---

[1] 指西北民主联军第三十八军。

草的复电。电文说：同意以教（导）、新（四）两旅编为六纵。

9月23日 同贺龙收到中共中央军委指示。指示称：为便于歼敌，西北野战军暂留内线肃清敌人。为保证作战时供应不缺，要求后勤支援工作立即动员出二万石细粮，并集中起新兵五千至一万人加入野战军；全部棉衣鞋袜应在二十天内送达野战军，并安排好医院，组织好后勤的支援和指挥机构；一个半月内为野战军准备好南下所需现金、法币，并训练和组织派往关中及陕南地区的地方工作干部。应令联（防军）司（令部）后勤部移至河口，派得力人员负责一切，并向前延伸兵站，便于接通野战军后勤司令部。二十六日，贺龙复电中共中央军委。电文说：二十三日来电所示各项，正日夜赶办中。新兵一万人可按期完成；粮食除在绥德等地筹集一万石外，其余由河东（晋绥边区）筹集，棉衣可按时送达；野战军经费二十七日起运；干部已集中训练。

9月23日—10月24日 西北野战军进行黄龙战役，共歼灭国民党军七千三百余人，先后攻克黄龙、白水、韩城、宜川等县城，开辟黄龙山新解放区。

9月24日 同彭德怀、贺龙收到毛泽东九月二十三日二十四时为中共中央军委起草的电报。电文说：二十三日二十时电[1]悉。（一）决定你军主力（六个旅）在内线一个月至一个半月，完成歼敌、休整、补充三项任务，然后打出去。望按此部署一切，主要是筹粮一万五千大石[2]。（二）王震两个旅相机

---

[1] 指彭德怀1947年9月23日20时给中共中央军委的电报。电文说：准备26日攻延川、延长，同时准备打援，得手后再攻清涧、瓦市，准备半月至20天完成战斗任务，1个月后打出去。

[2] 石，容量单位，十斗为一石。

攻占劳山、甘泉等地，阻敌数天后，即可先出渭北。

9月26日 同贺龙收到彭德怀、刘景范来电。电文说：野战军在两延〔1〕、绥德、清涧预停一个半月，请筹措粮草。

10月1日 同林伯渠、李鼎铭、刘景范、贺龙、王维舟发布《陕甘宁边区政府、陕甘宁晋绥联防军司令部秋收动员令》。《动员令》号召各级政府、各部队及全边区人民，必须认识敌人的残暴罪行，武装保卫秋收，是当前边区军民的紧急任务。要把每一棵庄稼、每一根草、每一可吃用的瓜菜都收割干净，打好晒好，放进保险干燥的处所，以度过春荒，支援反攻，解放大西北。

10月1日—11日 西北野战军进行延清（延长、延川、清涧）战役，共歼国民党军整编第七十六师八千余人，俘中将师长廖昂、少将旅长张新。

10月6日 同贺龙收到彭德怀来电，该电并报中共中央军委。电文说：清涧敌守兵工事不弱于蟠龙。我大部已有相当充分准备，班排以上干部均看好了地形，讨论攻击办法，均有信心。因天雨时间关系，小部准备仍不充分，不便延迟，决于六日黄昏攻击，估计三天可得手。清涧得手后，拟以新四旅与警区〔2〕四、六两团攻占瓦市，以教旅及一、三两纵攻取绥德，得手后即北取榆林。不知粮食有无办法，请贺习考虑。

10月10日 中国人民解放军总部发表宣言，提出"打倒蒋介石，解放全中国"的口号。

10月11日 同彭德怀、张宗逊发布命令：奉军委电令，着教导旅、新四旅合组为西北人民解放军第六纵队，以罗元发为纵

---

〔1〕 两延，指陕西延川县、延长县。
〔2〕 警区，指绥德军分区，1947年4月前称绥德警备区。

队司令,徐立清为政治委员,张贤约为副司令。

10月12日 同贺龙、林伯渠收到中共中央军委的加急电报。电文说:彭[1]电请用政府名义慰劳野战军每人一斤猪肉,有必要。

10月13日 同彭德怀、贺龙收到毛泽东为中共中央军委起草的复电。电文说:"同意集中六个旅北上打榆神[2]。行动时间须待刘戡南下到达延安附近时,我军开始北进为有利。如刘戡在现地徘徊,则似宜先打宜川引其南退,然后打榆神。"据此,西北野战军于十月下旬发动第二次攻打榆林战役。

10月中旬 同贺龙、林伯渠等赴山西兴县蔡家崖,召集陕甘宁、晋绥两边区领导人联席会议,着重讨论财经统一和支援前线问题。会后,两边区实行财经统一,两边区的贸易公司和银行分别合并为西北贸易公司、西北农民银行。

同旬 同贺龙、林伯渠率中共中央西北局、陕甘宁边区政府机关和陕甘宁晋绥联防军司令部西渡黄河,在陕西绥德县义合镇一带驻扎。

秋—翌年底 根据全国土地会议关于整党工作的部署,各解放区采取党内党外结合等方法,普遍开展以"三查"(查阶级、查思想、查作风)、"三整"(整顿组织、整顿思想、整顿作风)为基本内容的整党运动,使农村基层党组织在思想上、政治上、组织上获得很大进步,党同群众的联系更加紧密。

11月1日—下旬 同贺龙、林伯渠在绥德县义合镇分别主持召开中共中央西北局所属地委及陕甘宁边区机关一级党员干部大会(即义合会议)。会议听取全国土地会议精神的传达,开展

---

[1] 彭,指彭德怀。
[2] 榆神,指陕西榆林、神木。

批评和自我批评，作出了彻底完成边区土改和认真进行整党的决议。在会议开幕时发表讲话说："我们要根据全国土地会议精神，对边区一年来土地改革的情况和战争的考验作彻底的检讨，彻底翻一下，并订出实现土地法大纲的具体办法。这次会议的中心议题就是如何实现土地法大纲。这是一切问题的基本问题，能把这个问题在到会的这八百人中间搞通并到各地行动起来，那么边区就会面貌为之一新，所有奇奇怪怪的现象都可以去掉，这样也就把我们党的队伍整好了。""会议的方针是放手发扬民主，进行批评与自我批评，不仅可以批评本机关的领导人，也可以批评西北局、西北局的负责人，个人也要进行自我批评，自我反省。"讲话并对陕甘宁边区在发动群众、生产、建军、政权建设、党的建设、干部思想作风上存在的问题作了检查。二十三日，在会上代表中共中央西北局作总结报告。报告说：义合会议是在边区战争进行了八个月，许多重大方针问题需要解决，以便动员全区力量争取战争胜利的情况下召开的。由于八个月战争中暴露了边区党和政府、军队组织上、工作上许多问题，必须加以揭发、批判和纠正。总结报告将会议收获主要归纳为：决定彻底完成土地改革工作和进行整党工作；初步整顿了党的领导队伍，使得干部阶级观点提高了，对敌斗争意志增强了；官僚主义、自由主义打掉了许多；对党的政策、对党的统一领导，进一步重视了，使各项工作回到党的正确路线上，并随时改正各项错误，循正确道路前进。

初冬 同贺龙、林伯渠等商定，调张达志为运输队长，以陕甘宁晋绥游击队司令员身份，配备两部电台，带两个骑兵团分赴关中、晋南，专为部队做买卖，以解决西北野战军冬季的衣、食、钱问题。至翌年二月，张达志圆满完成此项任务。

11月6日 同王世泰、贺龙收到彭德怀、张宗逊电报，该电并报中共中央军委。电文说：为消灭马鸿逵主力，收复三边[1]计，着第四纵队立即取道瓦市、石湾镇，以六至七天集结横山城附近（十一月十四日到达），准备协同主力消灭马鸿逵之十八师。望西北局立筹该部粮草，并加筹全军一月粮草。

11月8日 同贺龙、王维舟、张仲良收到任弼时电报。电文说：中央纵队现有一千四百人，因总卫生部无存药，望联防司令部、卫生部能供给所需内外科药品及一部保健药品，并望抽调司药一名给中央纵队。

11月9日 同贺龙、李井泉、周士第[2]、陈漫远[3]收到任弼时、周恩来电报。电文说：（一）由晋绥送大会坪转运前方的粮三千石，迄八日止只送到七百多石，不敷前方需要，晋绥军区应迅速大量向大会坪运粮食。（二）中央拟在葭县、米脂地区常驻，警备区筹粮困难，亦望晋绥能供给八百到一千石细粮。

11月12日 同林伯渠、李鼎铭、刘景范、贺龙、王维舟发布陕甘宁边区政府、联防军司令部联合通令。通令称：为有力支援前线，保障部队供给，决定在西北财经办事处下成立一运输大队，统一领导与组织边区各机关之运输力，委任高登榜为大队长，白如冰兼政治委员。通令并对牲口的使用管理作了具体规定。

11月14日 同贺龙、李井泉、周士第、张经武等收到任弼时、周恩来电报。电文说：晋绥应送到大会坪的粮食，因运输困难，只到一千二百石。如此，连同追加的五百石尚差二千三百石。"现榆林战役延长，贺、习规定晋绥再筹三千石"。请李、周

---

[1] 这里指三边分区，包括定边、安边、靖边、盐池、吴旗。
[2] 周士第，时任晋绥军区副司令员。
[3] 陈漫远，时任晋绥军区参谋长。

速筹办法赶运。

11月15日 同贺龙收到彭德怀、张宗逊电报,该电并报中共中央军委。电文说:西路援敌被阻击退。沙漠寒冷,粮食困难,敌退谨慎。主力连续战斗,需稍加整补,拟停止追击。四纵及三边兵团[1]继续追击。以三纵及四、六两团明(十六日)午后进至榆城北及东北,相机打击邓[2]部。六纵进至榆城南三岔湾、归德堡城休整十天。一纵减员较大,须一月整补,拟置鱼河、响水。一、六两纵休整十天后继续准备攻夺榆林。四、六两团扫清榆(林)、横(山)、神(木)民团,组织工作队发动长城内外群众。如何盼即复。

11月18日 同贺龙收到彭德怀、张宗逊来电。电文说:野炮排暂放镇川,待打退马军后准备打榆林。神木、榆林、横山长城外二百余里,农民生活贫困如原始,男女大小无衣服,吃糠普遍现象。地主据榆城,农民几全部失去土地,要求打开榆林分地异常迫切。如榆林一下,即解放四十万贫苦人民。

11月20日 同贺龙收到彭德怀、张宗逊来电。电文说:为歼灭宁马军,造成夺取宁夏条件,请速送三十万发子弹备用。

11月21日 同贺龙收到彭德怀、张宗逊来电。电文说:元大滩战斗即无粮食,四纵因此未参加战斗。现各纵队均缺粮。三纵及四、六团已有三天无粮接济。请确实计算一下粮食有无办法,如不能继续支持,即停止北线作战计划。按现在粮食情形,马敌西退亦无法进行战斗。

11月23日 同彭德怀、张宗逊、贺龙收到毛泽东为中共中央军委起草的电报。电文说:(一)主力依原计划休整不动。(二)

---

[1] 三边兵团,指三边军分区部队新编第十一旅,当时该旅兼三边军分区。
[2] 邓,指邓宝珊。

四纵及三边兵团可日内出动,首先占宁条梁,虚张声势,可能迫使十八师径回宁夏。如对安定盐[1]有把握,则于占宁条梁后择一城攻占之,如无把握,则不如不打,而向安定盐以北扰击十八师,不致暴露我之虚实。(三)榆城现已增加绥远[2]一个团,西安空运至扎[3]之八十三旅一个营亦可能日内进城。我军粮食炸药两项是否有足够把握攻克榆林,请全盘考虑见复。如有把握,则主力于休整十日或半月后,以一部占扎东,其余打榆城,否则只好放弃北线计划。

同日 同贺龙、王维舟发布陕甘宁晋绥联防军司令部布告。布告说:为增加我战时财政力量,支援前线,恢复战区人民经济生活,畅通交易,发展生产,争取反攻胜利,现经本部和陕甘宁边区政府、晋绥边区行政公署共同议决,统一陕甘宁、晋绥两边区币制,确定两边区银行合并,定名为西北农民银行,以西北农民银行发行的农币为两边区统一本位币,一切交易、记账和清理债务,均以农币为准。前由陕甘宁边区贸易公司发行的商业流通券,暂与农币等价通用。

11月27日 同贺龙收到彭德怀关于西北野战军围攻榆林战况及所需粮食弹药的电报。

11月28日 同彭德怀、张宗逊、贺龙收到毛泽东为中共中央军委起草的电报。电文说:"(一)依大局看,以放弃北线计划,集结训练一个月,配合陈谢打胡为有利。但如十二月能确有把握攻克榆城,亦可考虑第三次攻榆。(二)部队可就现地休整

---

[1] 安定盐,指陕西安边、定边和宁夏盐池。
[2] 绥远,旧省名,辖今内蒙古自治区中部地区,1954年撤销。
[3] 扎,指扎萨克,旧旗名,1958年11月与郡王旗合并为内蒙古自治区伊克昭盟伊金霍洛旗。

至十二月初（满半个月），在此数天内再加侦察考虑，然后决定如何行动。"此后，鉴于敌人主力进入榆林，西北野战军决定放弃攻打榆林，转入整军。

同日 中共中央西北局发出《关于缉私工作的通知》。

12月1日 同马明方复电孙作宾。电文说：（一）陇东工作问题张李[1]在此曾作深刻检讨，已嘱合邦将此次土地会议精神带回去领导全党彻底检讨。望和地委各同志秉此精神努力。（二）成立教导队，很好。从平东挑选好的贫雇农进来训练，尤为必要，不但平东应如此，甘省其他地区亦应先调一批同志进来训练，准备开展游击战争和将来新解放区的干部。训练内容主要应是游击战和基本技术（枪弹、射击、爆破），至于制式训练等则无必要，更应教会他们做群众工作，弄通游击战就是群众运动的思想，拿土地法大纲（平分政策）和解放军宣言、口号、"三大纪律八项注意"等好好进行政治教育，这是最基本的。

12月3日 同贺龙、王维舟发布《陕甘宁晋绥联防军司令部通令》。通令称：奉中央军委电令，张经武任陕甘宁晋绥联防军参谋长，朱早观任副参谋长，李卓然任政治部主任，白如冰任后勤部长兼供给部长。

12月7日—24日 在陕北米脂县杨家沟出席中共中央扩大会议（即十二月会议）预备会议。与会人员分为政治、军事、土地小组，对有关问题进行充分的酝酿和准备。会议期间，参加任弼时主持的土改小组的讨论，介绍陕甘宁边区土改情况；应约到毛泽东住处汇报陕甘宁边区战争、生产、群众生活情况，如实反映自己对边区土改中存在的问题和形势发展的看法。谈话结束时，毛泽东勉励习仲勋要认真学习理论。毛泽东说：你们长期做

---

[1] 张李，指张仲良、李合邦。

实际工作，没时间学习，这不要紧，没时间可以挤。我们现在钻山沟，将来要管城市。你一年读这么薄薄一本，两年不就两本了嘛！三年不就三本了嘛！这样，十几年就可以读十几本，不就可以逐步精通马列主义了吗?！毛泽东又说：一个人的经验是狭隘的，它受时间、地点、条件的限制，要使经验上升到理论，就得学习。只凭老经验办事，不能适应新形势。

12月19日 同贺龙、林伯渠等收到杨尚昆、康生来电。电文说：据报葭县北五区（车会、响石、右木、毛谷、开光）全部及乌镇、神泉两区四个乡，共三十一个乡灾情特重，已有三万八千余人陷入饥荒，成群结队向南迁移。如劝说阻挡，即向其要吃的。我们即函葭县党政尽力解决，但估计仅能解决很少人的问题，绝大多数饥民吃饭实难解决。

12月25日—28日 在陕北米脂杨家沟出席中共中央扩大会议（即十二月会议）。会议通过毛泽东提交的《目前形势和我们的任务》书面报告。报告阐明党的最基本的政治纲领和新民主主义革命的三大经济纲领，提出十大军事原则。会议还讨论了解放区在土改和整党中出现的"左"的偏向及其纠正的办法。毛泽东在二十八日会议闭幕时发表讲话，在谈到土改问题时说："我们这次会议要解决的新的问题，是在中农、中小资产阶级和党外人士问题上新出现的'左'的偏向。中农问题之所以再提出来，是因为晋西北在划分成分时发生了严重的问题，出现了强调不团结中农的偏向。中小资产阶级问题，也是出现了偏向：我们有些同志在经济工作中对团结中小资产阶级的政策发生了怀疑、动摇。义合镇会议好比一河水，这河水十个浪头有八个是好的，但是没有解决好中农和中小资产阶级问题，发生了偏向，那末这两个浪头就是不好的。当'左'倾成为一种潮流的时候，共产党员要反对这个潮流，如同在抗日时期反对投降倾向的潮流一样。""地主作为整个阶级来说是要消灭的,但作为个人还要分别情况不同对待。"

12月 同林伯渠、贺龙发布陕甘宁边区政府、陕甘宁晋绥联防军司令部、中共中央西北局《联合布告》,号召全边区人民坚决贯彻执行中共中央颁布的《中国土地法大纲》,彻底完成土地改革。

冬—翌年2月上旬 参与领导西北野战军开展的以"诉苦"(诉旧社会和反对派所给予劳动人民之苦)和"三查"(查阶级、查工作、查斗志)为中心的新式整军运动。

1948年　三十五岁

1月2日　主持中共中央西北局在绥德召开的分区党政军和土改工作团党员干部会议，传达毛泽东在一九四七年十二月会议所作的《目前形势和我们的任务》报告。在谈到土地改革问题时说："只有正确地分析阶级，才能正确执行《中国土地法大纲》。我们一方面要放手发动群众，彻底消灭地主阶级，平分土地，满足贫雇农要求，以贫雇农为骨干，坚决团结中农，才能胜利完成土地改革。但同时我们应当注意纠正在划分阶级时把中农定成富农的过'左'的偏向。因此我们在放手发动贫雇农热烈讨论、严格划分阶级界限时，应以生产手段（在农村主要是土地）占有与否，占有多少及与占有关系相连带的生产关系（剥削关系）为依据，并随时发现偏向，随时纠正，使土改运动正确前进。"在谈到救灾工作时说："我们必须把救灾和土地改革密切结合。灾荒严重地区，即可停止土改，当地党政机关和工作团要全力进行救灾。""目前的灾荒，对我们又是一次严重的考验，每个党员干部都有义务去做好救灾工作。家庭富裕的有余粮的党员干部，应该慷慨捐粮救灾。我们相信，在全体党员干部和劳苦群众的共同努力下，灾荒是定能战胜的。"

同日　向贺龙并中共中央报告西北野战军某部攻克高家堡时发生的破坏纪律事件。报告说：去秋攻克高家堡时，没收敌军大部官佐以至连排班长及其家属的财物，沿途乞食逃赴榆林者不少，对商人及摊贩大部没收，给榆林商人极坏之影响。

同日 《边区群众报》发表元旦献词《迎接解放大西北胜利年》。献词说：一九四八年陕甘宁和晋绥军民的任务是进行土改，发展生产；加强武装，开展对国民党反动派的斗争；改进战勤动员，加强支前工作；深入毛泽东思想理论的学习。

1月4日 就绥属各县[1]的土地改革问题致信中共中央西北局并转中共中央。信中说：（一）毛主席报告[2]发表后，获得党内外热烈拥护。干部中正展开讨论，大大地安定了人心，把一切工作都推上了轨道。干部都觉得有了信心，增加了力量，都认为更有把握完成土地改革任务。（二）苏维埃时期的老区，有许多问题与抗战时期的新区，情况有基本上的不同。如以一般概念进行老区土改，必犯原则错误。首先是老区的阶级成分，原来一般定得高，群众不满意。应重新评议，按新规矩办事。第二，中农多，贫雇农少。像这样的老区可不平分。最好以抽补办法，解决少数无地或少地农民问题为有利。第三，地主、旧富农也比新区少得多。地主、富农占中国农村百分之八左右的观念，在老区必须改变。如果老区的地主、富农定得和新区一样，势必犯严重错误。可能在三种情况下发生错误：把新升富农评为旧富农；把没收过土地的地主、富农，而当真转化[3]并参加劳动最少在八年以上的，又定成地主、富农，再去斗争；把富裕一点的农民，定成地主、富农，或把在我方任职之公教人员，其家中缺乏劳动力者，也定成地主、富农。如果再去斗争已经转化了的地主、富农，对农民的观感，就等于再动已分得土地的贫雇农。这

---

[1] 绥属各县，指陕甘宁边区绥德分区所辖的绥德、米脂、清涧、葭县、吴堡、子洲、横山等8县。
[2] 指毛泽东在1947年十二月会议上所作的《目前形势和我们的任务》报告。
[3] 指确实已经转化成自食其力的劳动者。

在老区，是一个很重要的问题，必须慎重处理。第四，对老区地主，应查其剥削关系及是否参加劳动与时间长短来决定。光看表现，不一定合理。第五，在老区发动群众运动，要坚决反对小资产阶级的"左"倾形式主义。老区的群众，就是发动起来后，也不会在运动的形式上有新区那样的轰轰烈烈，这是由老区的许多历史环境所决定的。因此，老区的群众运动，绝不能在形式上与新区一样的要求（如崔区[1]有些乡村没有地主，硬去制造），否则，就是制造斗争，脱离群众。（三）绥属领导上虽有明确决定，但在各县，凡是开始发动群众的地方，一般的都是过左。这种"左"的情绪，不是群众原来就有的，而是干部带去的。因此，要将运动引向正确的开展，还是一件很艰苦的工作。（四）受群众拥护的好干部好党员，应坚决吸收其参加工作。在贫民团、农会中要保证，选谁负责也不能包办代替，主要的要在本人能代表多数群众利益，并为全村、全乡群众所拥护的条件上来保证。（五）许多地方发现群众自发运动。对此种自发运动，应很快派得力干部参加进去，改造领导，以至完全掌握领导，使自发运动变为群众的自觉运动，引向正确的发展。如无力顾及，就坚决制止。这种制止，十分重要。

1月5日—14日 从绥德到子洲县进行调研，检查土改工作。

1月7日 出席子洲县干部会议并讲话。在谈到一九四七年召开的义合会议时说：会议基本上是成功的。没有这样的会议，边区工作不会成功。"这个会开的也很适时"，"路线是对的"，但有几个问题未很好地解决：对强调联合中农不够；对工商业的处理不够，原则上对工商业者不动，政策上应该保护，这个问题没

---

[1] 崔区，指陕西绥德县崔家湾区。

有得到解决；"三三制"的问题未得到解决。在谈到统一战线政策问题时说：要划清敌我界限，孤立敌人，防止过左过右。对富农经济，政治上要有区别，富农现能有选举权，将其多余部分财产拿出来，不能把他们扫地出门；对地主要分大、小，恶霸与否，分别斗争；对城市中小资产阶级，应该是劳资双方定计划，劳资两利、公私两利是长期的事，不能有农重商轻的看法；地主的工商业被我们搞了些，这恐怕不对，应该扶植；对知识分子不采取冒险过左的政策，应取慎重处理态度；对民盟进步分子，在抗日时起了作用，现在还是应采取联合；对爱国分子（开明士绅），给予适当照顾。在谈到土改工作时说：要把土改做好，必须依靠贫雇农，坚决团结中农。贫雇农评定成分要认真在农会中讨论。中农是农村的多数，如不注意会造成农村的纠纷慌乱。富农与富裕中农的界限要划清，要教育群众党员很好地联合中农，不能动摇。根据十来天的土改，一般地表现"左"，如绑、捆、吊、打、烧。干部中一定要注意不能提倡肉刑。划分阶级成分是很重要的问题，今天主要看土地占有多少和剥削关系定成分。在谈到领导工作时说：领导工作要细心，要大胆。学习马列主义、毛主席思想，要与具体实际相结合，做调查研究工作。要注意战略战术问题，分清主要与次要的工作、内部与外部的关系、局部与全体利益的问题，把原则性与灵活性结合起来。

同日 毛泽东为中共中央起草关于建立报告制度的指示。指示要求：（一）各中央局和分局，由书记负责（自己动手，不要秘书代劳），每两个月，向中央和中央主席作一次综合报告。（二）各野战军首长和军区首长，除作战方针必须随时报告和请示外，每两个月作一次政策性的综合报告和请示。此后，中共中央多次就请示报告制度发出指示。

1月8日 就子洲县土地改革中出现的问题致信马明方并中

共中央西北局。信中说：子洲各区都已搞开土改，问题也发生的多，现正开会检讨中。最严重者：（一）把中农定成富农来斗争，甚至有错把贫农斗了的，只要你有吃有喝就是斗争对象。不是从占有生产资料多少和剥削关系去分析阶级，而是看铺摊大小、生活好坏，所谓"矮子里面选将军"，总要找出"地主""富农"来。（二）地主富农不加区别，一律斗争。如果继续下去，会造成很大恶果。这是破坏党的政策，绝非维护党的政策。肉刑一定要坚决废除，任何共产党员不得违犯。在这一问题上，不管任何党员，凡不遵守党的决议的均应受到党纪处分。（三）把土改的大部时间都占在逼地主富农的底财上，查封地富也风行一时，地主不分大、中、小，恶不恶，一律扫地出门，富农也十之七八扫地出门，这是毫无策略的行动。（四）急欲斗，过早动手，很多地方群众队伍还没有搞好，贫农团农会还没有组织好，广大群众还没有经过充分的发动，就以少数人去斗争。这样斗争的本身，常常形成脱离群众。（五）把贫农团神秘化，作为贫雇农积极分子组织，这种狭隘的组织圈子给农民中划了一道鸿沟，是非常有害的。（六）对超越区乡组织也会发生两种偏向，一是到乡村后不敢和任何旧党员见面，一是完全躺在旧干部旧党员身上。这两种偏向均须纠正。（七）对地主富农采取暴力一说，曲解很多，不懂得在土地法大纲上规定没收地主土地及征收富农多余土地，这就是暴力在法令上的明确规定。（八）浪费斗争果实现象很严重。凡斗争的地方，都是大吃大喝。这样下去会使贫雇农吃亏，既不利于救灾，又不能变成生产资本，一斗全空。（九）目前各地土改运动，干部包办代替的多，而放手发动，成为广大群众自觉运动的少。信中最后建议：《边区群众报》应采用土改中之实际，更有意识的解决推进运动正确的普遍开展中的一些问题。"这方面的材料很多，望能很好组织写通讯，这就是西北局的很好指示。关于救灾问题报上要多写文章或通讯，这是当前最大的一件事，群众都眼望着共产党到底怎么办。篇幅尽量维持四版，满足干部要求。请卓然〔1〕同志尽最大力量办好报纸"。十日，《党内通讯》第六期发表了这封信。西北局并将此信转报中共中央，刘少奇批示："留交中央各同志阅。中央已阅。"

1月9日 毛泽东为转发习仲勋一月二日关于高家堡发生的破坏纪律行为的报告写下批语：我军到任何地方，原则上不许没收任何商店及向任何商人捐款。官僚资本，在该地成为根据地时，亦只许由民主政府接收经营，不许军队没收或破坏。军队给养应取给于敌人仓库、地主阶级、土地税及政府向商人征收之正当的营业税及关税。没收敌军官佐家属的财产，亦是完全错误的。高家堡破坏纪律的行为，应追究责任，并向全军施行政策教育与纪律教育。

同日 毛泽东致电贺龙、习仲勋及中共中央西北局各同志。电文说：（一）习仲勋同志一月四日给西北局及中央关于边区（老区）进行土改工作的信业已阅悉。（二）我完全同意仲勋同志所提各项意见。望照这些意见密切指导各分区及各县的土改工作，务使边区土改工作循正轨进行，少犯错误。（三）提议仲勋同志巡视绥属各县（带一电台联系各地委），明方〔2〕同志巡视延属各县，每县只住几天，不要耽搁太久，并请考虑派文瑞〔3〕同志（和他将问题说清楚）去三边、陇东、关中巡视一周，是否可行，望酌定。

---

〔1〕 卓然，指李卓然，时任中共中央西北局宣传部部长、陕甘宁晋绥联防军政治部主任。
〔2〕 明方，指马明方。
〔3〕 文瑞，指马文瑞。

同日 约三边分区有关人员谈话，了解土改运动进展情况；参加子洲县召开的土改工作检讨会，总结经验教训，提出解决问题的办法。

1月10日 《边区群众报》改名为《群众日报》。

1月11日 同贺龙、林伯渠、马明方致信陕甘宁边区各分区、县的书记、专员和县长。信中说："蒋胡部队对边区人民的烧杀破坏，加深了（边区）灾荒的严重性，造成了现在就有四十万人没饭吃的大饥馑"。为消灭灾荒，中央令太岳接济本边区粮食十万石。西北局通过了运粮工作大纲，并已派惠中权〔1〕赴吕梁、太岳接洽指挥运粮事宜。希望各分区、县研究并对初步分配的动员数字提出意见，立即作布置准备。

1月14日 晚上，结束近半个月的调查研究后返回中共中央西北局驻地义合镇薛家渠。

1月15日、16日 主持召开中共中央西北局会议。会议进一步传达和讨论贯彻十二月会议精神，根据陕甘宁边区的实际情况，细化土地改革的步骤和办法。

1月16日 同马明方复信魏希文〔2〕、薛何爽〔3〕，答复其一月十日、十一日来信中关于土改的有关问题。信中说：（一）农会、贫农团的组织问题，现尚无成熟的经验，"组长委员合一制"可试行，当作好的经验推广，尚过早。为便于广泛发动群众参加土改运动，便于领导土改中的繁杂工作，便于群众直接选择和审查新负责人等等原因，贫农团、农会负责人不宜太少，多一

---

〔1〕 惠中权，时任陕甘宁边区政府建设厅副厅长、粮食局代局长，前线运粮总指挥。

〔2〕 魏希文，时任中共吴堡县委书记、县长，三科（教育科）科长、司法处处长。

〔3〕 薛何爽，时任吴堡县农会临时委员会主任。

点好。为保证贫雇农在农村中的领导作用，在贫雇农占优势的区乡，应保证农会委员中贫雇农成分占多数，但贫雇农占优势是一般原则，在贫雇农数量少的区乡，可按当地的情况来决定。（二）以乡为单位分配土地，是为了调剂村与村间的不平，如村间的差额不大或很小，群众会同意以村为单位分的。在吴堡分土地的最大问题，是如何具体实现满足贫雇农的要求与团结中农的问题。在几个过去分土地比较彻底的地区，到底还有多少封建残余？中农有多少？贫雇农有多少？土地占有的状况是怎样？在中农多贫农雇农很少的村乡怎样办？在中农多贫雇农也不少的村乡怎样办？在这些地区满足贫雇农要求的标准又是怎样？希望你们在这上面多下些工夫，多反映具体材料。（三）调查分配土地，以产量作计算标准，公平、确实，群众也能够自己使用这种办法，在此间部分乡村，已得到证实。"麻烦"的问题，要看是干部怕麻烦，还是群众怕麻烦？在地狭人稠、土地产量相差很大的地区，群众是要求分得细致的，如以山川、水地的上中下分等计算，又规定折合比例，其麻烦不亚于以产量作计算标准，这个办法应大胆地拿到群众中去试办。在调查土地中，要经过自报公议、反复修改的过程，隐瞒地数、压低地等的现象，应在发动群众评议中加以揭发和进行教育，只简单地经过贫农团、农会给以处罚的办法是不对的。（四）来信称，农会入会标准全县已规定统一标准，对加入贫农团是否也有标准？如有请一并寄交我们一份。（五）关于分析阶级的一些补充规定，已发下，请注意研究，解决你处关于分析阶级的一些具体问题。计算剥削雇工剥削分量时，必须将工资及吃粮除去，不能计算得很精确，但可以算出一个大体上相近的数字。兄弟分家，成分变化，应以其真分或假分来决定，不能以年限论。旧地主、富农，下降为中贫农者，用"下降"字样可以不给倒分地。

1月17日 主持召开陕甘宁边区党员干部大会,传达毛泽东在十二月会议上所作的《目前形势和我们的任务》报告并讲话。在谈到统一战线问题时说:统一战线首先要划清敌我战线,统一战线也为的是划清敌我战线——谁是我们斗争的对象,谁是我们联合的对象。统一战线的目的是为了孤立敌人、巩固自己。统一战线,一个是内部问题,一个是对敌人的问题,这两个问题在性质上有区别。抗战时期的减租减息政策是对的,今天平分土地的时候有些同志把抗战时期的减租减息也否定了,这样的认识是不对的。今天我们的政策要转变,并不是说过去的政策错了,如果说错了就是割断历史看问题。在谈到统一战线中的具体政策时说:对中小资产阶级不要搞得过左,过去片面地照顾工人利益是错误的,要公私兼顾,劳资兼顾。对知识分子不要采取冒险的办法,要慎重地处理。在统一战线中要防止右,同时要反对"左"。民主同盟在过去起了很大的作用,以后对上层分子也要分别对待,和我们共患过难的,要照顾,赞成我们纲领的人我们要继续合作。地主凡是经过五年劳动的改变成分,富农一律三年改变成分。不然地主永远是地主,成了一个铁纱帽。"我们也是有钱人化来的,难道我们的先人没有当过地主富农?不见得,农村中人还常说:'三十年河东,三十年河西。'贫人也会变为地主富农,我们为什么把问题看得那样死呢?"在谈到领导者和被领导者的关系时说:主要有两条,一条是领导同盟者向共同的敌人坚决作战并取得胜利,第二条是被领导的同盟者能够有物质福利和政治教育。这两条缺少哪一条也不行,共产党、无产阶级领导群众,要两条都有,才能实行坚强的领导权。

1月19日 致电毛泽东,就西北土改工作防止和克服"左"的偏向问题进行报告。报告说:为更密切地指导各地土改和救灾,切实克服各级领导的官僚主义作风,特通知各分区和县负责同志经常分散下乡，到实际工作中发现问题，解决问题，反对坐在机关里发号施令。这种方法，既可提高领导，又可加强工作，为真正地树立一种踏实朴素的领导作风而努力。电文还说：边区土改仍有下列问题值得注意：（一）土地革命地区的农民，由于"左"的影响，都不愿意当中农，实际上已都不是贫农，而是中农；边区的劳动英雄，还是好的多，真正勤苦劳动，热爱边区，因有余粮往往被当成斗争对象。这分明是对劳动致富方针有怀疑。如不从坚持贯彻正确政策中打破这一关，对党对人民都是莫大的损失。（二）在土地革命地区，的确中农占优势。即减租地区，也起了基本上的变化。如不看到这个情况，必犯重大错误。如绥德的延、义两区这次所斗争过的地、富，实际上三分之二都已连续参加七年以上的劳动，其中有的还保留有多量底财或浮财。应该只将其保留的多量底财与浮财分配给农民，其成分，应按现在情形改变。（三）在老区，有些乡村贫雇农很少。有因偶然灾祸贫穷下来的，有是地、富成分下降但还未转化好的，有因好吃懒做、抽赌浪荡致贫的。这些地区组织起的贫农团在群众中无威信，由他们起来领导土改，就等于把领导权交给坏人。（四）不应再算老账（特别是政治上的）。如把旧账一齐翻起，会引起社会上极大动荡。对那些今天还进行反革命活动的，或帮助胡匪作恶的，应发动群众严厉镇压。（五）只有死心塌地跟敌人走，做敌人忠实走狗的，才叫做投敌分子。否则均采用感化争取政策。（六）对恶霸，应有明确的定义。真正霸占一方，欺压群众者是恶霸。不能把在乡村中说话好强的，或曾砍倒别人一棵树，或做过其他一二坏事的，统按恶霸惩办。也不应该丈夫是恶霸，把妻子也当成恶霸，甚至连小孩也当成小恶霸去斗争。这都会造成许多恶果的。（七）老区因土地早经平分，今天多数还是再加调剂问题。（八）边区土改任务必须与生产救灾结合起来。土改的一切工作都应该是对人民的生产有帮助。不然，群众连开会都不积极参加，叫"穷开会""开穷会"。这种批评是很对的。（九）救灾，各地已真正重视，且均采取细密组织与切实负责，由一人一户、一村一乡去具体解决问题的方针。

同日 同马明方向各分区发通知。通知指出：凡在土改过程中，对参加"三三制"的党外人士，应慎重处理。县以上非党人士的处理，务希由地委提出意见，经西北局批准。县以下及小学教师中的非党人士，须经地委批准后，才能处理。

1月20日 毛泽东为转发习仲勋一月十九日关于西北土改工作情况的报告写批语："完全同意习仲勋同志这些意见。华北、华中各老解放区有同样情形者，务须密切注意改正'左'的错误。凡犯有'左'的错误的地方，只要领导机关处理得法，几个星期即可纠正过来，不要拖延很久才去纠正。同时注意不要使下面因为纠正'左'而误解为不动。"

同日 中共中央西北局发出《关于救灾问题的决定》。

1月28日 同林伯渠、贺龙、马明方、王维舟、刘景范、李井泉、周士第、武新宇[1]、李卓然致函慰问伤病员。慰问函说：春节快要到来了，当此全国人民解放军正在胜利进攻的时候，我们代表陕甘宁晋绥党政军及全体人民向你们致以亲切的慰问和敬意！你们在一年来的爱国自卫战争中，或因冲锋陷阵，英勇杀敌光荣负伤；或因艰苦工作积劳成疾，你们流血流汗，身体受了许多苦痛，但你们为人民忠实服务的精神是非常伟大的，你们的功绩是永远不会磨灭的。兹特专函致意，并派代表前来，藉表衷心之忱，并祝你们愉快和健康。

---

[1] 武新宇，时任中共中央晋绥分局常委、晋绥边区行政公署代理主任。

1月29日 致信张邦英、魏希文、薛何爽。信中说：力如〔1〕回来，吴堡情况已谈过，二十七日报告收到，反映的材料很好，对我们帮助很大，所提解决老区土地问题十条方案，仍觉有问题，特再说明以下几点：（一）平分土地的根本精神是平封建性半封建性的剥削土地制度，而非平农民中的差额，老区土地须根据此精神，坚决扭转"左"的气氛。（二）现决定凡经土地革命、减租、征购和一九四七年春土改的老区，一律采取抽补调剂的方针。（三）中农和新富农的土地原则上不动，在其他经济利益适当照顾的情况下，使部分富裕中农及新富农自愿拿出一部分土地，进行调剂，问题是真正自愿，动的面要小，动的土地不多，强迫出地和勉强说服都是错误的。（四）地主兼营工商业者，如其工商业部分足以维持全家生活，可将全部土地及其土地上的财产分给农民，其工商业部分不动。工商业者、自由职业者兼有若干土地的，视其本身能维持生活的程度，抽出其土地的一部或全部，分给农民。（五）当前的群众运动，必须是土改与生产、民主相结合的群众运动。在土改中和土改后即应积极组织生产，把全体人民不分阶层（包括地主富农在内）地组织到一九四八年大生产运动中来。整党整政，应用大力去做，采取支部开会检讨，邀请多数群众参加，听取批评，公开党员配合群众审查党员的方式（即党内外民主相结合的方式）。对农村中最关紧的公粮负担、战勤动员、生产合作事业等项重大问题，要倾听群众呼声，深入调查研究，建立制度，提高效率。（六）注意收集群众意见，随时报告。（七）请注意搜集老区一两个乡可供研究的完整材料，主要弄清土地革命前后至现在的阶级变化，要确实详细，不可草率，多花几天时间不要紧，搞好送来。

---

〔1〕 力如，指曹力如，时任中共中央西北局副秘书长、统战部副部长。

1月30日 同林伯渠、贺龙发出《陕甘宁晋绥边区党政军首长联合致前线将士书》,代表陕甘宁、晋绥边区五百万人民和全体后方工作的同志,向西北野战军首长彭德怀、张宗逊并全体指战员致以亲切慰问和崇高敬意,称赞他们取得的伟大战绩,鼓励他们为解放大西北而奋勇前进。

2月1日 《群众日报》报道:习仲勋日前在绥德义合、延家川召开的两区土改检讨会上作总结发言,并在会后召集两区土改工作组组长,作出具体指示。指示说:(一)土改政策必须与当地具体实际相结合,以及如何改进发动群众工作,是推动土改工作的关键。义合、延家川的工作还没有把党的政策和具体情况相结合。这里大部分地区经过土地革命和一九四〇年的归地,一部分地区经过减租、征购和一九四七年的土改,土地占有关系较新政权建立前已经起了根本变化。很多获得土地的贫雇农已上升为中农,中农在大部分农村中已占多数,成为占有土地最多的阶层,贫雇农也基本消灭了无地现象。这里又是地狭人稠地区。在这样的地区不能再搞平分土地,而应采取抽补调剂的方针。平分土地是为了消灭封建半封建性质的土地剥削制度,在这里再搞土地平分,主要是分中农的土地,结果是满足百分之三十少地贫农的要求,引起百分之五六十的农民的不满,使他们的生产情绪降低,对发展边区经济不利,也不符合农民的整体利益,这是片面的群众观点。所以,中农、新富农的土地,原则上不动。(二)土改工作团的同志,要善于领导群众斗争。群众路线,在农村就是依靠贫农团结中农的路线。搞贫农团,不是要把中农关在门外。如果完全撇开中农,光找贫雇农,而且要在穷人中找最穷的少数人,就很容易为几个不纯分子所蒙蔽。(三)要把群众运动搞得轰轰烈烈,就必须把土改和发展生产、开展农村民主运动结合起来,这是土地问题解决后,农村百分之九十群众最关心的大事情。我们这里不是地主富农当权，但是少数人，"一把子"〔1〕当权，对于多数群众来说，民主风气很缺乏，妨碍群众积极性的充分发扬。在公粮负担、战勤动员、生产合作事业等项农村建设的重大问题上，都存在不民主、不公平的现象，这是绝大多数群众极为关心的事情。要发动群众起来审查存在这种不民主作风的干部，用开支部会、邀请多数群众参加的方式来进行检讨，广泛听取群众的建议和批评，分清是非，接受教育，促进工作作风的改正。

同日 出席陕甘宁边区保卫工作会议并作《对保卫工作估计与今后方针》的讲话。在谈到领导作风时说：保卫工作主要是保卫群众利益。保卫人员首要一条是群众化，能吸收广大群众的意见。保卫机关要有民主作风，对问题要有细密的调查研究，慎重处理，不成熟不清楚就不要轻易作结论。要服从党的决定，提高保卫人员水平。今天整个保卫工作的方针不是防御，而是进攻。我们今后在西北可能有很大开展，总的形势是发展的，工作要根据整个形势去做，保卫工作更应抓住这个方面向前进展。

2月6日 同贺龙等收到毛泽东、周恩来就陕甘宁晋绥联防军的名称问题发来的电报。电文说："联防军的全名应该是'中国人民解放军陕甘宁晋绥联防军区'，简称为'联防军区'；下辖晋绥军区及陕甘宁各直辖军（分）区。"联防军区司令员为贺龙，习仲勋为政治委员，王维舟为副司令员，张经武为参谋长。联防军区军政干校校长由贺龙兼任，周士第、王尚荣任副校长。晋绥军区司令员为陈漫远，政治委员为张子意。

---

〔1〕"一把子"是一伙的意思，含有轻蔑之意。

同日 同李井泉并刘少奇、薄一波〔1〕收到毛泽东电报。电文说：日本投降以前的老解放区，与日本投降以后至全国大反攻（去年九月）时两年内所占地方的半老解放区，与大反攻以后所占地方的新解放区，此三种地区情况不同，实行土地法的内容与步骤亦应有所不同，贫农团与农会的组织形式似亦应有所不同，请将你们对此种区别的意见电告。在半老解放区，应完全实行土地法，彻底平分土地，组织贫农团与农会，而以贫农团为领导骨干，农会中贫农积极分子应占三分之二，中农只占三分之一，这些都是没有问题的。但在老解放区，例如，晋绥的九十万人口或四十五万人口的老区，陕甘宁约一百万至一百二十万人口的老区，土地大体上早已平分了，即是大体上早已实行了土地法，在这里不是再来一次平分，而是调剂土地，填平补齐，中农占农村人口的大多数，如果我们也照中农占少数，贫农占多数，土地尚未根本解决的半老区一样，组织同样的贫农团与农会，人工地勉强地叫贫农团在农村中起一样的领导作用，叫贫农积极分子在农会委员会中占三分之二的多数，是否行得通，是否会冒犯脱离中农的危险？如果不是这样，其组织形式应当怎样？是否可以不组织贫农团，而只在农会之下组织贫农小组或者仍然组织贫农团（如果不只一个贫农小组的话），但只使这种贫农团起其保护农村中少数贫农的作用，而不使其起半老区那样领导一切的作用？在农会中及乡村政府中，贫农积极分子如果获得中农同意（这是必需的条件），可以当农会会长，政府村长、主席，但不一定要这样做，主要地要中农中思想正确、办事公道的积极分子去做这些工作，而在农会与政府的委员会中，贫农积极分子必须有他们的

---

〔1〕 薄一波，时任中共晋冀鲁豫中央局代理书记、晋冀鲁豫军区第一副政治委员。

地位，但占少数，例如三分之一，中农积极分子则应占多数，例如三分之二，而在半老区则反过来，贫农占三分之二，中农占三分之一。以上各点究应如何才算适宜，请井泉、仲勋于数日内电告，同时亦请一波电告自己的意见。

2月8日 复电毛泽东，就分老区、半老区、新解放区三类地区进行土改问题向中央提出自己的意见。电文说：（一）日本投降以前的地方为老解放区，日本投降以后至全国大反攻两年内所占地方为半老解放区，大反攻以后所占地方为新解放区。此种分法，非常切合实际。因而在实行土改的内容与步骤上，应有所不同。陕甘宁边区约有一百三十万人口的老区，在去年十二月义合会议前，土地都大体平分了。现在这些地区，不是地主、富农占有土地多，而是中农占有土地多。故要平分，一般都是要动大部或全部中农的土地，甚至还要动百分之十贫农（户数）的土地。这会对农民土地所有权的信心发生动摇。我完全同意在老解放区的土改方针，是调剂平补，再不能实行平分。在老区，贫农少的地方，不组织贫农团。多的地方组织贫农小组，在乡农会之下，起其保护农村少数贫农利益的作用，不能使其起新区或半老区那样领导一切的作用。（二）边区的老区，地主、富农可一般的不扫地出门。没有这一条，下面同志就会做出许多麻烦。一是乞丐增加。二是实际等于肉体消灭，逼得一些人铤而走险。（三）在老区，群众不论贫、雇、中农，普遍要求的是反对干部强迫命令作风，支部包办，负担不公平，故民主与土改生产相结合，此是边区群众运动的主要内容。"土改以来，各地强调满足贫雇农要求，负担又大，都完全落在中农身上。这一倾向，十分危险，有压倒中农破坏农村经济繁荣之势。请中央注意。我拟再作研究后，发一关于农村合理负担指示，改正这一偏向。"

同日 致信喻杰[1]、刘卓甫[2]、史唯然[3]。信中说：准予以肥皂作外汇在内地主要据点交换进口物资，但务须按规订章程办事，以免流行内地，妨碍缉私。

2月9日 就陇东土改工作中"左"的偏向问题复电李合邦。电文说：（一）望坚决纠正"左"的偏向，并依据本地实际情况和党的政策，密切指导各地土改，使循正轨进行。（二）同意你的意见。陇东现在进行土改的地方均属老区，土地问题确早经解决，现有的是一部新来移民无地少地和极少数地、富漏网或以后收回土地等几个问题。地富确实极少，其他老区均一样。所述占百分之三点四左右，其中是否还有已分过地以后，又已参加劳动多年，实际转化为其他成分的？尚可研究。因此，老区应是不再平分而采取调剂平补方针。掌握老区情况从实际出发，不硬造斗争是必要的。（三）地广人稀之区，有家穷而土地很多的人，可将其多余大量土地抽出，另外分给一些牲畜财物。

同日 致信张邦英，同时转去西北野战军后勤部政治部王治国反映清涧店子沟区土改中乱斗中农、乱动肉刑的材料。信中说：提议你们派出专人去当地彻底检查。对被错斗的人家所被分的土地财产应坚决退还或补偿。只有这样认真严肃地去解决既有问题，才能使群众确实认识党的政策而安心生产。对于犯有严重错误的人，应向群众承认错误，该地工作组同志应受处分；对犯有错误而抗拒不改并继续此种态度亦应受处分；对于乱打人的，必须查清责任，加以惩办。现在各地生产虽已动起来了，但群众情绪尚未完全转过来。因为尚有某些工作组同志不肯坚决改正错

---

[1] 喻杰，时任西北贸易公司经理兼西北农民银行行长。
[2] 刘卓甫，时任西北贸易公司副经理兼西北农民银行副行长。
[3] 史唯然，时任西北贸易公司监委兼西北农民银行政治处主任。

误。我这几天将亲自下去检查，严格指出纠正。不用大的力气，"左"的偏向是不易扭转的。

2月16日 出席绥德义合、延家川两区土改工作团会议并作总结讲话。在讲话中说：上次检讨会议后，工作有很大的转变，乱斗和使用肉刑的现象完全停止了，斗错了的已逐渐改正过来。工作团同志开始跳出小圈子，接触更多的群众，把党的政策广泛传达到群众中去，中农安定下来，"左"的偏向基本扭转过来，群众运动开始走向正轨。现在土地政策、工商政策、对党员干部的改造方针都有了明确的规定，各阶层各方面的人都发表了意见了，这是好现象。对这些意见，我们都可以听一听，问题在我们听了后，要加以分析，实际做工作时，还是要按照基本群众的意见办事。防空洞堵好了，窗户要开大，要有高度的民主作风。今后工作的方向，必须是土改与生产、民主相结合，才符合绝大多数群众的要求。

2月17日 出席陕甘宁晋绥联防军区参谋长会议。在讲话中说：（一）一年来边区在军事斗争上取得了伟大胜利，打退了胡宗南匪军的进攻。各地地方部队壮大了，游击战争在群众积极拥护的基础上发展起来，地方武装战术技术得到提高，培养了一批军事干部。（二）今后边区是由防御转入进攻。过去是内线作战，今后是要打出去。地方兵团两个任务，一个是收复失地，一个是打出去。打出去是到敌人侧翼，采取敌退我进、敌进我退的战术，机动杀敌，主动地配合野战军。地方兵团三分之二打出去，以战养战，使边区人民获得休息，减轻财政负担。围困敌人据点、打击地方反动武装的任务，主要依靠民兵。因此，民兵工作十分重要，必须用最大力量做好。（三）我们的战争基本是农民战争。部队打仗，就是为的农民翻身。每一个指挥员、战斗员都要懂得土地政策，帮助土地改革。

2月20日 西北野战军发布宜川战役命令"进字第一号"。命令称：野战军拟各个歼灭咸延公路及其以东地区胡军主力，解放黄龙山区诸城，收复延安，将晋绥、太岳与陕甘宁解放区连成一片，造成解放大西北之有利态势，准备以数月奋战完成此艰巨任务。黄龙山区战役第一步骤夺取宜川、韩城、石堡（黄龙）、合阳四城，并准备各个歼灭增援之二十七师及九十师。各纵（缺二纵队）均于二月二十二日由现驻地出动，二十四日到达指定位置。战役前夕，同贺龙令绥德分区负责人率四、六两团向榆林之敌进攻，截断榆（林）包（头）交通，予敌以牵制，并保障边区北翼安全。

2月22日 同贺龙、林伯渠、刘景范、王维舟发布陕甘宁晋绥边区政府、联防军区司令部通令。通令称：依据已颁发的《陕甘宁晋绥区缉私办法》，重新规定各级缉私机关人员的权责。

2月25日 下午，在陕西绥德出席陕甘宁边区各界追悼李鼎铭大会。林伯渠为主祭人，习仲勋为陪祭人。在悼词中说："李副主席的逝世使边区人民失去了一位很好的副主席，使共产党失去了一位很好的友人。"悼词赞扬李鼎铭从抗日最艰苦的阶段到人民解放军转入全面进攻的时候，始终和我党合作，以及临终遗言赞同土地法大纲、赞同彻底完成土地改革的开明见解后说："李副主席是爱国人士的代表，他的道路指示了西北广大中间阶层民主人士的奋斗方向。"李鼎铭于一九四七年十二月十一日在绥德义合逝世，享年六十七岁。李鼎铭逝世后不久，习仲勋同马明方撰写诔词。诔词称：故副主席鼎铭先生以六十高龄，更当国难严重关头，怀抱正义，毅然与我党合作，参加了陕甘宁的民主联合政府，参加了全国反帝反封建的民族民主统一战线。七年来鼎铭先生固以此得到新生，而西北人民也因他的参与行列，曾得到不少的有益贡献。现在，鼎铭先生不幸去世，我们特向他敬致哀悼之忱！并愿全西北人民及一切爱国人士继续努力，争取早日解放大西北，实现新民主主义新中国的伟大历史任务。

2月27日 同贺龙、林伯渠发布陕甘宁晋绥边区政府、晋绥联防军区司令部关于采买军用物资联合通令。通令称：为解决军工原料与子弹困难，责成各分区党政军民尽力采购军工原料，以满足战争需要。各乡区应作出采买计划，指定专人负责。

2月28日 出席陕甘宁边区参议会常驻议员与边区政府委员扩大联席会议。在讲话中说：（一）《中国土地法大纲》已经得到全国人民赞同。消灭封建性半封建性剥削的土地制度，是中国社会发展所必需，是中国广大农民的要求。边区政府去年十一月关于在边区彻底实现《中国土地法大纲》的布告，是完全正确的，也是大家所赞同的。去年冬天各地依据《中国土地法大纲》继续进行的土地改革，基本方向是正确的，应该肯定、承认。但运动中有错定成分，弄错斗争对象，侵犯中农、工商业等缺点。产生这些缺点的原因是干部对政策缺乏深刻了解，对当地实际情况缺乏研究，因而不能正确地掌握运动，同时运动中间混入流氓分子，也有地主、富农从中破坏。政府和党的责任，就是把这些偏向纠正过来，坚决改正错误，使土地改革运动正确地前进。（二）为恢复与发展边区经济，必须坚决保护工商业并使之发展，就是地主、富农兼营的工商业，其工商业部分亦不应去动。土改中有些地方侵犯了工商业，必须改正，退偿损失，并帮助工商业者将作坊、工厂和商店恢复起来。要坚持毛主席指示的"发展生产、繁荣经济、公私兼顾、劳资两利"方针。在公营经济、合作经济之外，还要发展私人经济，使这三者结合起来向前发展。（三）知识分子在革命运动中和建设新民主主义国家中有重要作用，在边区的建设中有功绩。边区对知识分子的政策是，不论出身如何，只要愿意为人民服务，不做反革命活动的，都要团结并安置在适当的工作岗位上。对于非劳动阶级出身的知识分子，应采取争取改造的方针。（四）在抗日战争中，边区人民团结一致，取得边区建设和抗战的胜利。在这次战争中，许多爱国人士仍和共产党合作，和边区人民在一起，取得打退胡宗南匪军的胜利。凡赞成打倒蒋介石、赞成土地改革的，我们都要联合。边区人民的任务还十分艰巨，我们要愈加团结。陕甘宁边区参议会常驻议员与边区政府委员扩大联席会议于二月二十七日至三月一日召开。会议听取林伯渠作政府工作报告，讨论恢复边区生产、土地改革、支援前线等议案，增补边区政府副主席。

2月29日 同贺龙收到彭德怀电报。电文说：敌二十七师、九十师进至宜川西南之王家湾、任家湾线以南高地。昨晚大雪数寸，本晨敌未动。我无粮不能等待，故决向该敌围攻。部队两月整训，成绩很大，士气高，纪律好。集结甘谷驿时部分吃粮不足，更无带粮。请河东帮助粮食三万石及一部分蒋钞。

2月 以中共中央西北局名义，将绥德县义合区三乡黄家川村在土改中按产量为标准，以抽补原则，满足贫雇农的土地要求并巩固团结中农的经验上报中共中央并转发西北局各分区。该经验得到中共中央肯定。新华社西北二月二十八日电发出《陕甘宁绥德县老区黄家川调整土地的经验》一文。三月十二日，毛泽东将黄家川调整土地经验同晋察冀平山县整党经验、晋绥区崞县[1]平分土地经验作为典型予以推广，并指出："这三个经验，值得印成一个小册子，发给每个乡村的工作干部。这种叙述典型经验的小册子，比我们领导机关发出的决议案和指示文件，要生动丰富得多，能够使缺乏经验的同志得到下手的方法，能够有力地击破在党内严重地存在着的反马列主义的命令主义和尾巴主

---

〔1〕 崞县，今山西原平市。

义。""现在是成千万的人民群众依照党所指出的方向向着封建的买办的反动制度展开进攻的时候,领导者的责任,就是不但指出斗争的方向,规定斗争的任务,而且必须总结具体的经验,向群众迅速传播这些经验,使正确的获得推广,错误的不致重犯。"

3月1日 同贺龙收到中共中央军委电报。电文说:西北野战军急需粮食以及蒋钞、白洋,请速筹措。

3月2日 同彭德怀、张宗逊、赵寿山[1]、贺龙等收到毛泽东为中共中央军委起草的电报。电文说:"庆祝你们歼灭九十师、二十七师之巨大胜利。""此次休整两个半月,部队战斗力如此提高,以致一举歼灭胡宗南两个主力师(四个旅),证明用诉苦及三查方法整训部队,发扬政治、经济、军事各项民主,收效极为宏大,故宜注意两个战役之间的必要整训。"

3月3日 西北野战军攻克宜川城,宜川战役胜利结束。此役歼灭国民党军一个整编军军部、两个整编师共五个旅二万九千四百人,整编第二十九军中将军长刘戡和整编第九十师中将师长严明自戕身亡。

同日 同林伯渠、贺龙致电彭德怀、张宗逊、赵寿山并转西北野战军前线全体指战员,庆贺宜川大捷。电文说:此种空前巨大胜利,不仅创造了西北战场歼敌的新纪录,且将有力地配合全国各解放军加速蒋介石的灭亡。

3月7日 就土改问题复电李合邦。电文说:(一)中央二月二十二日有关在老区半老区进行土改整党工作的指示,已载三月四日《群众日报》上,望据以指导各地工作。(二)当地既有不少定错成分、错斗了的,则应先审查成分再分配土地财物。凡错斗了的中农和新式富农,已动财产应坚决退回或补偿。其粮食

---

[1] 赵寿山,时任西北野战军第二副司令员。

确有大量长余而当地贫雇农又十分缺粮，可经过本人自愿以借贷方式借出一部分接济缺粮户，但必须有借有还。（三）逐一审查被斗争之户甚必要，每凡定一户成分，必须由本人"自报公议"，并经过村农会、村民大会及乡（村）政府讨论通过的"三榜定案"办法，以资慎重。应允许任何人上告，领导上并要亲加检查，凡有错误即坚决改正，绝不要拖泥带水。只有如此，在每一个具体问题上具体执行政策，才能正确贯彻。工作团同志往往不敢正视错误或只看到少数人意见，借口"群众情绪不满"不肯勇敢改正错误，必须很好说服并严肃指正之，使他们抛开小圈子，面向广大农民群众，迅速转入领导生产运动中去。（四）农村不安现象仍然存在，是党的政策尚未传达到群众中去之故。应广泛将中央指示和对各阶级的政策公开宣传，不论在已进行土改区或未进行土改区以至敌占区都应如此，对地主、富农也要公开宣传我党政策。这样即可安定人心进行生产，并争取更广大的人。（五）贫农团在老区不单另组织，在贫农多的地方可在农会下组织贫农小组，如果贫农已经很少，甚至不必要特别组织。

同日 毛泽东为中国人民解放军总部发言人起草评论，评述西北战场形势及解放军新式整军运动的意义。评论说：宜川大捷改变了西北的形势，并将影响中原的形势。这次胜利，证明人民解放军用诉苦和"三查"方法进行了新式整军运动，将使自己无敌于天下。

3月10日 出席陕甘宁边区各界举行的庆祝宜川大捷及纪念三八妇女节大会。在讲话中说：回忆去年今日，我们曾在延安开会，动员全边区人民起来保卫边区。经过一年来全体军民不屈不挠英勇奋斗，我们不仅打退了蒋胡匪军的进攻，而且使自己转入进攻。宜川大捷证明：光复全边区，解放大西北已为期不远了。

3月12日 就新式富农的处理意见致电李合邦。电文说：

新富农即新式富农，是指那些仅有雇工剥削或其他资本主义剥削、而无封建剥削的富农（所谓其他资本主义剥削是指兼营工商业或投资工商业以普通利息放债等，所谓封建剥削是指地租、高利贷利息等，按伙子和调份子可不作封建剥削论）。这些新式富农因其生产方法带进步性，应予保护。新政权成立后，由贫中农劳动致富上升为新式富农的，按富裕中农待遇，其土地在陇东地多的情况下一般不动，在当地群众需要抽动其一部分多余的土地时，亦需得其本人同意，否则即应让步，其财产则一概不动。至于那些在新政权成立后由贫中农升为富农但封建剥削很大的，按生产方法是旧式富农，但待遇上仍应与旧有的旧式富农有所区别。一般旧式富农土地财产保留中农水平，这种新上升的旧式富农则可只征收其出租部分的土地，废除高利贷（普通利息的债务不废），其余财产不动。此外，地主和旧式富农分出的羊可征收分配，而农民及新式富农、新上升富农分出的为数不大的羊群可不作封建剥削论，不去分出，以发展畜牧业。

3月15日 陕甘宁晋绥联防军区司令部发布第二号公报，宣布陕甘宁地方武装和民兵在一九四七年三月至一九四八年三月十五日的一年内，共消灭国民党军一万七千余人。

3月16日 同贺龙收到彭德怀来电。电文说：三、六两纵攻克洛川后，即开至南线休整就食，主要靠河东接济。一、二两纵队攻延安，求得四月底至五月上半月解决延安之敌。然后，出陇东、陇南就粮。惟打延安需要粮食至少一万二千石，须河东从小船窝、马斗关运输五千石，山西筹一千石，如属可行时，野战军在黄龙区再筹六千石，即可解决打延安战役粮食问题。否则，只有暂时放弃打延安计划。

3月17日 致电李合邦。电文说：中共陇东地委"开会总结土改、讨论春耕及对敌斗争，甚必要"。关于土改整党，中央指示已指出明确方针，可据以检讨这一时期的工作。过去所犯偏向，应彻底纠正。凡错斗一家未改正或改正不彻底的，都要迅速重新彻底改正。此点必须十分坚决严格，因为错动一家中农或新式富农都会影响其他群众的生产情绪，恶果就很大。必须反对那些借口"照顾群众情绪"，说要"慢慢转"，或"过去了算了"，"错一两家不要紧"等论调，反对"拖过去"或改得拖泥带水的做法，彻底揭露并克服干部中那些为了个人面子不肯改正错误的思想，坚决从严执行党的政策。

3月18日 同林伯渠等中共中央西北局和陕甘宁边区的党政负责人前往米脂县杨家沟，与将要东渡黄河前往华北的毛泽东、周恩来、任弼时等告别。

3月中旬 主持召开陕甘宁边区妇联及绥德义合、延家川土改工作团女同志座谈会。在讲话中说：一九四二年以后，边区妇女工作有很大发展。妇女在思想上、生活习惯上所受的封建束缚比过去少得多了，在女子教育、卫生保育工作上有许多成绩。在自卫战争中，妇女在看护伤员、支援前线上贡献也很大。去年胡宗南进攻边区，伤兵医院来不及撤退，妇女们动员群众疏散伤兵，仅华池县白马区八个乡八百多户，即疏散了一千多伤兵，平均一户隐藏一个到两个伤兵。妇女们每日尽心看护，战士因此很受感动。去年一年，妇女们为前方战士做军鞋五十八万四千双。如果没有妇女的力量，今年向蒋管区进军是有困难的。目前，党需要派大量干部到新区去，女同志要有精神准备，代替男同志到各种工作岗位上去。

3月21日 毛泽东、周恩来、任弼时率中共中央机关和中国人民解放军总部从陕西米脂县杨家沟出发，前往晋绥解放区。二十三日，从吴堡县川口以南的原子塔渡口东渡黄河，同叶剑英、杨尚昆率领的中共中央后方委员会会合。随后继续东进，于四月十三日到达晋察冀解放区阜平县城南庄晋察冀军区司令部驻地。周恩来、任弼时等于四月二十三日到西柏坡，同刘少奇、朱德率领的中共中央工作委员会会合。中共中央工作委员会和中共中央后方委员会即行撤销。五月二十七日，毛泽东到达西柏坡。

3月26日 同林伯渠、贺龙发布陕甘宁边区政府、陕甘宁晋绥联防军区司令部、中共中央西北局《保护各地文物古迹布告》。《布告》规定：在我军到达新解放区时，应由军队政治机关训令部队切实遵守保护古迹文物的法令。对于贵重文物，应由军队政治机关或当地县委、县政府负责征集，由西北局宣传部统一保管。老区、新区的古迹名胜，须一律保护。

同日 同马明方就葭县土改纠偏问题致信张邦英并高峰[1]、黑长荣[2]。信中说：三月二十一日来信收到。你们对葭县土改的检讨和处理意见都很好。这里再提几点意见：（一）凡错定成分，把中农错作富农斗争了的必须彻底改正。（二）凡改正错误尚不彻底的地方，必须继续改正，不要说春耕已到而中止，争取最短时间内彻底清理，才能使群众安心生产。（三）你们过去提出的可动中农土地，但动中农户数以不超过百分之三十为度的原则是不正确的，仍然应是中农原则上不动这个原则对。可动百分之三十实际等于打乱平分，是冒险的。凡中农本人不同意拿出土地的，我们必须让步，已分配了的亦应归回中农。即使强制说服的只是个别的，仍会影响整个中农不安。（四）"目前一切偏向不能完全彻底纠正过来，主要是干部问题"，这看法甚对。必须打通干部思想，教育所有干部懂得政策和坚决执行政策，领导上对纠正偏向尤需采取极坚决明确的态度。（五）整党工作不

---

[1] 高峰，1947年11月至1948年1月任中共葭县县委书记。
[2] 黑长荣，时任葭县县长。

可性急，要有步骤有重点去做。如人力不足，可选择两三乡，配备强的干部领导，作出经验，然后逐步展开。现在旧有区乡干部思想作风确仍有严重毛病，依靠他们去领导整党工作是不可能做好的。因此专门派好的干部有重点有步骤地去做，是必要的。四月十日，《党内通讯》第九期发表了这封信。

4月7日 同马明方、李卓然等出席中共中央西北局召开的陕甘宁边区文艺工作者座谈会。在讲话中说：一年来边区文艺创作存在反映实际不够和未展开批评和自我批评等缺点。文艺界今后工作的方针，是配合恢复农业建设，解放大西北，争取全国革命战争的胜利。文艺工作者要多反映老解放区各阶层人民的生活，并将新解放区人民在蒋胡暴政下的痛苦、对人民解放军的热爱和参加革命进行土改的实际斗争表现出来。文艺工作者要配合西北人民解放军，枪杆到哪里，笔杆到哪里，动员广大人民为反蒋胡反封建而斗争。

4月12日 在绥德听取中央前委司令部二大队〔1〕负责人冯维精、王进汇报工作。在谈话中说：（一）对西北地区的敌情侦察工作要靠你们完成，在精神上不要靠任何地方，要独立自主，外援为辅，将来还要向大西南发展。（二）技术要与政治结合，才能前进不落后。你们要加强政治领导，抓好政治学习，内部要团结一致，技术上要提高。（三）除技术外，我们在生活上、政治上应多关怀你们，伙食可按中央前委司令部标准计算。夜餐、保健、特别费等也按标准供应。（四）组织机构问题，你们编为处，名称由二大队改为西北军区司令部三处，下设科，归军区司令部领导，尽快办理任命手续。

---

〔1〕 中央前委司令部二大队在中央前委转移华北后，于1948年3月23日进驻绥德马家川，归西北军区司令部建制。

4月15日 同王维舟致信杨和亭[1]、霍祝三[2]、张邦英。信中说：绥德南关保和店，系绥德县保安科开设的。据报告，该店专门包庇走私，已被走私缉私队查获特货[3]大小七件（计一百二十余两），戥子两个，吸洋烟枪等，实系执法违法，应将该店查封，并应扣押该店经理，依法严办，兹着马万里[4]同志前来，请协同处理。并由政府（专署）出布告，以儆效尤！

4月17日—29日 西北野战军进行西府[5]战役。

4月20日 同贺龙收到彭德怀来电，该电并报中共中央工作委员会、毛泽东。电文说：我无粮不能久待，故决定提前夺取麟游山脉与陇山脉诸县及断西南与川陕交通，相机夺取宝鸡，以打击胡军为主，站稳脚，建立麟、陇两山脉根据地雏形，预时须两三月。第二步入甘肃，求得在广大地区解决给养，减轻老区负担。为了顺利建立麟、陇两山脉根据地，造成夺取西北有利态势，陕东方面须有力配合。

4月21日 西北野战军收复延安。

4月22日 同贺龙、林伯渠收到彭德怀来电。来电提出，以延属和黄龙区的几个团合编为警二旅[6]，成为坚持黄龙区兵团，以便替换三纵队西调；新解放的县分别划归延属地委和关中地

---

[1] 杨和亭，时任绥德分区专员。
[2] 霍祝三，时任绥德分区副专员。
[3] 特货，指鸦片。
[4] 马万里，时任中共环县县委副书记。
[5] 西府，指西安以西泾渭两河之间地区。
[6] 正式成立时称警四旅。

委、黄龙地委，原有的小县如固临[1]、垦区[2]、中宜[3]等人口少，机关多，人民负担重，宜取消归并原县治，抽出大批干部开展新区工作。

4月24日 同彭德怀、贺龙、林伯渠等收到毛泽东为中共中央起草的贺电，庆祝收复延安的伟大胜利，并向西北人民解放军、陕甘宁边区全体人民致以慰问。电文说："去年三月十九日国民党匪军占领延安的时候，我们就断言，这种占领将标志着国民党匪军的失败和中国人民的胜利，一年多以来的一切事变，充分地证明了这一断言。"尚望全体军民"继续努力，为消灭全部匪军，解放整个西北而奋斗"。

4月25日 出席中共中央西北局召开的青工妇干部会议。在讲话中说：西北解放军出击西兰公路截断陇海线，在战略上围困西安，迫使胡宗南不得不把兵力集中调去增援空虚的后方，这样就能争取二到三个月的时间来巩固与建设黄龙分区。现在我们的工作更加重了。我们的任务是一切为了支援前线，一切为了发展新区。新区工作首先是干部问题，要有计划地从老区工作岗位上抽调大批干部去充实新区。到新区去的干部必须抓紧领导群众斗争的重要环节。只要我们作风好，设身处地地关心群众，为群众办事，给群众谋利益，群众便很容易发动。要懂得政策是我们党的生命线，掌握了正确政策，我们党才有力量，才有生气。

同日 中共中央西北局发布庆祝延安光复的通告。

4月26日 西北野战军攻克宝鸡。

---

[1] 固临，1938年由陕甘宁边区政府设立，治宜川县固州（今延长县赵家河）。1948年撤销，并入延长、临镇。

[2] 垦区，指黄龙垦区。

[3] 中宜，由陕甘宁边区政府设立，辖中部（今黄陵县）、宜君县一部分，1948年撤销。

4月　陕甘宁边区党政军机关迁回延安。

5月2日　同贺龙、王维舟、张经武等报告中共中央军委并向陕甘宁晋绥联防军区各军分区发出通报。通报称：西北野战军第三纵队在联防军区部队配合下，在白水至洛川公路追击战斗中，共俘敌一千五百余人，毙伤敌一千余人，缴获野炮、汽车、坦克等大量武器装备。

5月4日　出席群众日报社举办的五四青年节纪念会，为模范团员颁奖。在讲话中说：边区一年来革命战争的胜利，是和青年群众对战争的支持分不开的。今后边区的恢复和建设，青年群众同样是一支不可缺少的力量。在过去战争中，哪里的青年团活跃，哪里的工作就做得好。如农村青年踊跃参军，参加游击队民兵，发动青年战时生产；行知中学改组为第四后方医院后，由于青年群众的努力，获得很大成绩。青年同志要善于掌握自己的黄金时代，努力学习，学会具体的革命本领，为恢复边区、解放大西北、建设大西北而服务。

同日　延安各界举行庆祝光复延安胜利万人大会，并通过给中共中央、毛泽东主席和西北人民解放军的致敬电。

5月上旬　收到孙作宾五月四日关于陇南工作情况的来信。

5月18日　同彭德怀、贺龙收到周恩来电报。电文介绍原国民党军第四十六军军长、时任甘肃保安司令韩练成简历及同中共的关系，称：韩在抗战时即与我和董必武发生关系，表示愿意进步、为中共工作；调山东后也未利用其军队进攻我军，对莱芜战役起了协助作用；现韩表示愿利用同青海、宁夏二马关系，为中共工作。

5月19日　同林伯渠、贺龙、马明方、王维舟、杨明轩[1]

---

[1]　杨明轩，时任陕甘宁边区政府副主席。

致电徐向前及临汾前线指战员，祝贺晋冀鲁豫、晋绥人民解放军取得临汾大捷。临汾战役于三月七日至五月十七日举行，共歼敌二万五千余人，晋南全境获得解放，吕梁、太岳两个解放区连成一片。

5月21日 同林伯渠、杨明轩、贺龙、王维舟发布陕甘宁边区政府、陕甘宁晋绥联防军区司令部《关于卫戍防空等工作》的联合命令。

5月26日—6月1日 同贺龙、林伯渠、王维舟等从延安赴洛川土基镇，出席彭德怀主持召开的西北野战军前委第二次扩大会议。全军旅以上干部参加会议。会议开展批评与自我批评，总结春季攻势特别是西府战役的经验教训，确定部队整训计划和今后对胡宗南、马步芳的作战方针，通过《关于春季攻势总结与目前工作指示》。会议期间，对黄龙新解放区的情况进行调查研究。

5月31日 出席西北野战军前委第二次扩大会议并发言。在谈到西府战役的总结及今后方针时说：完全同意彭德怀对麟宝战役〔1〕总结，对此次行动胜利应有足够估计。春季胜利对完成解放西北作用很大，大部分肃清西府地方敌人，造成了开展十几县游击战、根据地的很好条件，为下次行动打下好基础。整训两个月我完全同意，中心内容也同意以消灭青马为主，以对青马的仇恨及实际例子进行动员，这样的动员比一般提出消灭胡匪要好些。在谈到支前工作时说：延安、安塞等县发生灾荒，镇川、葭县、三边等地发生严重冻灾，群众把好多树皮吃光了。今后要努力从新区取得供给，完全靠后方很困难。我们要准备苦一个时期，甚至苦几年。在谈到新区政策问题时说：毛主席提出在新区暂时一年至两三年内不分土地，实行减租减息政策，我觉得很

---

〔1〕 麟宝战役，指1948年4月西北野战军进行的攻克麟游、宝鸡的战役。

对。减租减息本身就是群众斗争，停租废债斗争暂不搞。我们一般决定四六减租。减息不是一般废债，而是只减高利贷，或停利还本或缓期均可。对政治上的大反动恶霸可没收其土地等分给贫雇农。黄龙分区一般不采取平分办法，应提出合理负担办法。要发动一次广泛的减租征粮运动，以此为建政等一切工作的中心。可成立减租委员会，重新吸收一批积极的贫雇农参加。六月一日，彭德怀在闭幕讲话中说："这次会议开得很好，林伯渠、贺龙、习仲勋、王维舟诸同志的讲话，给了我们很多很好的启示，将使全军在思想领导上，掌握组织原则上，运用批评与自我批评上，提高一步。"

6月3日 出席黄龙分区干部会议。在讲话中说：（一）发动群众是当前工作的根本环节，其内容包括减租减息、清算恶霸、清算特务、合理负担等项。在清算斗争中，必须将政治和经济分开，分别处理，克服"左"和右的倾向，有领导、有计划、有步骤、有分别地放手发动群众，对地主及恶霸富农的旧租旧债一律废除，使群众斗争的形式适合斗争内容。（二）合理负担问题。全分区要完成夏征公粮十二万石任务，并掌握三项原则。一是要比国民党的负担轻，公粮征收不超过应征户收获量的百分之十五，连同其他的负担，总计不能超过百分之二十。二是要尽量就地解决军需供应，不能依靠老区。三是贯彻阶级路线和政策，适当减轻贫雇农的负担。要向群众讲清道理，使群众了解，现在和过去的负担，性质完全不同，过去是国民党政权征集民财，现在是支援人民自己的军队打胜仗，保护人民自己的利益。（三）武装工作问题。要组建不脱离生产的民兵和自卫队；对现有的游击队集中整训，使其成为地方兵团；以地方部队二十二、二十三团，改编四旅，充实到野战军，扩大主力。（四）财经贸易问题。贸易公司的基本任务是发展生产，平抑物价，稳定金融，解决财政。要发给小摊贩小宗贷款，低价批发货物，给以外汇便利，以供给农村需要；实行贸易管理，禁止粮食棉花出口，敌币、白洋予以严禁，加强缉私；坚持自愿原则，发展合作经济。（五）分区应即成立支前委员会，使党政机关从日常事务中解脱出来，有领导、有分工、有重点、有检查地进行工作。领导机关必须了解情况，掌握政策，具体组织力量，实现党的政策。讲话最后说：各级领导要高度发扬执行政策的责任心与积极性，提倡大刀阔斧、雷厉风行的战斗作风，扫除一切拖拉疲沓现象；必须深入群众，实事求是，重新学起，充实知识，适应工作要求。只有一心一意地为人民服务，才会有力量，才会有办法。

6月5日　中共中央规定在宣传工作中实行请示报告制度，要求凡带有全国性或全党性问题的言论，如各项政策、口号、号召、对敌军和敌占区人民的传单布告等，凡内容不同于中央现行政策、指示者，均应事前向中央请示。八月十四日，中共中央发出《关于严格执行报告制度的指示》。

6月13日　同马明方在强自修[1]五月二十五日关于宜川县工作的来信上批示：自修同志对宜川工作的指示意见，都完全正确，望督促坚决执行，并希经常检查每项工作的执行程度及其所发生的偏向，新区工作若不采取认真负责的态度，是不会把党的正确政策贯彻的。

6月16日　同贺龙收到彭德怀、张宗逊、赵寿山、甘泗淇[2]电报，该电并报中共中央军委。电文说：据彭实际侦察，合、澄一带村落城垣多，我军此后集中五个纵队作战，三、七两

---

[1]　强自修，时任中共黄龙地委书记。
[2]　甘泗淇，时任西北野战军政治部主任。

旅扰乱该敌有可能，惟无打援力量，请考虑向前兵团[1]打阎[2]可否推迟两三个月进行，将该兵团与西野共同组织渭北战役，求得消灭渭北胡匪之十二个旅，使渭北敌与渭南不能连成一片。否则西北野战军于七月先寻机打胡一两个旅，取得俘虏和等待新兵补充，秋后再打马[3]。

6月18日 同彭德怀、张宗逊、赵寿山、甘泗淇、贺龙收到毛泽东为中共中央军委起草的电报。电文说：你们以七万人左右担负西北作战重任是很艰苦的，但别方面很难给你们以兵力上的直接援助。杨罗[4]几次要求向前兵团协助打傅作义[5]，你们现又要求该兵团协助打胡宗南，我们认为均不适宜。因为我集中敌亦集中，不一定能打好仗，我集中兵力太大，粮食决难持久，别方面则失去歼敌机会。不如固定各兵团之兵力与任务，不惜时间各自寻机歼敌较为有利。向前兵团业已北上，日内发起晋中战役。嗣后，该兵团拟固定在晋中打阎，直至攻克太原为止。你们不要希望其西调。惟在两个月以后，彭罗[6]指挥之晋绥两个旅可以调给你们，并归入你们建制。你们于七月寻机歼胡一两个旅加以休整，秋后打马之计划是很好的。

6月19日 《群众日报》刊登林伯渠、习仲勋发出的深入检查救灾工作的指示。指示说：在当前凡认为无灾或灾轻因而放松生产救灾工作的地区，必然会犯严重的错误。由于一年来胡宗

---

[1] 向前兵团，指华北军区第一兵团，徐向前为兵团司令员兼政治委员。
[2] 阎，指阎锡山。
[3] 马，指马步芳。
[4] 杨罗，指杨得志、罗瑞卿，当时分别任华北军区第二兵团司令员和第一政治委员。
[5] 傅作义，时任国民党军华北"剿匪"总司令部总司令。
[6] 彭罗，指彭绍辉、罗贵波，当时分别任吕梁军区司令员和政治委员。

南军队的横暴抢劫和破坏,加上灾害歉收,灾情与粮荒已是普遍的现象,必须明确认识此点。当此青黄不接的严重关头,尤须各处警惕。指示还提出,要深入农村帮助群众,采用调剂借贷及各种办法,组织生产,度过灾荒。各级领导干部对各地救灾工作,必须深刻进行检查,决不允许有丝毫麻痹现象。

6月26日 毛泽东为转发中共中央西北局《关于执行中央土改与整党指示的初步意见》加写批语。批语指出:"在今后一年的工作中,不但要避免过去数年所犯过的严重政治错误不使重犯,而且要紧紧地抓住季节,于秋季农民较闲时及冬季农民最闲时在农村开会(亦不可过多),做完可做和应做的工作。过去各地在秋冬两季开高级及中级干部会布置全年工作的习惯未能顾到农民的季节,对于农村工作有极大妨碍,这种情况从今年起必须改变。"

6月29日 同贺龙、林伯渠代表陕甘宁边区人民,向晋冀鲁豫、晋绥边区人民发出致谢电。电文说:陕甘宁去年遭蒋胡匪军蹂躏,天灾侵袭,数十万人民陷入饥馑。承你们热诚捐助粮食,又复上下一致,干部带头,发动和组织十数万群众,不避阎匪滋扰和敌机肆虐,不畏艰险,不辞劳瘁,不分昼夜,在严冬雪雨中紧急抢运,两月如一日,胜利完成六万余大石粮食的转运任务。不仅边区灾民获救转入生产,我西北人民解放军亦获得一部分粮食接济,减轻了边区人民负担,支援了西北自卫战争。此种为人民服务的赤诚和阶级友爱的精神,当永志不忘。除代表边区全体军民向你们致深切的谢意外,并将更加努力彻底消灭蒋胡匪军,为解放大西北而奋斗。

同日 同马明方就西府游击区工作致电李景膺[1]等转关中

---

[1] 李景膺,时任中共西府地委书记兼西府军分区政治委员。

地委并报中共中央。电文说：游击区的保甲组织不应过早摧毁，以免群众遭受损失。即在较巩固的游击根据地地区不巩固而群众还没有普遍地发动与组织起来之前，亦不宜于过急地取消保甲，建立乡村民主政权，否则流于形式，新旧脱节，反与我军我党不利。但对乡保中之特务反动分子，仍应积极地发动群众与之斗争，以至从保甲中驱逐出去。在西府广大地区内，仍应坚决地发展反蒋胡统一战线。把保甲制度改变为民主政权，尚是今后相当长期的斗争目标。对地方团队中的灰色武装，应主动地积极地进行统一战线工作，只打其中最反动的部分，不要过多树敌，不要过急要求一切同情我的力量都马上跟我来，否则就会孤立自己。我们的方针是，只要你今天不打我，我今天还要坚持合作。切记不要把门堵死。在今天的情况下，会争取更多的人，减少革命阻力。

7月1日 同贺龙、林伯渠、马明方等在陕甘宁边区政府礼堂出席中共中央西北局干部大会，庆祝中国共产党成立二十七周年。主持会议并发表讲话。讲话回顾中国共产党二十七年来的英勇斗争和不断发展壮大的历史，号召所有党员加紧学习，掌握政策，坚决执行党中央的路线，迎接解放大西北的胜利。

同日 在朱侠夫[1]给白治民[2]关于榆林敌情、边沿区对敌斗争、中共榆林工委干部问题及逃亡分子回乡者继续增加等问题的汇报上批示：交城工部把北线及榆林情况并工作情形整一个材料。

同日 中共中央西北局发出《关于在职干部学习的指示》。《指示》规定：对于具有一般文化程度和工作经验的干部应以学

---

[1] 朱侠夫，时任中共榆林工委书记、中共镇川县委书记。
[2] 白治民，时任中共绥德地委书记、绥德军分区政治委员。

习政策为主,目前学习文件以中央关于一九四八年土地改革工作与整党工作的指示、一九三三年分析阶级的文件及任弼时关于土改中几个问题的意见为中心,联系学习西北局有关文件。对于具有相当文化程度与工作经验比较丰富的县级以上的高级干部,除了学习业务、政策外,必须学习理论,目前以《共产主义运动中的"左派"幼稚病》第二章与中宣部的重印前言为中心,参看毛泽东《在晋绥干部会议上的讲话》、《列宁论苏维埃机关工作人员应如何工作》等文件。

7月9日 出席中共中央西北局赴黄龙新区教育工作团座谈会。在讲话中要求工作团同志赴新区后,在工作中随时把情况和发现的问题反映回来,在实践中检验政策的正确性。

7月14日 致电毛泽东,报告新解放区的工作。报告说:(一)蒋管区广大人民,不论任何阶层,在去年八月以后,对我党我军态度比以往好得多了。普遍的顾虑是我们能不能照宣布的政策办事到底,怕中途生变。这主要是由于老区过去政策上犯的严重错误影响所致。故求得老区再不犯政策错误,是顺利建设新区的一个重要条件。(二)蒋管区另一情况,为我们长期忽视者,即农民生活并不像我们过去想象的那样无法活下去。这并不是说那里人民就不需要革命了。他们对蒋、马抓丁、要粮、派款和贪污、特务统治,仍是恨得很,只要我之政策对头,就可以在解放后建立起很好的民主根据地,但我们思想上要去掉过高依靠客观条件的错觉。我军进出这些地区,必须严格遵守党的政策,群众纪律也要十分严明。(三)新区解放后,首要任务是建立革命秩序,宣布解散一切反动特务组织,然后才在较巩固的条件下,有计划地转入发动群众,进行各种社会改革。新区土改不应过早提出。(四)今年来派出新区和蒋管区干部近千名,优点是具有一定工作经验,缺点是作风简单,好凭感想代政策。不创造一套适应新区环境的工作作风,要贯彻党在新区的正确政策是不可能的。(五)义合会议后,党的队伍比以前整齐,党的政策已被各级党委所重视。但也有个别同志还不知道执行政策、遵守纪律的重要性,仍有在一些方针问题上事前不请示,事后不报告,甚至执行自以为是的东西,向党闹磨擦的事情。新区这种情形更严重。拟在七月十七日西北局召开的干部会上展开讨论,力求转变。二十四日,中共中央复电习仲勋并转西北局:"报告内容很好。所提各项问题的意见都很重要很正确。望提交西北局召开的干部会议上再加讨论。我们已将此报告转发各中央局分局参考。"中共中央在批转报告时指出:西北局习仲勋同志七月十四日给毛主席报告转各地参考,中央已复电同意报告中所采取的各项方针。

7月15日 同贺龙、王维舟、李卓然发布《关于部队干部学习的指示》。《指示》要求:(一)在联系实际方面,应着重总结战斗中的丰富经验,检讨部队干部中的政策思想与政策执行的情况。对不尊重党的组织,不坚决执行命令,不向上级反映部队重要情况,各自为政,违反统一制度,隐瞒缴获物资,破坏纪律,脱离群众以及逃亡现象等,均应在学习中展开批评与自我批评,研究其产生的原因与责任,并讨论改进办法。(二)在方法上应研究"三查"运动经验,以发扬民主、打通思想,提高干部战士阶级觉悟为主,避免简单的指责与照例的反省。不要开没有准备的学习会议。(三)军分区级的干部尽可能与当地党政主要干部共同组织学习,以便在党委统一领导下,发扬民主批评,切实检讨与改进工作,进一步巩固地方与部队团结,密切军民关系。(四)部队各级政治机关,应根据部队的具体情况(行军、作战或休整、分散或集中),分别订出学习计划,并将进行情况与经验报告联政[1]。

7月19日 彭德怀、张宗逊致电中共中央军委。电文说：胡宗南集十二个半旅北犯，企图声援解救太原之危。我拟集结一、二、三纵队于石堡镇附近，首先消灭十七师，得手后再打三十师或三十八师。六纵集中韩城及以西，利用我二、三纵队构筑之工事，抗击三十八师，保持禹门粮道，四纵队主力拟南进秦关镇及其东南，小部吸引敌向中部、洛川前进。请贺习告延属、吕梁、晋南立即动员一批担架，洛川地委、专署、延大分校立即准备迁宜川。

7月19日—8月4日 出席中共中央西北局高级干部会议（即陕甘宁边区地委书记联席会议）。在会议开始时发表讲话。在谈到土改问题时说：土改运动在头半个月，各地都发生了"左"的偏向。西北局在中央直接指示下，提出批评纠正，并在深入研究边区实际情况中，陆续规定出了切合实际的正确方针和各项具体政策。要坚决制止"左"的偏向，纠正"左"的错误。在谈到整党问题时说：在今年秋冬到明年春前，来一个普遍的群众性的整党工作。这是改进农村一切工作的关键。在一年的战争中，农村支部出现了党员蜕化、叛变自首等现象，主要原因是各级党委在思想上不重视农村支部工作，特别农村支部教育不够。农村党员不是一生下来就是十全十美的共产主义者，也是要教育的。党员教育不能间断，特别是阶级教育、对敌斗争教育要抓紧。在谈到加强和发展边区的生产问题时说：组织变工及各种互助组织，组织剩余劳动力到生产线上去，这些工作在今年冬季就要开始做，同时要解决农村中的负担问题，提高农民的生产情绪。要继续救灾工作，要和自然作斗争。要提高本币，抵制敌币、白洋，

---

[1] 联政，指陕甘宁晋绥联防军区政治部。

稳定金融，稳定物价，正确地管理贸易。公营商店要帮助小商贩，有计划地供给他们商品。保护生产、发展生产是我们的基本任务。新区接收后，力求生产不低于以前的水平。在谈到组织工作时说：干部工作必须大大地转变，党的组织工作要来一个革命，要从事务中解放出来，把工作中心放在有计划地培养大批专业干部上。在干部的使用上，要打破过去光讲资格的论调，注意干部的德才，要思想好、有能力。党的组织部门必须有系统地了解各单位干部的情况，通盘筹划。在谈到党内思想倾向问题时说：在目前革命发展的形势下，尤须坚决保持党领导的统一和严格的纪律，不能允许任何无纪律状态存在和发展。谁都可以发号施令，党就毫无作用。我们干部中存在着经验主义，对很多问题不分析，不总结经验，对新鲜事物缺乏研究，以感想代替政策，工作中带有严重的盲目性。我们要时刻地学习以补不足，不然就赶不上现实。

7月20日 同彭德怀、张宗逊、赵寿山、贺龙并刘伯承、陈毅、邓小平收到毛泽东为中共中央军委起草的电报。电文说：皓午电〔1〕悉。关于胡〔2〕军行动，我们获得两种情报：一种是胡应蒋〔3〕求以两个至三个师出中原，并已集中潼关，因此昨电要你们准备和刘陈邓配合作战；另一种是分路进攻黄龙区，我们原来不大相信，如果胡宗南竟如此做，必是他不愿出兵中原，宁可冒险北犯。不论他出哪一着均于你们有利，均可歼击获胜。你们首先准备歼击可能北犯之敌是正确的。洛川机关学校亦应待命迁移，惟实行迁移则可待到情况完全明了以后。准备担架则完全

---

〔1〕 皓午电，指彭德怀、张宗逊1948年7月19日午时给中共中央军委的电报。
〔2〕 胡，指胡宗南。
〔3〕 蒋，指蒋介石。

必要，因不论敌东进北进，你们不久均须作战。

7月中旬 同马明方出席陕甘宁边区青年联合会召开的各分区青年联合会主任与延属分区各界青年代表联席会议。在讲话中说：边区青年运动的方针，是组织边区广大青年积极支援革命战争，支援蒋区青年群众的爱国运动，消灭胡匪，解放西北。青年干部要抓紧学习文化、科学、政策，学习艰苦奋斗的工作作风，要踏踏实实、活活泼泼、紧紧张张，要遵守纪律、不怕艰苦、不怕牺牲，使团的组织成为党的坚强后备力量和推动工作的有力助手。

7月21日 同贺龙发出电令。电令称：黄龙全体党政军民立即动员起来，准备迎击进犯敌，直接配合主力作战。关中、西府部队主要应活动于敌之侧后，关中部队必须与四纵切取联系，敌一师进攻中，应有计划、有组织地尾击之。陇东主力与骑旅应活动于庆北曲环地区，三边、绥德均应酌情集中一部游击队配合分散的民兵游击队，积极抗击近日出扰抢粮之敌。各分区必须用一切可能手段加强对当面敌情有计划之侦察，开展政治宣传瓦解工作。

7月下旬 在中共中央西北局高级干部会议上作报告。在谈到土地改革问题时说：陕甘宁边区有基本区、接敌区和新区三种地区。接敌区和新区以对敌军事斗争为中心任务，今年不进行土改。基本区包括老区、半老区的大部分，封建土地制度已基本消灭，不论今春经过调剂土地与否，均应不再提土改问题，在今年秋冬两季以确定地权、发土地证为中心，迅速将工作方向转入团结农村一切农民，准备和发动明年大生产运动这个基本任务上去。在谈到农村整党工作时说：今年秋冬两季必须在基本区完成党支部整顿工作，采取党员和党外群众代表结合开会的方法，审查干部和党员。在处理干部和党员的问题时，必须谨慎严肃。对于阶级异己分子、叛变分子和不可救药的蜕化分子应当坚决清除出党。对于个别作风极坏、为大多数群众憎恨的分子亦应开除党籍。犯有重大罪恶的，还应送交法庭审判。对于犯了严重错误的干部和党员都应给以应有和公平的处理，但一般则不要处罚过多和过重。整党的结果，务使所有干部和党员的问题都得到彻底的正确的解决，迅速提高觉悟，真正认识错误和改正错误，增加工作的积极性，同时也使党外群众受到教育，加强干部、党员和群众之间的团结。在谈到学习问题时说：学习运动必须在领导干部负责、理论与实际结合、提高觉悟、改进工作的方针下开展起来。提倡认真读书、反复钻研文件、多思考问题的风气，最重要的是开展批评与自我批评。"每个共产党员都应当明白：虚心冷静，勇于改正错误，才能进步；骄傲自满，就是落后。""我们的党现在正担负着伟大的历史任务，我们的胜利已经不远了。我们的责任是重大的。全党干部必须努力学习马克思列宁主义、毛泽东思想，迅速地克服党内思想上的经验主义倾向和组织上的无纪律、无政府倾向，达到全党的政策与纪律的完全统一，以迎接解放大西北的胜利，争取革命战争在全国的胜利。"九月九日，新华社全文播发了这个报告。

8月1日 同贺龙、林伯渠等出席中共中央西北局召开的纪念八一建军节大会。

8月4日 出席中共中央西北局高级干部会议闭幕会并作结论。在讲话中说：这次大会获得了对各项问题的一致认识，使我们正确地总结了义合会议以来的工作，并制订了具体执行中央关于一九四八年土地改革工作与整党工作指示的计划。半月来的会议涉及的问题很多，但会议总的精神就是为了提高全党，加强团结，准备迎接解放大西北的新的胜利而斗争。结论提纲主要涉及：对义合会议和去冬今春土地改革工作、整党工作的估计问题，土地问题，整党问题，生产问题，军事工作问题，新区工作问题，领导问题，关于如何传达与执行这次会议决定的意见。十一月十四日，中共中央给各中央局、分局的电报中指出：仲勋同志在西北局高干会议上的报告和交通送来的结论提纲，均已阅悉。中央基本同意这两个文件的内容。

同日 出席关中新区地委书记会议并讲话。在谈到新区工作时说：西北新解放地区的现代化工业异常薄弱，广大地区还是封建的乡村，战争尚在继续，支前工作任务更加大了。在新区工作一定要按这个基本情况出发。今天我们广大的工作对象，还应该是农村，搞好农村各种改革，准备城市生产条件，准备建设城市的条件。在谈到改进作风、加强领导问题时说：（一）工作必须要有准备、有计划，把政策搞清楚。在今后要动员组织大批干部下乡做农村工作。凡一切可以动员的力量，就动员到农村中去，接近农民，了解农民，给农民办事。（二）集中使用干部，不要平均分配。譬如，一个县有五个区，可将一个区作为重点，配以强的干部，一切工作要该区走前一步，以推动其他区的工作。领导同志要亲自指导一处，做好一处的工作，有了点就一定发展到面。（三）不要大喊大叫，要埋头苦干，踏踏实实，做好一地算一地，不要雷声大雨点小。不要心急，一切事情是由小到大慢慢发展。要密切联系实际，这样才能经常得到情况的反映，才能总结出经验，作经常的指导。可以用巡视的办法指导工作，各区对县可以用电话或亲自汇报的方法，每天或隔一天给县上报告一次工作，这样可以避免很多错误。要重视研究党的指示和政策，对一种政策如何使干部领会，如何变成地方的具体行动，是一个很大的学习、研究过程。这一点在党内还做得不够，必须提起我们的注意。

8月6日 同贺龙致电彭德怀、张宗逊。电文说：五日战役计划〔1〕很好,因敌三十六师集结冯原镇周围二十余里,正面狭窄,我们建议在战术上似以正面(西)攻入敌阵,采取小包围,有重点将其分割,打乱其指挥机关,求得一营一团的聚而歼灭之,尔后再以足够的预备队逐步扩张战果。如能歼灭其大部,再依情况乘胜连续寻敌侧后弱点而歼击三十八师或十七师,以打开南线敌我对比的状态。

8月8日—13日 西北野战军进行澄(城)合(阳)战役,毙俘敌九千余人,俘国民党军第三十六师参谋长张先觉等少将军官三人,击毙该师少将副师长朱侠,恢复韩城、合阳、澄城三县。十三日,同贺龙收到彭德怀来电,该电并报中共中央军委。电文说:此次反击战役胜利,恢复了关中、渭北五月上旬局面。黄龙区亦将更进一步得到巩固。今秋冬两季野战军拟在渭北作战,力争在雨季后(九月底)严冬前消灭胡军四至六个旅,使其完全处于被动,以便明春(二月底)集全力寻求与青马作战。

8月17日 致信张经武。信中说:(一)由于全国的大胜利,西北各省的即将解放,就决定了我们地方部队的任务长期是剿匪反霸,配合主力作战,争取前线胜利;同时协助地方发动群众与领导群众斗争,巩固人民的民主政权。这一思想务须明确地在党内干部中建立起来。没有这一条或对之认识模糊都会产生方针不明确的偏差,请注意。(二)两月来收编反动武装与剿匪的检讨,应有系统的总结。两月来由于战争胜利,政策正确,以及部队的积极行动,确实成绩很大,这要有足够的估计,同时要指出这些成绩是怎样得来的,弄清了这一条就可巩固成绩,这就是总结经验,提高干部。(三)有了上述检讨,今后工作就好讲了,

---

〔1〕 指1948年8月5日彭德怀、张宗逊拟8日晨进攻国民党军第三十六师给中共中央军委并贺龙、习仲勋的电报。

不仅指出任务，并且要具体地教给办法。在方针上应是剿匪与建军结合，在剿匪中发展武装。消灭股匪要和清剿散匪并重，剿股匪要配合发动群众，剿散匪更要靠群众力量，因而剿匪就是发动与领导群众斗争、组织群众、武装群众的具体工作。忽视了这一条，剿匪会无成绩，就是说军事上打了胜仗，而没有深入的群众工作，匪患是不会肃清的。我们组织群众的最后目的是为了发展生产，生产好了，生活就有了保证，土匪就无从再起。请在今后意见上把这点意思加上去。

8月22日 同彭德怀、贺龙、林伯渠、张宗逊、赵寿山等收到中共中央贺电。电文说：庆祝你们第二次歼击胡匪三十六师并解放澄城、合阳、旬邑三城的巨大胜利。这一胜利，正粉碎了胡匪在西府战役曾获得胜利的胡说，并继续使胡匪陷于被动，便于我开展关中的胜利局面。尚望继续努力，为全歼胡匪，解放大西北而战！

8月23日 同林伯渠、贺龙等发布陕甘宁边区政府、陕甘宁晋绥联防军区司令部《关于加强对兵站工作的领导问题》的联合通知，要求各专员、县长务须切实执行兵站布置之任务，努力完成兵站之工作。

夏 同赵寿山、杨明轩两次致信邓宝珊[1]、左协中[2]，说明大势所趋，劝告榆林驻军起义。

9月1日 出席延安新闻工作者纪念九一记者节会议。在讲话中说：《群众日报》有了很大进步，发挥了党报的作用。因为它有了联系群众、联系实际的生动内容，就成为党和人民在战斗

---

[1] 邓宝珊，时任国民党军华北"剿匪"总司令部副总司令、晋陕绥边区总部总司令。
[2] 左协中，时任国民党军第二十二军军长。

中、在工作中不可缺少的武器。这就是《群众日报》今天所走的正确道路，将来要循此方向继续努力。在谈到提高报纸工作的问题时说：（一）应加强通讯员思想政策领导，报导要有系统有中心有分析。（二）报社编辑工作要和领导机关研究工作结合。（三）目前报纸内容一个大缺点是对部队活动反映很不够。真实地反映部队的活动，是目前最有实际教育意义的工作。（四）克服与边区实际割裂的思想。必须反对与党中央总路线违背的地方主义，但并不等于取消工作中具有的地方性。因此，一切不愿钻研边区问题，认为边区问题肤浅，可以在报纸上不居一定地位，不占一定重量，都是与边区实际分裂的错误思想。（五）报纸必须和党的当前任务密切结合，及时宣传党的政策。（六）记者应深入实际，克服肤浅、夸张、粗心的作风，言论、思想要合乎党的意志。

9月3日 出席延安各机关学校举行的国际青年节纪念大会。在讲话中说：解放区青年今天的中心任务就是积极参加革命战争，努力从事新民主主义建设的各项事业，加紧学习，充实和提高自己，真正领会马列主义和中国革命具体实际相结合的毛泽东思想。青年们要努力学习党的各项政策，掌握各种专门知识，为建设新民主主义的新中国服务，为工农兵服务。要养成既朝气蓬勃又严格遵守纪律的作风，成为团结与解放大西北广大青年的坚强核心。

9月8日—13日 中共中央政治局扩大会议在西柏坡召开。会议提出建设五百万解放军，用五年左右时间（从一九四六年七月算起），歼敌正规军五百个旅（师）左右，从根本上打倒国民党的反动统治。

9月10日 出席西北野战军政工会议。在讲话中说：（一）我们的军队是人民军队，我们的建军路线是在发动群众斗争的基础上建立、发展武装，因此要禁止乱给名义、乱编队伍的现象。对起义过来的部队，我们要去领导、改造它，使它变成人民军队。我们要的是集体英雄主义，绝不是鼓励个人英雄主义。有的同志讲，只要能打胜仗，个人勇敢，就一切可以不管。这种勇敢不能持久，因为不是建立在群众觉悟的基础上，没有政治基础，没有明确的政治思想、方向，不知为谁干，怎样干。所以土匪式的勇敢是违反党的原则的。（二）军队要有建设地方的思想。军队打仗就是为保护、巩固、发展根据地，离开这一条，就不能叫干革命的军队。单纯为搞军队而搞军队，就非失败不可。军区、军分区工作搞不好，部队就不会巩固，因为部队是在军区、军分区群众的、党的工作基础上建立起来的，军区、军分区是水，军队是鱼，鱼是在水里养的，离开了水，就不会出气了。（三）政策和群众纪律问题，各分区应很好地检讨总结。革命的军队要懂得党的政策，执行党的政策，搞好军民关系，才能和国民党军队有区别。党的各种政策在部队中要很好地进行教育，尤其领导干部要很好地学习。过去有这样的现象，做军事工作的不管政治工作，只管军事指挥，这是不对的。军事指挥干部不懂得政策，不教育战士，就指挥不好。（四）军队要开展反无政府无纪律状态的斗争。中央指出有些地方报喜不报忧，报好不报坏，瞒上不瞒下，对上边是统战，对下边是彻底戒严。这个危害大。由过去局部胜利转到全部胜利，由过去游击战争转到大规模的运动战，事前请示、事后报告是一个很重要的问题。最近我们准备将中央这一指示抄发各地，大家要好好地讨论研究，开会检查，自我检讨，提出办法，作出决议和计划，同时报告总部和军区。（五）在各机关部队中开展群众性的三评运动，评党员，评干部，评斗志。斗志不一定就是拿枪打敌人，其他工作也有斗争，也是战斗。评工作责任心，这也是提高干部觉悟的基本办法。

9月12日—11月2日 东北野战军和地方武装进行辽沈战役，歼灭国民党军四十七万余人，东北全境解放。

9月13日 在黄龙地区检查工作，列席中共黄龙地委会议。

9月13日—22日 在陕西合阳县雷家庄出席彭德怀主持召开的西北野战军前委第三次扩大会议。会议讨论和贯彻中共中央关于加强请示报告制度的指令，总结半年来的新区工作，具体规定新区政策，研究决定秋季作战方针。西北野战军前委委员及团长、团政治委员以上干部一百三十七人参加。在会上发言说：一切离开党的路线和政策的东西，在思想上都要去掉。过去有些报告，无分析无结论，糊糊涂涂，又长又多，下报上不看；有的报告，很短，还有错字；有的根本不写；有的，即最坏的，乃假报告；有的把几年前的报告，又原样地报来了。写报告，要既有分析又有结论，有优点又有缺点，有喜又有忧。思想上的问题是一件细致的工作。中央指出，报告要亲自动手，不要秘书代笔。今年我有些报告亲自动笔，对自己的提高确有好处。会总结工作，工作便不会陷于事务主义、经验主义。口头汇报方法、写文章方法，都应学习、改进。此前，中共中央于一月、二月发出指示，责成各中央局及分局的书记向中央主席，各军区及各兵团首长向军委主席作综合性报告，并阐明作报告的必要性和不作报告的危害性。中共中央、中央军委又于四月、五月、八月、九月多次发出加强报告制度，坚决克服无纪律、无政府状态的指示、指令，并对事前不请示、事后不报告的错误倾向提出严肃批评，要求严格执行请示报告制度。

9月22日 同贺龙就黄龙分区剿匪情况及经验致电陕甘宁晋绥联防军区下属各军分区并报中共中央军委。电文总结的剿匪经验主要有：首先痛打一下，使匪走投无路，失掉对蒋胡幻想；在痛击之后，初步宣传政策；军队政府间、乡区政府间、军队彼此间，收枪要有组织地进行，免使坏人钻空子；缴械后之匪应很好注意安置，不使流荡逃入敌区。

10月1日 同林伯渠、贺龙发布陕甘宁边区政府、陕甘宁晋绥联防军区司令部、中共中央西北局联合命令，公布《陕甘宁晋绥边区暂行审计条例》。

10月1日—3日 出席中共黄龙县委扩大会议，并于二日、三日讲话。在谈到剿匪工作时说：黄龙这个地方条件特殊，要剿匪单纯靠军事是不行的。军事上要打击，政治上要瓦解，政策上要对头，方法上要多样化。教育面要放宽，打击面要小，要集中在首犯上。"共产党要全心全意为人民服务，要使人民群众亲身体验到共产党比国民党好，要叫群众不怕我们，有事来报告，有求于我们，把国民党残匪置于群众的监督之下，这才算我们把工作做到家了。"在谈到政权建设时说：国民党的武装要摧毁，保甲制度要摧毁，这是紧要的事。在发动群众的基础上改造乡、村政权，使它一天天地接近群众。只有把群众发动起来，政权才会有力量。在谈到群众工作时说：做群众工作，不要拘什么形式，要不怕麻烦。群众能说的话，我们能说；我们能说的话，群众能听懂，这才是好的群众工作者。在谈到干部队伍建设时说：共产党员、革命者要给广大群众做勤务员。无产阶级是守规矩、守纪律的，他不自私自利，没有个人主义，还要互相支援、帮助。这就决定了我们干部的阶级意识和思想作风。黄龙干部有老区来的，有本地区的，要互相学习，取长补短。同志之间的关系要融洽，团结就是力量。在谈到领导问题时说：作为一个县委、县政府的领导，没有不管的事，一问三不知不好。但是也不能卷入到事务圈子里面去，要抓大事，抓要害。党的领导就是要把人民群众的意见集中起来，经过思考研究变成党的意见，然后又把党的意见拿到人民群众中去实现。这就是所谓的群众观点和领导艺术，就是真正的理论联系实际，就是从群众中来到群众中去的领导方法。这是毛主席对全党领导干部的教导，我们必须牢记在心。

10月5日 同贺龙向陕甘宁晋绥联防军区下属各军分区、旅发布作战命令。命令说：南线西野主力即将发动秋季攻势，华北第三兵团已向绥包[1]进攻。为配合南北两线攻势之胜利进展，各部队在十、十一两个月期间应积极作战。陇东部队与骑旅向马渠、孟坝、三岔、合水方向活动。三边、绥德分区应随时注意北线一带情况之发展，三边以团匪为对象，寻机打击之。除警四旅、黄龙、关中、西府部队直接接受野司[2]指挥外，所有部队整训练兵工作暂时停止，待冬季再进行，均须配合南北我主力攻势作战，并须与保卫秋季作战配合起来，只有消灭了敌人，就是配合了主力行动。

同日 同林伯渠、贾拓夫[3]等出席中共黄龙地委扩大会议，讨论向中农借粮、扩兵等问题。在讲话中说：征粮工作，首先要照顾到群众的吃粮，并维持生产，这在今天情况看是有条件办到的。附加粮中几项大的项目，你们自己先筹划，是否可以在教育粮中通过热心人士筹措。

10月6日—18日 西北野战军进行荔北战役。该战役分前后两个阶段，歼敌整编第十七、三十八、六十五师大部和整编第一、三十六师各一部，共计二万五千余人。十五日，同彭德怀、贺龙收到中共中央来电，祝贺荔北战役取得的巨大胜利。

10月12日 在朱侠夫来信上批示："应有计划地策动二十

---

〔1〕 绥包，指绥远包头。
〔2〕 野司，指西北野战军司令部。
〔3〕 贾拓夫，时任中共中央西北局常委、西北财经委员会副书记。

二军内部军官形成进步力量，推动邓（宝珊）、左（协中）乘机起义，我当不放松一切机会积极活动为其基本方针。"朱侠夫在信中报告了周纪信[1]派邓宝珊的秘书高光昌来镇川堡请示榆林方面起义的问题。

10月16日 出席回族干部训练班毕业典礼。在讲话中说：黄龙各地学校均已复课。现在主要问题是缺少政治上的领导。半年来，我们只有形式上的领导管理，而对思想上的改造、提高则做得太少。学生和教职员都很热情，他们的家庭成分也大多是中农（有一部分是富农），但思想上旧的东西仍多。新区知识分子多数参加过三青团、国民党，当时不加入便要失学失业，他们多数都敢公开告诉我们。不采取坦白或登记办法是对的，问题在抓紧思想改造。对这些知识分子，如果思想改造得好，还应在其中吸收一批表现好的入党。历来经验证明，知识分子党员对建立农村党组织是一个很重要的桥梁，尤其是在新区如此。现在地方人士中有中间的，也有进步的，最反动的已经跑掉。对这些地方人士如不主动争取，则对当地的改革和建设是一种阻力。应该分别对待，把他们争取过来。我们实行合理负担和减租减息政策，并利用社会上有声望的人宣传解释后，地主富农和旧日给国民党做事的人不再向外跑，已经跑出去的作恶不大者都纷纷回来。我们拟明年三月左右召开各县临时人民代表会议，吸收地方人士中赞成反帝、反封建、反国民党统治、反官僚资本的人参加。这样对西北影响会更大些，计划和办法正在研究中。

10月17日 向中共中央军委并彭德怀、贺龙等报告一九四九年军工生产计划。

10月21日 出席中共中央西北局第三次学习汇报会，听取

---

[1] 周纪信，即周济信，时任国民党军第二十二军军部秘书。

西北局，陕甘宁晋绥联防军区司令部、政治部及陕甘宁边区政府等机关学习情况介绍。

同日 同彭德怀、张宗逊、贺龙收到毛泽东本日为中共中央军委起草的电报。电文说：目前敌主力集中澄城、合阳、蒲城，西面较空虚，你们似宜于休整二十天后全军西移，相机攻取同官、耀县、三原、泾阳、淳化一带，并准备在该区打一二仗以后派一部出乾礼[1]、永寿，大约费时一个月左右。如果你们采取此种行动，澄、合、蒲之敌势必全部或大部西调，并于其调至西面时相机歼灭几部，那时你们才有可能收复澄、合、平、朝[2]地区，取粮过冬。若只以一纵、四纵去淳化，恐不能调动很多敌人西去，我两头力弱，恐难收复澄、合、平、朝，如果你们在十一、十二两月的大部分时间，以全力向西面作战并就粮，留下晋南及澄、合、平、朝之粮食，在十二月下半月及明年一、二月部队转至东面休整时食用似较合算。我们不明白西面大军作战有何困难，望你们加以考虑，酌情处理。

10月28日 同贺龙就冬季作战计划致电关中分区。电文说：（一）关中分区今冬作战任务，主要是积极主动灵活的游击战争与配合主力作战。（二）部署以主要力量放在淳、耀、三、泾[3]方面很对，但主力与其各县游击队除积极打击敌人，发展游击战争外，还必须强调部队执行政策，严肃纪律，深入群众工作，争取瓦解敌军，给以扩大部队的具体任务。（三）为了完成冬季作战任务，领导上必须根据敌情变化和部队实际情况，及时指导部队行动，检讨、总结工作经验，发扬优点成绩，纠正缺点

---

[1] 乾礼，指陕西乾县、礼泉县。
[2] 平、朝，指平民、朝邑，均为陕西旧县名。
[3] 淳、耀、三、泾，指陕西淳化县、耀县、三原县、泾阳县。

错误，提高部队战斗力与工作积极性。

11月1日 中共中央军委发出《关于统一全军组织及部队番号的规定》，决定各野战军所属纵队均改为军，军以上设兵团。全军分为四个野战军，共二十个兵团七十个军。

11月3日 同林伯渠、彭德怀、贺龙收到毛泽东为中共中央起草的电报。电文说：因政协召开在即，临时中央政府即将建立，东北人民政府亦将建立，拟请伯渠来中央工作，并准备去哈尔滨参加政协，是否可行盼覆。七日，西北局电告中共中央：林伯渠在年底前赶到中央。

11月6日—翌年1月10日 华东野战军和中原野战军及部分地方武装进行淮海战役，歼灭国民党军五十五万五千人。长江中下游以北广大地区解放。

11月7日 下午，出席延安各界庆祝人民解放军秋季大捷暨苏联十月革命三十一周年纪念大会。

11月9日 在中共绥德地委十一月五日关于接收榆林城工作布置的来信上批示：城工部阅后转组织部摘记。

11月10日 同贺龙、王维舟、张经武发布《轮训民兵干部的指示》。《指示》要求：各军分区负责同志应重视民兵干部轮训工作，加强领导；被训练的民兵干部，应包括连以上所有民兵干部和准备做民兵工作的干部；训练时间，每期不应超过一个月。

11月15日—28日 西北野战军进行冬季战役，共歼敌二万五千余人，俘虏国民党军第七十六军中将军长李日基。

11月17日 就邓宝珊、左协中起义问题，致电高光昌、白治民、吴岱峰、朱侠夫、曹力如[1]并报贺龙、张宗逊和中共中央军委。电文通报榆林敌情，要求"望曹朱利用一切机会争取邓

---

[1] 曹力如，时任中共中央西北局副秘书长、西北局城工部副部长。

左起义并设一切办法探左意，最好派人与左谈判"。

11月20日 同彭德怀、张宗逊、贺龙收到周恩来为中共中央军委起草的电报。电文说：同意你们向西调动敌人歼击之计划。如不奏效，可进行冬季整训一个月（分两期，每期半月），但不要预定整训时间直到明年二月。因今后两三个月中，由于淮海战役的胜利及东北野战军入关，西北敌情将有极大变动可能。到那时，为适应此情况，你们仍须捕捉战机，及时行动。

11月29日—翌年1月31日 东北野战军和华北军区第二、三兵团以及华北、东北军区地方部队进行平津战役，歼灭和改编国民党军五十二万余人，华北全境基本解放。

11月30日 同林伯渠、贺龙收到彭德怀来电。电文说：部队集结蒲城东北地区，拟进行冬季整训及做地方工作。前委拟四日开会布置工作，请三日来野司出席此次会议，是否有暇？赵老（寿山）是否已愈？可否回部参加会议？

12月1日 同彭德怀、贺龙、林伯渠、张宗逊、赵寿山并西北人民解放军全体指战员收到中共中央就冬季战役胜利发来的贺电。电文说：庆祝你们歼敌第七十六军两个整师、第六十九军一四四师和第三军十七师大部共十个整团近三万人的巨大胜利。尚望继续努力，为全歼胡宗南匪军，解放大西北而战。

12月4日 出席中共中央西北局组织工作会议并讲话。在谈到土地改革和整党工作中若干领导问题时说：我们做工作必须看清局势的发展，一切都要从发展的情况出发，紧紧把握时机，做好必要的准备。准备什么？首要的两件即干部和政策。土地改革、整党工作必须有确实懂得政策的坚强的干部去掌握，但并不等于由这些少数派去的干部大包办。重要的是把政策向所有干部讲清楚，领导机关适当地配合和密切地联系各地的运动，随时教给办法，并作具体的指导。群众运动必须也必然是通过群众亲身的经验，通过群众自己去展开。有的同志硬把自己在屋里想出来的死板计划，去代替活泼的群众运动。现在许多地方干部所做的，不是发动群众，形成群众运动，而是包办代替，为了在形式上完成任务而工作。这就是基本错误的所在。错误的领导方法的思想，实际上就是不相信群众，不懂得群众发动起来了便可以解决一切问题，不懂得群众就是一切力量的源泉。这种思想方法是违反马克思主义的思想方法，只看到现象，没有看到事物的本质；只孤立看问题，没有找出各种问题中间的联系；只看见现在，没有看见将来；只求形式上完成任务，没有想到更重要的是为工作前进打好基础。其根源又是经验主义在作怪。我们必须迅速扭转上述的领导思想，加强党的政治和组织工作。一九四九年一月八日，刘少奇在刊登这个讲话稿的新华社《电讯清样》上批示："此件很好，可以发表。但各地在解决群众的问题（土改和整党是关涉群众最多的问题）时，在取得典型经验后，很少召开人民代表会议来加以推广，这是一个缺点。请以后注意此点。"一月十日，新华社全文播发习仲勋的这个报告。

12月5日 向毛泽东并中共中央报送《一九四八年十一月综合报告》。主要内容为：（一）基本区结束土改工作及整党工作已开始五十余天，因干部不足，各县大部分三期或两期进行，先做好一部分乡村，约四分之一或三分之一带出当地骨干，并取得经验，然后依次展开，做完其余部分，估计明年三月可告结束。陕边今春土改犯"左"偏为时不过一月多，以后即一面调剂土地，一面纠偏错搞的问题，大部已改正。现在发现问题是：甘泉仍提出"解决各阶层间的土地悬殊问题"，"以从中农中调剂为主辅助办法"，还是存在平均思想；干部包办、不会发动群众的老一套，仍很严重；好些地方主观地、机械地规定些步骤计划，各项任务互不联系不能配合；老区农村最普遍的问题是民主问题，干部党员民主作风非常不足，和群众不通气；各地会议还没有讲清楚政策，尤其是如何发动群众，如何工作，这个大问题还没有解决，仍然摆脱不了经验主义积习。（二）蒋区工作会议，主要解决在新形势下如何准备与配合我军胜利进攻问题。首先要彻底克服过去缩手缩脚的思想，其次要彻底改变过去只隐蔽不活动的做法。今天的蒋区就是明天的解放区，必须从这个观点来做工作。过去忽视城市工作，未和城市内部建立更密切的联系，一切都很生疏，经验少、办法少，现在必须改变，要准备将来接管城市。要加强工人与学生知识分子工作，并从此准备大批干部。回、藏工作也是过去比较薄弱的，更应加强。（三）中央关于召开党的代表大会与代表会议决议，西北局戌删[1]讨论一次，陕边党最普遍的问题是民主不够，自我批评和批评风气尚很薄弱。要扩充民主生活，代表大会或代表会议这些形式是必要的。拟在整顿支部中，凡经过整顿的支部，即开支部大会进行改选，建立正常的民主制度。各区在全区支部半数以上已经整顿时即召开区代表大会。各县代表大会，则在各区代表大会开过后召开，争取明年上半年开完。各分区代表大会也在十月前后召开，西北局将在明年适当时机按情况需要召开一次代表会议。

12月12日 主持召开中共中央西北局和陕甘宁晋绥边区政府大会，欢送林伯渠前往中央工作。十六日，同贺龙等为林伯渠送行。

12月27日 同贺龙收到彭德怀来电。电文说：全军党代会、前委预备会、营团（干部）训练班毕业，希望你们讲话与出席会议。改变军队番号、部队编制、后勤工作、新区与城市工作等各项亟待面商，请于一月五日前来前方一行。

---

[1] 戌删，指11月15日。

12月30日 毛泽东为新华社撰写《将革命进行到底》的新年献词。

12月31日 同贺龙、马明方、王维舟、李井泉、张子意[1]、刘景范、杨明轩、李卓然发出陕甘宁边区政府、陕甘晋联防军区司令部、中共中央西北局《元旦佳节慰问伤病员同志书》。

冬 同贺龙、王维舟、张经武发出对轮训民兵干部的指示。

---

[1] 张子意，时任中共中央晋绥分局副书记并代理书记、晋绥军区副政治委员并代理政治委员。

1949年　三十六岁

1月初　同贺龙从延安前往陕西白水县北部的武庄村，出席即将召开的中共西北野战军第一次代表会议。

1月10日　同林伯渠、杨明轩、刘景范、贺龙、王维舟发布陕甘宁边区政府、西北军区司令部《关于今后缉私工作及修正颁发〈陕甘宁晋绥边区暂行缉私规章〉》。规章规定：各地政府及领导机关应认识加强缉私工作是有力支援战争胜利的重要工作之一，应经常注意领导缉私工作。各机关负责同志，对于本部的生产人员应经常抓紧教育，绝对禁止违法走私。凡未成立缉私队的分区须迅速依据当地情况成立一定数量的缉私队。

1月11日—23日　中共西北野战军第一次代表会议在白水县武庄村举行。出席会议的代表共一百一十三人，其中地方党的代表十六人。会议期间，贺龙传达中共中央政治局一九四八年九月会议精神和毛泽东关于"军队向前进，生产长一寸，加强纪律性，革命无不胜"的指示；彭德怀传达一九四九年一月八日中共中央政治局会议情况，并作关于一九四八年几项工作的基本总结和一九四九年任务的报告；习仲勋、甘泗淇、张宗逊、张德生分别讲话。会议通过《中国人民解放军西北野战军第一次代表会议总决议》《关于提高自觉纪律的决定》《关于地方群众工作的决议》等文件。

1月14日　毛泽东发表《关于时局的声明》。《声明》指出：中国共产党愿意和南京国民党反动政府及其他任何国民党地方政府和军事集团，在下列条件的基础上进行和平谈判。这些条件是：（一）惩办战争罪犯；（二）废除伪宪法；（三）废除伪法统；（四）依据民主原则改编一切反动军队；（五）没收官僚资本；（六）改革土地制度；（七）废除卖国条约；（八）召开没有反动分子参加的政治协商会议，成立民主联合政府，接收南京国民党反动政府及其所属各级政府的一切权力。中国共产党认为，上述各项条件反映了全国人民的公意，只有在上述各项条件之下所建立的和平，才是真正的民主的和平。声明要求中国人民解放军全体指战员在国民党反动政府接受并实现真正的民主的和平以前，丝毫也不应当松懈自己的战斗努力。对于任何敢于反抗的反动派，必须坚决、彻底、干净、全部地歼灭之。

1月15日 中共中央军委进一步作出关于全军组织编制、番号的决定，西北、中原、华东、东北野战军依次改为第一、第二、第三、第四野战军。同月，华北军区主力部队直属解放军总部。在南方坚持游击战争的人民武装，相继整编为闽粤赣边纵队、粤赣湘边纵队、桂滇黔边纵队、闽浙赣边纵队等。其他游击队也陆续进行整编。

1月17日 出席中共西北野战军第一次代表会议，作题为《关于接管城市的问题》的报告。报告说：（一）我们已经解放和将要解放的一切城市，均是人民的或将是人民的城市，必须严格保护，不许破坏。旧的反动政治机构，如各级政府机关、保甲、军队、警察、法庭以及反动党派等组织，必须彻底粉碎，而代之以人民的政治机构；但其设备则要保护和保存，接收过来，其人员除首恶分子、破坏分子必须惩办外，对于一般旧的政府公务员经过必要的改造后，可以酌量使用。这叫做"拆散机构，利用材料"。对旧统治阶级的文化教育组织制度，必须加以适当的改组。对一切国民党的、官僚资本的经济机构，不要打乱，不要忙于去改组，更不能"粉碎"，而要它继续生产。原有官僚制度必须废除。旧的企业组织也要改革。但不要急，一定要慎重，不妨慢一点，必须首先了解、熟悉、精通以后，才根据一定可能的条件，逐渐地合理地去改革。这就是我们接管城市的基本方针。（二）入城之初，主要有三大工作，即接收、建立秩序和发动组织群众。接收办法是"各按系统，自上而下，原封不动，先接后分"。一进城市必须采取有效步骤迅速建立秩序，尽力缩短混乱时间，安定市面，恢复人民正常生活。所有城市解放后，都必须实行军事管制。为了广泛联系群众，除组织工会、学生会、青年团、妇女联合会等组织外，还可召开各界人民代表会议。（三）党的有关城市的政策，必须向所有部队和地方工作的干部深入传达，使他们充分明了。一切到城市工作的干部，必须高度自觉地提高责任心，积极奉公，勇敢而谨慎地进行工作。必须虚心学习，不断努力提高管理和建设城市的各种工作的知识和能力。必须更加团结，密切联系人民群众。一切共产党员必须坚定自己的无产阶级的立场，十分警惕和防止资产阶级和其他非无产阶级的思想的侵蚀，十分警惕和击破人民敌人的各种阴谋蛊惑，严格保持严肃、切实、艰苦、朴素的工作作风。各级党的组织经常有系统地检查自己和所有党员干部的工作，加强纪律性，就是保持党在城市的领导的严肃性的保证。

同日 同彭德怀、贺龙收到毛泽东来电。电文说：二三月间拟开二中全会，希望彭、贺、习三同志均能到会，如有可能，并望张宗逊、王震二同志中能来一人，时间在北平攻克后再通知，如情况许可，西北我军能在你们动身前打一仗再休整为好，如不可能则不强求。华北部队参加西北作战问题，待你们来中央时面商。

1月24日 同贺龙出席彭德怀主持召开的中共西北野战军

前委会议，决定部队进行整编。二月一日，中国人民解放军西北野战军改称中国人民解放军第一野战军，各纵队改称军，各旅改称师。彭德怀任司令员兼政治委员，张宗逊、赵寿山任副司令员，阎揆要任参谋长，甘泗淇任政治部主任。

1月31日 人民解放军进驻北平城，北平宣告和平解放。

2月1日 陕甘宁晋绥联防军区正式改称西北军区。贺龙任司令员，习仲勋任政治委员，王维舟任副司令员，张经武任参谋长，李卓然任政治部主任，朱早观任副参谋长。

2月3日 同贺龙、王维舟就各军所缺之师的补充意见致电中共中央军委并告彭德怀、张宗逊、赵寿山。十六日，毛泽东为中共中央军委起草复电。电文说：（一）同意补足一、二、三、四、六、七、八军以每军三个师的计划。（二）张达志[1]部应如何编法待你们来时面谈。（三）骑兵一、二两旅改师后可改称中国人民解放军骑兵第一师、第二师。

2月8日 毛泽东为中共中央军委起草复第二野战军、第三野战军电，并同时发给其他有关的野战军和有关的中央局。电报估计到在辽沈、淮海、平津三大战役以后，严重的战争时期已经过去，及时提出了人民解放军不但是一个战斗队，同时必须是一个工作队，而且在一定条件下主要地要担负工作队的任务。

2月8日—17日 在延安出席陕甘宁边区第三届参议会常驻议员、边区政府委员暨晋绥、晋南行署代表联席会议。在致开幕词时说：去年二月陕甘宁边区常驻议员和边区政府委员开过一次联席会议，到现在刚刚一年。在这一年中，中国人民解放战争以无比的惊人规模和速度向前猛进。在全国来说，我们已全部解放了东北，几乎全部解放了华北、华东，解放了中原大部，消灭了

---

[1] 张达志，时任绥德军分区司令员。

国民党反动军队四百六七十万。这是一个伟大的胜利,也是一个伟大的历史事变。这次联席会议在这样伟大的胜利中开幕,我提议讨论以下几个问题:(一)继续并更加用大力支持人民解放战争,直至解放全西北,配合全国人民将革命进行到底。(二)继续恢复并提高生产与各项建设。要把一九四九年经济建设工作很好地研究,求得"生产长一寸"。(三)准备接管新解放的城市和广大新区。我们政府今后的中心工作应放在广大的新区上,必须有充分的准备,准备政策和干部。在新区农村,今天我们还不实行土地改革,而实行减租减息。在城市,严格实行保证私人工商业,对官僚资本的企业要妥善地接收过来,迅速继续生产,不准破坏。要有计划地抽调干部,集中训练,准备派到新区去,注意吸收新区的青年知识分子和工人加以训练,使他们成为建设新区和城市的干部。这一工作应摆到重要的位置上。会议期间,同杨明轩、安文钦[1]等提出《为统一陕甘宁、晋绥两边区行政管理,加强边府组织机构及人事配备案》。会议决定:陕甘宁边区与晋绥边区实行合并(其绥远部分划归绥蒙解放区);撤销晋绥行政公署,辖区划分为晋南和晋西北两行政区,设立行政公署,归陕甘宁边区政府领导;扩大陕甘宁边区政府委员会;加强边区政府组织机构,调整人事配备,吸收晋绥方面人士参加领导工作。会议并决议由常驻议员习仲勋代理陕甘宁边区参议会议长。

2月9日 出席陕甘宁边区第二届妇女代表大会,作题为《广泛组织妇女群众开展妇运》的讲话。在讲话中说:老区结束土改以后,便要大大发展生产,进行经济和文化建设;新区则要继续发动和巩固广大群众,进行减租减息、反恶霸、反特务等斗争,共同动员一切人力物力,支援革命战争取得最后的胜利。妇

---

[1] 安文钦,时任陕甘宁边区参议会副议长。

女工作者必须努力学习，注意随时发现问题，随时研究解决，随时总结经验。

2月14日　中共中央西北局致电中共中央。电文说：西北局商定贺龙、习仲勋、马明方〔1〕、王维舟四人均于二月二十一日动身来中央参加会议，一般工作即由留在家的贾拓夫、李卓然、马文瑞、刘景范、周兴〔2〕诸位主持，并以马文瑞暂代书记。十六日，中共中央复电西北局，同意西北局的工作安排。

2月17日　同彭德怀、贺龙、王震东渡黄河，前往河北省建屏县西柏坡，出席即将召开的中共七届二中全会。

2月19日—3月22日　第一野战军进行春季攻势，先后解放同官、蒲城、大荔、平民、朝邑、耀县、富平、淳化等县城，歼敌七千多人。

2月21日　被陕甘宁边区政府增补为西北财经分会委员。西北财经分会主任为贺龙，副主任为贾拓夫。

2月24日　同贺龙、王维舟、李卓然发布西北军区司令部、政治部《公布令》，公布西北军区后勤部部、处负责干部配备任职情况。

2月26日　中共中央西北局发出《关于今年农业生产的指示》。

2月28日　中共中央西北局召开常委会议，决定成立接收西安准备委员会，负责训练干部，收集情况，研究政策，草拟各种条令、条例。

3月4日　中共第一野战军前委就消灭关中地主武装的决定

---

〔1〕　马明方，时任中共中央西北局副书记、中共晋南工委书记。
〔2〕　周兴，时任中共中央西北局委员、西北局社会部部长、西北局保卫委员会主任、陕甘宁边区政府保安处处长（1949年2月改任公安厅厅长）。

致电中共中央军委并中共中央西北局。电文说：（一）所有地主武装应予以政治为主军事为辅的坚决彻底消灭的方针，任何姑息顾虑，保存这类反动武装的办法都是错误的。（二）消灭地主武装必须根据不同具体对象分别对待，有步骤有策略地进行，切不可粗率简单用事。（三）凡各地我党所掌握之地下武装，他们久经艰苦奋斗，现在应公开起来，并以此为基础成立县区游击队，逐渐扩大，使成为保卫新解放区的支柱辅助，野战军各部在其工作地区内对此人民武装应派适当干部加以实际的帮助与培养。（四）消灭地主武装建立人民武装是目前新解放区内我军要求的中心工作，各军党委应对各该工作地区所有地主武装及地下武装的历史政治动向、人员成分加以仔细的调查分析，定出具体的策略与工作步骤，协同当地党政机关进行，并在人民中作广泛而深入的宣传，使群众了解并拥护我们的政策，积极参加这一斗争。

3月5日—13日 出席中共七届二中全会。全会规定党在全国胜利后在政治、经济、外交方面应当采取的基本政策，指出中国由农业国转变为工业国、由新民主主义社会转变为社会主义社会的发展方向。全会讨论确定了党的工作重心由乡村转移到城市的问题。毛泽东在全会上提出"两个务必"思想，即："务必使同志们继续地保持谦虚、谨慎、不骄、不躁的作风，务必使同志们继续地保持艰苦奋斗的作风。"

3月6日 同贺龙、王维舟、李卓然发布西北军区司令部、政治部《公布令》，公布西北军政干部学校干部配备任职情况。

3月12日 同彭德怀、贺龙致电张宗逊、赵寿山等。电文说：（一）华北各兵团攻击太原，四月中旬开始，得手后至少休整一月，渡河入陕约在六月中旬，此刻不宜分兵西渡。（二）敌集六个军北犯，只要消灭敌两三个团即将停止前进，如无此种机会，适当集结休整。

3月15日 同贺龙、王维舟、李卓然、张经武、朱早观发布西北军区司令部、政治部《公布令》，公布西北军区司令部、政治部干部配备任职情况。

3月19日 中共中央军委致电平津总前委并中共中央华北局。电文说：原定由北平接收之傅作义部队中拨四万人分配给中原野战军和西北野战军（各两万人），后因中原野战军已接收天津俘虏约两万人，中原野战军来电愿将北平的两万人交给西北野战军，如此西北野战军应得四万人。此事请与西北野战军派往北平的张贤约[1]面商，是否能接收如此巨大数目，并请与贺龙、习仲勋商定。

3月22日 同林伯渠、刘景范、杨明轩、贺龙、王维舟、李卓然发布陕甘宁边区政府、西北军区司令部联合通令《颁发〈邮寄阵亡烈士遗物保价小包暂行办法〉》。

3月23日 中共中央及所属机构陆续离开西柏坡及其附近村庄。二十五日，毛泽东等中共中央领导人与中央机关、人民解放军总部进驻北平。

3月24日 同林伯渠、刘景范、杨明轩、贺龙、王维舟发布陕甘宁边区政府、西北军区司令部联合命令《关于颁发一九四九年陕甘宁边区党政军民学供给标准（草案）》。

3月25日 由西柏坡抵达北平。乘汽车巡城观光后，入住北京饭店。随后同岳父齐厚之和前来参加筹备全国第一次妇代会的妻姐齐云见面。

3月28日 同彭德怀、贺龙致电张宗逊、甘泗淇等。电文说：太原得手后将有二十万人入陕，并西野现有人数，每月需粮十二万石。故四月中仍需按预定计划进行一个战役。目前请作具

---

[1] 张贤约，时任第一野战军第六军副军长。

体准备。请继续进行攻坚战术演习、城市政策教育。

3月 女儿齐桥桥出生。

4月3日 在延安出席学习贯彻中共七届二中全会精神会议并作总结讲话。在讲话中说：（一）将革命进行到底，敌人要彻底消灭，这是一点也不能含糊的，这是原则。西北敌人的力量还相当强大，如果不打几次恶战，西北的问题就不能解决，我们在思想上和行动中都要有这样的准备，对于一切支前工作和发展武装、建立武装的工作都不能有丝毫的松懈，甚至比过去还要搞得更好。在全国这样胜利的形势下，西北可不可以出现个北平方式〔1〕或绥远方式〔2〕呢？也有这个可能，但一定要有天津方式〔3〕，一定要打胡宗南的主力，痛痛地打击一下或者把马步芳的部队歼灭一些，这个可能性就会更多，更容易一些，可见对天津方式和北平方式绝不是分割开的。但在具体情况和具体条件下，如果可能用北平或绥远方式解决问题时我们也不放松，因为这种方式对我们有利，使我们受的损失小破坏少，保存的物资多人力多。（二）战斗队和工作队的问题。战斗队和工作队是相结合的，是统一的。我们的军队一方面要打仗，一方面又要散布在各个地方上做群众工作、建设工作。军队由战斗队转变成为工作队，这是在新的历史时期中的一个大转变，但不能因此而削弱或解散我们的军队。（三）城市领导乡村问题。党的工作重心由乡村转入城市，就是把工作重心移到工业生产方面去，必须使工业和农业紧密地联系起来，提高农业生产走向现代化集体化，这是

---

〔1〕 北平方式，指解决北平国民党军队的方式，即用和平的方法，将国民党军改编为人民解放军。

〔2〕 绥远方式，指解决绥远国民党军队的方式，即暂时原封不动地保留国民党军队的原有编制，待条件成熟后再按照人民解放军制度进行改编。

〔3〕 天津方式，指解决天津国民党军队的方式，即用战争的方法去解决敌人。

很必要的。城乡必须兼顾,我们决不可丢掉乡村。如果没有农民从封建的土地制度解放出来,就没有工业的发展。工业没有广大的农民作后备军,没有广大的市场和原料的供给,是不可能很好发展的。陕北很少工业,没有工业城市。今天党的领导重心转到城市,并不等于我们把实际工作转入城市,仍然应着重发展农业生产的工作,但必须注意建立工业,建立工业的城市,这是我们努力的方向。城市领导乡村,基本上是工业领导农业生产,使农村小生产变成近代化的大生产。城乡关系实际是城乡互动,谁也离不了谁。

4月上旬 中共中央西北局和西北军区代表罗明[1]前往榆林敦促左协中起义。

4月12日 出席陕甘宁边区政府召开的公安分处处长联席会议。在讲话中说:全国形势变了,保卫工作今后的任务与组织形式也都要变,但总的方针,即坚决与敌人斗争到底的方针是不改变的。这一点,必须向干部们说清楚。老区过去是战争环境,一切为了打仗。今天转入和平建设时期,百分之九十的力量要放在发展生产工作上。除搞暴动及重大犯罪者外,一般地可从生产中改造,不必逮捕。关于哨站[2],应是逐步减少的方针。治安小组可以取消,工作可放在党支部身上。要根据新的斗争需要,建立起一套新的组织形式与制度来。在新区,要展开隐蔽斗争,彻底摧毁国民党的特务组织,配合党组织发动群众,建立武装、政权,支援与保证战争的胜利。解放之初,必须乘敌混乱时期,有准备地连续发动几个攻势,不断地打击,使其一挫再挫,给我

---

[1] 罗明,时任中共榆林工委委员。
[2] 哨站,指战争年代为防止敌军偷袭或敌特破坏而设置在边区的边境或要道的哨卡。

们以后工作打下基础,这就叫"大刀阔斧",而不是"细吹细打"。新区的特点是敌人多,而我们的基础弱、工作忙、干部少,因此工作方针、步骤、方式与组织形式,和老区都不一样。新区的反特工作,一定要有政策、有策略、有计划、有步骤、有领导地去进行,一方面防止搞乱,另一方面也不要停下不动。对敌情的估计,既不夸大,又不缩小,不慌不忙,按政策办事,反对幼稚行动。任何带有政策性的问题,都要请示。对敌情应有详细清楚的认识分析,夸大敌情,我们就会慌手慌脚,打不中敌人的要害。这就叫"心中有数"。讲话还说:要加强学习,培养干部,改进领导。要学习马列主义理论,学习党的总路线、总政策及党的各项具体政策,也要学习文化。学习这些不是为了钻书本,而是为了解决具体问题,总结经验。学习是领导工作的灵魂,工作积极性与创造性提高,事情就好办。

4月19日—23日 中共第一野战军前委第六次扩大会议在陕西澄城县平城召开,主要传达中共七届二中全会精神。在会议结束时作总结讲话。在讲话中说:南京的解放震撼着整个国民党反动阵营。有人认为被我们打得焦头烂额的胡宗南集团可能会老实一点,这是天真的想法。从我们长期与他打交道的经验证明,胡宗南这个人是很顽固的,不到黄河不死心。现在他把手中的几个军撤到陇东、泾阳、高陵、临潼,背靠秦岭组成保卫西安的新防线,妄图固守西安,孤注一掷,同时又在秦岭以南准备了退路。狡兔尚有三窟,何况这位上将呢!中央已决定第十八、十九兵团由华北入陕。因此我们要抓紧时间进行军事训练,筹备粮草,准备吃大苦,打大仗,解放西安,解放大西北。

4月21日 毛泽东、朱德发布《向全国进军的命令》。二十日夜至二十一日,由刘伯承、陈毅、邓小平、粟裕、谭震林组成的总前敌委员会(邓小平为书记)指挥的第二、第三野战军,在第四野战军先遣兵团和中原军区部队配合下，发起渡江战役。百万雄师强渡长江。二十三日，南京解放。延续二十二年的国民党统治宣告覆灭。

4月24日 人民解放军第十八、十九、二十兵团等部在第一野战军配合下，解放太原。二十五日，第十八、十九兵团改隶第一野战军建制。

4月28日 出席西北军区后勤政治工作会议。在讲话中说：在西北，大规模的战争还在后面，后勤工作要加强。第一，在新的形势下要足够认识后勤工作的重要性。没有后勤工作，要取得战争的胜利，要完成政治任务是不可能的。第二，后勤部队政治工作干部也要善于做政治工作，善于用政治工作去指导动员、保障具体工作。政治工作要根据工作对象的不同性质，采取不同方法，针对专门业务部门的具体情况进行。第三，要做好支部工作。支部工作做好了，政治工作、后勤工作才有保障做好。

5月1日 在延安职工俱乐部出席西北工会代表会议开幕式。

同日 下午，出席延安各界庆祝五一国际劳动节和人民解放军解放南京、太原的盛大集会。在讲话中号召广大民众坚决拥护毛泽东和朱德的《向全国进军的命令》，彻底消灭敢于抵抗的国民党反动派；全体工人加紧生产，支援前线。

5月2日 出席中共中央西北局召开的在延[1]民主人士座谈会，传达中共七届二中全会精神。在讲话中说：各级党组织在领导实现工作重心战略转移的过程中，要牢固树立在城市必须全心全意依靠工人阶级的思想，紧密团结其他劳动群众，争取知识分子和能够同我们合作的、尽可能多的民族资产阶级分子及其代表人物，结成最广泛的人民民主统一战线。

---

〔1〕 延，指延安。

5月4日 出席中共延安县第三届党代表大会。在讲话中说：今后陕北将是和平建设的环境。如何领导群众恢复与发展生产，从事建设，成为党在延安的最中心工作。在经济建设上，目前主要是农业、手工业生产和合作社事业，并注意逐步发展工业建设。

同日 同贺龙、王维舟、张经武、朱早观发布《西北军区关于成立陕北军区的决定》。《决定》指出：以延安、绥德、黄龙、三边、榆林五个军分区划归陕北军区，并以延安分区司令部为基础组成陕北军区司令部。张达志为司令员，李合邦为政治委员。

5月5日 主持中共中央西北局总学委会议，检查中共七届二中全会文件的学习情况，研究下一步的学习问题。

5月6日 在延安接见国民党军第二十二军派来和平谈判的张之因[1]、鱼渤然[2]、张旨晟[3]、雷无尘[4]四名代表。张之因等四人于五日随罗明至延安，向西北军区表示愿意接受"八项和平条件"，和平解放榆林。习仲勋在谈话中阐明中国共产党的统战政策，并告诫他们：机不可失，起义不能再迟疑。中共中央西北局并决定以张经武、曹力如、李启明、朱侠夫、罗明等组成中国人民解放军西北军区谈判代表，同国民党军第二十二军代表在延安谈判，后移至榆林直接与左协中谈判。七日，毛泽东为中共中央军委起草复中共中央西北局电，同意关于榆林谈判及处置办法。

同日 同林伯渠、刘景范、杨明轩、贺龙、王维舟发布陕甘宁边区政府、西北军区司令部联合通令《关于部队机关不得占住

---

[1] 张之因，时任国民党军第二十二军参谋长。
[2] 鱼渤然，时任国民党军第二十二军军部军务处长。
[3] 张旨晟，时任国民党军第二十二军参谋处谍报课课长。
[4] 雷无尘，时任国民党军第二十二军军部秘书。

原省县银行及其他企业部门》。

5月10日 在延安桃林广场出席中共中央西北局举行的进军西安干部动员大会。在讲话中说：干部工作队进驻西安，是协助人民解放军奋勇前进，保护和建设西安市，迅速恢复和发展这个城市的生产事业，使其成为生产与农村经济相结合的为人民服务的城市。我们依靠什么力量来实现这个政策呢？必须依靠工人阶级，团结其他劳动群众，争取知识分子，争取尽可能多的能和我们合作的自由资产阶级及其代表人物，站在我们方面，组成广泛的统一战线，才能把城市管理好和建设好。我们的干部必须保持严格的纪律，密切联系群众。一切要按政策办事，不许违反政策，所有重要工作事项，都要事前请示、事后报告，发现问题时，先请示上级再去处理，不许自作主张、先斩后奏。到西安去的各个部门、单位及全体干部，必须完全服从军管会的领导。要坚定无产阶级立场，保持艰苦奋斗的作风，努力学习，对于管理和建设城市的知识，必须从做小学生起。我们不怕不懂，只怕不学。只要我们有甘当小学生的精神，我们就可以当大学生；反之，怕当小学生，就永远是个小学生。

5月11日—6月17日 第一野战军进行陕中战役，陕西广大地区获得解放。

5月12日 致电榆林军分区吴岱峰[1]、刘长亮[2]、刘仲武[3]。电文说：（一）榆林问题已接近最后协议，二十二军仅先就左可控制者整编一个师，余俟将来再说，其地方团队不在该

---

[1] 吴岱峰，时任中共榆林地委常委、榆林军分区司令员。
[2] 刘长亮，时任中共榆林地委书记、榆林军分区政治委员。
[3] 刘仲武，时任榆林军分区副司令员。

师整编之内，统归榆林分区接收处理。榆方代表可于辰删[1]前后返回，未正式公布前，望严守秘密。（二）地方团队经郝[2]、雷[3]进行工作争取主动改编极为重要，其编制原则以我军为基干编进消化，而不是原建制不动或单独编一支队伍。其军官选择好的留用，坏人资遣，其他集训，彻予改造，务希妥为安置。其士兵老弱残废及有嗜好传染病者，或个别地富反动分子，统予遣散，其中罪恶重大者务须向人民悔过并交回地方人民监督转变，其坚决不愿干者准予解甲归田。编制时间不宜过早，俟榆林代表归后再动。如此，则他们互相协制更对我解决问题有利，否则，该团队提出过高要求，或以早起义来抬高价钱。总之，榆林问题已接近最后解决，务希妥善掌握。（三）郝登阁可留榆多做工作，如需久待亦可考虑。其他具体办法均待侠夫[4]回后面达。

5月16日 同张宗逊、赵寿山等收到周恩来为中共中央军委起草的关于西安市军事管制委员会组成人员的电报。二十四日，西安市军事管制委员会正式成立，贺龙任主任，贾拓夫、赵寿山、甘泗淇任副主任。

5月18日 收到张宗逊来电，该电并报中共中央军委。电文说：西安即将解放，请你及西安军管会主要干部一二日内赶来前方，主持进西安工作，其他接收干部亦须从速赶来。

5月20日 西安解放。二十一日，中国人民解放军举行隆重的入城仪式。下旬，从延安前往西安。临行前，在王家坪宣布

---

[1] 辰删，指5月15日。
[2] 郝，指郝登阁，曾任国民党陕西省旬邑县县长，1949年2月11日率该县保安团和4个乡公所430余人起义后进入解放区。当时受西北军区派遣到国民党榆林地方团队做统战工作。
[3] 雷，指雷无尘，为国民党军第二十二军起义赴延安谈判代表之一。
[4] 侠夫，指朱侠夫。

中共中央西北局决定：中共陕北区委、陕北区行署和陕北军区成立，领导陕北老解放区工作。

5月23日 由延安赴西安途中出席中共三原地委会议，并听取中共三原地委工作汇报。在讲话中说：我们应有计划、有领导、有步骤去进行工作，由分区到区、乡应即作出六、七、八三个月的工作计划。今后这一段很重要，大军云集，如无明确计划不行。肃清反动武装、安定城乡秩序、恢复生产、支援前线为三个月的中心任务，在每一件工作中须注意发动群众工作。城市工作复杂，须定出计划，派人巡视，检查总结，广播经验，加强密切指导。

5月24日 签发中共中央西北局关于中共西安市委员会组成人员的决定。二十六日，中共西安市委员会正式成立。贾拓夫任书记，赵伯平任副书记。

5月25日 西安市人民政府宣告成立。贾拓夫任市长，方仲如任第一副市长，张锋伯任第二副市长。

5月29日 就西安情况致电中共中央。电文说：（一）经几天努力，市内治安逐渐好转，敌特大的公开活动已停止，已破获最新式电台一座，已发现未处理的高级电台尚有十几座。银行成立后才六日商店半数开门。但由于迟到一步，工作被动，进展不快，如潜伏敌特势力基本上尚未搞清，收集散兵游勇刚开始。各区党政干部廿九日才正式下去。仍有零星抢劫案发生，谣言很多，市民恐怖心理未完全去掉等。廿六日晚曾专作讨论，决定在几天内，以肃清敌特、巩固革命秩序完成接管工作为中心，迅速建立和加强公安与警司工作，统一野政军政及地下党力量，有步骤地推进群众工作，打下比较确实的工作基础。（二）南山有敌军相当地方武装时出骚扰，六军[1]拟抽出大部力量，进行清剿。（三）西纵除十六大队外，均已陆续到达。（四）房产管理处干部未到，登记管理工作尚未进行，提议边区机关待巳佳[2]后各方面工作准备就绪，再有计划有秩序地进城，否则会进来安不下，且影响工作。（五）军大[3]招生到处搞得不好，已决定一律暂停招生，待西北局决定公布后再办。

同日 中国人民解放军西北军区与国民党军第二十二军谈判代表达成《榆林局部和谈协议》。六月一日上午十时，西北军区独立第一师开进榆林城。六月十四日，国民党军第二十二军军长左协中、参谋长张之因、第八十六师参谋长张博学及各团团长联名通电，表示"与国民党反动派完全断绝关系，坚决拥护中国共产党各项主张，服从中共中央、毛主席、朱总司令及人民解放军西北军区之领导，依照民主原则，在指定地点改编为人民解放军，脱离黑暗，投向光明，永远为人民服务"。七月十一日，毛泽东、朱德复电左协中，表示慰勉。中共中央西北局派张达志等前往榆林，与起义部队组成整编委员会，依照协议对第二十二军直属队及第八十六师三个团共四千六百九十五人进行改编。

6月7日 同贺龙、张宗逊、赵寿山、梁军[4]并十八、十九兵团首长收到彭德怀来电。电文说：敌有乘我华北各部未到前向我反扑模样。我六十一军本日到达风陵渡时，应立即南渡乘车开西安接替六军防务。对南山敌之三军、六十九军、十七军布置防御。

---

[1] 六军，指第一野战军第六军。
[2] 巳佳，指6月9日。
[3] 军大，指西北军政大学，1948年9月19日在山西临汾成立。
[4] 梁军，时任解放军第十八兵团参谋处处长，率先遣工作队至陕县等地。

6月8日 中共中央决定组成新的中共中央西北局。彭德怀任第一书记,贺龙任第二书记,习仲勋任第三书记。因彭德怀正指挥第一野战军向甘、宁、青、新广大地区进军,军务繁忙,贺龙不久即筹备率军入川与第二野战军会合作战事宜,习仲勋分工主持西北局日常工作。

6月19日 晚上,在西安建国公园出席中共中央西北局、第一野战军前委召开的紧急会议。会议针对胡宗南集团同马步芳、马鸿逵集团联合向我进行反扑的严峻形势,集中讨论西安要不要守和击南击北(即打胡打马)问题。出席会议的除习仲勋外,有彭德怀、贺龙、张宗逊、赵寿山、阎揆要、王维舟、甘泗淇、张德生、马明方、张经武、周士第、王新亭、陈漫远、杨得志[1]、李志民[2]。

6月23日 出席西北财经委员会第二次会议。会议讨论一九四九年下半年经费概算,严禁种植罂粟和吸食、运销鸦片问题,出口贸易与税收等统一以及物价问题等。

6月26日 同林伯渠、刘景范、杨明轩、贺龙、王维舟发布陕甘宁边区政府、西北军区司令部《关于为华北野战军过境腾出住房》的联合命令。

6月30日 出席西北财经委员会第三次会议。会议讨论西北下半年财政预算问题,七月份西安市各公营企业职工工资问题,宝鸡解放后的金融物价问题等。

7月1日 下午五时,同彭德怀、贺龙等在西安革命公园礼堂出席中共中央西北局举行的庆祝中国共产党成立二十八周年大会。

---

[1] 杨得志,时任第一野战军第十九兵团司令员。
[2] 李志民,时任第一野战军第十九兵团政治委员。

7月5日 同彭德怀、张宗逊、赵寿山、贺龙、王维舟、林伯渠、刘景范、杨明轩发布第一野战军司令部、西北军区司令部、陕甘宁边区政府《关于收交面粉袋》的通令。通令称：为解决面粉袋之囤积，以保证各野战部队及西安市各机关粮食之及时供给，特决定过去领取面粉之面粉袋，统限于七月十五日以前一律按系统逐级收回，今后领取面粉之面粉袋，亦必须按时交回。

同日 下午，在西安革命公园礼堂出席由贺龙召集的西安市各界代表和民主人士座谈会，听取他们对西安建设工作的意见和建议。

7月6日 同贺龙等在咸阳十八兵团司令部出席彭德怀主持召开的中共第一野战军前委第七次扩大会议。会议传达中共中央军委和毛泽东六月二十七日关于歼击胡宗南、马步芳、马鸿逵、王治岐[1]的作战意图，讨论"先胡后马、先马后胡"的利弊，确定了"钳马打胡、先胡后马"的作战方针，决定发起扶（风）眉（县）战役。

同日 同林伯渠、刘景范、杨明轩、贺龙、王维舟、张经武发布陕甘宁边区政府、西北军区司令部《关于收集电讯器材》的命令。

7月10日—14日 第一野战军进行扶眉战役。战前，同贺龙发出指示，要求地方大力配合与支援野战军主力作战。扶眉战役共歼灭胡宗南集团四个军四万四千余人，收复和解放武功、眉县、扶风、岐山、凤翔、永寿、麟游、宝鸡、千阳等九座县城。

7月14日 同贺龙收到彭德怀、张宗逊来电，该电并报中共中央军委。电文说：十四日三时，四军攻占宝鸡，二军占益门镇（宝鸡南）。请集中所有汽车汽油（军用与商用）运输粮食弹

---

[1] 王治岐，时任国民党军西北军政长官公署第一一九军军长。

药。另请派得力人员督修漆河铁桥，以便我军主力一、二兵团出陇南截击陇东。估计青宁两马将总撤退。准备以十九兵团沿西兰公路猛追，故追送该兵团粮弹亦请筹备为盼。

7月24日—8月11日 第一野战军进行陇东追击战，歼灭马步芳、马鸿逵部万余人，解放县城二十二座，迫使二马主力分别向陇中、宁夏撤退。

7月25日 在贾拓夫、方仲如、张锋伯向西安市军事管制委员会报送的《银元管理办法》上批示：此办法很简单，且不够详尽明确，请能连同前次所提办法合并颁布为要。

7月28日 出席贺龙主持的西安市各界代表会议。在讲话中说：为了建设人民的新西安，必须团结拥护新民主主义革命的各阶层、各阶级，组成广泛的统一战线。今天的各界代表会议，就正是这个团结的开端。共产党员们必须坚决站稳人民大众的立场，团结广大群众和一切赞成人民民主专政的各界人士。在进行团结的工作中，共产党员决不能自视特殊，脱离群众。共产党员只有和党外人士实行民主合作的义务，而没有排斥别人、垄断一切的权利。这一条原则，必须切实遵守。建设人民的新西安，必须和广大农村配合起来。今天西安市基本上还不是一个生产的城市，而是一个消费的城市。西安还不能以大量的生产品供给乡村，乡村农民也还没有力量购买城市的大量生产品，而城市生产原料和生活资料，则完全要依靠乡村来解决，前方支援战争的人力物力，亦百分之九十取之于乡村。因此，必须与建设城市的同时，积极地进行农村中的社会改革和民主改革，才能使建设和发展城市的工业生产具有充分的条件。希望城市中的工作人员、青年学生，大批地到农村中去工作。此外，到会各界代表，要划清革命与反革命的界限，协助军管会和市人民政府，努力肃清特务、散匪等国民党残余力量，恢复与发展生产，支援前线。西安市各界代表会议于七月二十八日至八月一日召开。

8月1日 同贺龙、王维舟、张经武发布西北军区司令部《关于整饬军风纪的规定》。《规定》指出：查本军区部队机关常有着装不一，军容不整之人员出入市面或乡镇，不扣钮扣不扎皮带绑带之散漫无组织纪律之怪现象随处可见。长此以往，极有损于我人民解放军之声誉，必须迅速予以纠正。

8月3日 审阅西安市军事管制委员会报送的关于金融管理问题的报告并致信陈希云[1]。信中说：管理银洋办法，除个别字句已作修改外，还有如下意见：（一）对违法行使、倒贩银洋者之罚款、判处等，必须明确规定由某级政府或某一专门机关处理。不然，下边会因争得奖金而乱搞。（二）对违法行使银洋犯之处罚，须区别初犯、屡犯、一般贫苦群众或投机商人等情况，分别对待。请慎重考虑后再加修改，在政府会议通过后颁布。

8月4日 出席中共中央西北局召开的陕西关中新解放区中共地委书记会议，作《关于新区工作的检讨和当前任务》的总结报告。在谈到今后的工作任务时说：从现在起到明年夏收以前近十个月的时间内，有几项重要工作：（一）正确掌握政策，实行合理负担，用大力继续支援前线。（二）积极建立人民武装，继续肃清反动武装。（三）开展普遍的群众斗争，反对恶霸，反对土匪，反对特务。（四）摧毁保甲，清理国民党人员，初步建立乡村人民民主政权，让农民当政。（五）组织农会，建党、建团。（六）以上各项工作，都要在发动群众运动的基础上去完成。在谈到城市工作时说：城市工作必须清醒地掌握工作方向，继续团结全体职工，恢复与发展生产，并以此为一切工作的中心；加强肃特、清匪工作，巩固革命秩序；用大力解决失业问题，抓紧改

---

[1] 陈希云，时任西安市军事管制委员会后勤处处长。

造与适当安置原有公教人员，组织无业劳动人民参加各种生产或到农村垦荒；发展交通，稳定金融，发展合作事业，鼓励城乡物资交流；动员大批共产党员、青年学生、进步分子到农村去，加强农村工作。在谈到加强党的领导工作时说：要集中使用干部，领导同志亲自主持一处，取得经验，推动全盘。在群众运动浪潮中，要坚持党的正确领导，强调执行政策的严肃性；上级党的指示、决定，必须认真研究，并在党内进行切实的传达和教育，如有不同意见可以提出，但未经上级党批准前，仍执行原来决定；遇到新问题，先请示上级，然后处理。同时，要注意城乡结合，互通情报，利用各种方式加强各县各区的联系，规定三天五天报告一次工作的制度。领导同志常下去巡视，利用报纸和党内刊物，迅速传播和交流经验。我们必须健全各级党委制，干部学习应加强，学习政策要和研究新区情况、总结新区工作经验结合起来，逐渐提高马列主义的思想水平，减少犯经验主义的错误，克服"越乱越忙，越忙越乱"的现象。

8月5日 同贺龙、王维舟发布中国人民解放军西北军区命令。命令称：原国民党第二十二军八十六师改编为中国人民解放军西北军区独立第二师，任命高凌云为师长，黄罗斌为政委，李新国为参谋长，赵斌为政治部副主任，鱼渤然为副参谋长，李文斌为供给部长，贺居敬为副部长，张衍山为卫生部长。

8月6日 同彭德怀、贺龙收到毛泽东关于兼取政治方式解决西北问题的电报。电文说：现在西北敌军分向汉中、兰州、宁夏三处退却，我军亦须分为三路解决退敌。"西北地区甚广，民族甚复杂，我党有威信的回民干部又甚少，欲求彻底而又健全又迅速的解决，必须采用政治方式，以为战斗方式的辅助。现在我军占优势，兼用政治方式利多害少。其办法即为利用靠拢我们的国民党人和我们的人一道组织军政委员会，以为临时过渡机构。

这样的国民党人就是张治中[1]、傅作义、邓宝珊。""关于绥远和宁夏问题，我们准备和傅作义合作去解决。""请你们对宁夏问题考虑一下，是否可以经过傅作义去改编马鸿逵部。""对马步芳必须歼灭其主力，但他有玉树等地为后方，可以保存残部。欲最后解决青海亦须找些与青海有联系的旧人，如我们使用邓宝珊主甘，可能打开寻找此项旧人及最后解决青海问题的门路。此外，班禅[2]现到兰州，你们攻兰州时请十分注意保护并尊重班禅及甘青境内的西藏人，以为解决西藏问题的准备。""陶峙岳[3]现在动摇，有和平解决新疆的意向，我们认为应利用张治中组织新疆军政委员会，以张治中为主席，我们的人（是否王震去新疆）为副主席，再加伊犁方面[4]一人为副主席，以为过渡机关。""整个西北亦可考虑在将来组织军政委员会，以彭为正，以张治中为副。"

8月8日 同贺龙收到彭德怀本日来电。电文说：解放兰州后，十九兵团休息半月至二十天，全部准备向宁夏进军（约九月底）。对宁马内线工作，请加紧进行。

8月9日 同贺龙致电毛泽东、彭德怀。电文说：主席八月六日电敬悉。所提目前作战方针和解决西北问题指示，八月八日

---

[1] 张治中，原任国民党西北军政长官公署长官，1949年1月任国民党政府和平谈判代表团首席代表，率代表团到北平同中共代表团进行谈判。经过协商，中共代表团于4月15日提出《国内和平协定（最后修正案）》，并宣布4月20日为最后签字时间。国民党政府拒绝在协议上签字。之后，张治中等决定脱离国民党政府，留在北平。

[2] 班禅，指十世班禅额尔德尼·确吉坚赞，西藏地方宗教和政治领袖之一。

[3] 陶峙岳，时任国民党西北军政长官公署副长官兼新疆警备总部总司令，后率部通电起义。

[4] 伊犁方面，指新疆伊犁、塔城、阿勒泰三区革命政府。

西北局常委会讨论一致同意，认为西北我军已占优势，但地区辽阔，民族复杂，我少数民族干部确实很少，采取以政治方式为战斗方式辅助的方针，解决问题，则更为稳妥。并启示我们在接近全国最后胜利的时候，更应唯谨唯慎，争取与联合一切可能争取与联合的社会力量，壮大统一战线，加速战争胜利。关于解决西北各省的各项具体问题，我们正研究中。

8月10日 同贺龙、王维舟、张经武发布西北军区司令部通令。通令称：近日发现匪特化装我军，假借修查电讯线路破坏电线，竟于白昼进行。为了防止匪特破坏，责成各级总机必须在各条线路上做到每十五分钟试线一次，如因未试线致匪特破坏线路而未被发现者，总机之双方值班员应负玩忽职守之责。发觉线路中断，立即派员查修，不得延误，必要时主要机关可派出便衣巡逻。

同日 同贺龙接到彭德怀本日来电。电文说：过固关、平凉后气候已到秋凉。固关以西之关山路泥甚深，鞋子、粮弹、经费均积宝鸡、陇县，运不过来。部队无鞋赤足难作战，无款易犯纪律。雨季已临，各兵团物资供给已感严重困难。请告冬衣现到何处。

8月20日 同贺龙、王维舟、张经武发布西北军区司令部命令。命令称：原交通部第一区电讯管理局及所属各局均已为人民接管，查近年来各地驻军及党政机关与后方各单位，使用电讯设备时不按章缴费，或不经上级与电讯管理局之准可，随便搬运通讯器材，或借用电话机、线等，致打乱电讯系统与企业章则。为此特作如下决定：除接近前线之野战军因作战需要，持军以上正式函件，可免费叫发长途电话、借用线路外，其他各党政军民一律按章缴费。

同日 同贺龙收到彭德怀关于攻打兰州及召开中共中央西北

局常委会的电报，该电并报中共中央。电文说：我六十五军十九日攻占定远镇，六军攻占九条路口，四军攻占阿干镇，本日决心进行侦察，明二十一日扫清外围，二十二日攻城。关于西北局常委会，电文说：野指已到定西，请你们考虑先来定西，如兰州打下在兰州开，如数日内打不下兰州，即在定西开，以为如何。会议议事日程：一、如何具体执行毛主席八月六日指示。二、如何分兵入川、入疆（取得一致意见后提交中央批准）以及具体准备工作。三、两个方面（川、新）支前部署。四、今秋冬关中、东西府〔1〕及天水、平凉地方工作布置。五、西北局是否准备移兰州，如移兰州市，陕西似应成立省委。除上述外，是否还有其他要议，西安哪些常委同志可来兰州开会，非常委同志有什么意见，请在西安开一次座谈会，或叫准备，征求一些意见。如你来时，路上须带两个班警卫，不可忽视。

8月22日 同彭德怀、贺龙收到毛泽东本日复彭德怀电。电文说：十九兵团何时向宁夏进军，待占领兰州后看情况决定。如果王震四个军确有把握占领青海，则十九兵团可在兰州休息十天或半月后即向宁夏，否则可略为推迟。入新疆部队至少休整一个月，必要时酌量增加休整时间，好作充分准备。入川部队待与贺面商后作最后决定，大体上以十八兵团入川是适宜的。

同日 同贺龙、王维舟收到彭德怀、张宗逊来电。电文说：兰州工事坚固，守敌顽强，攻夺时间可能延长数日。宁夏的来援可能存在，来援道路，一由黄河北岸增援兰州，一由同心城出固原威胁我后方。固原、海原缴获子弹四十余万均存固，并储粮两月，城坚工事强，如宁马来犯，六十四军准备固守。黄罗斌率领之五个团依据目前情况，请令其进至惠安堡、韦州、豫旺地区与

---

〔1〕 东西府，指陕西东部渭河以北地区和西部泾河、渭河之间地区。

六十四军弄通电台联络,以便配合打击宁马匪军。

8月22日—26日 出席贺龙主持召开的西北军区建军会议。二十五日,在会上作总结报告。在谈到剿匪方针和政策时说:(一)新区有为数相当大的反动武装,群众还没有发动起来,对我们的政策还有怀疑,我们只靠军队力量去消灭反动武装,显然是不能解决问题的。因此,我们党在这一时期确定以军事清剿配合政治瓦解,并以政治瓦解为主的解决方式。(二)重视政策,研究政策,不要怕麻烦。我们今天就是干的麻烦事,不麻烦就不行。麻烦就是革命工作,我们就要以麻烦取得胜利,怕麻烦就不会争取多数、孤立少数。具体地说,麻烦就是我们运用政策和策略的具体表现。我们要用思想去研究掌握党的政策,解决问题。我们既能勇敢地战斗,又能机智地工作。(三)原则要坚定,策略要灵活。愈到胜利的时候愈要谨慎,愈不能骄傲,愈不能简单,而要采取更多的、更细致的方法进行我们的工作。在谈到建军的方针和方向问题时说:(一)建军的问题,也就是关于建设人民武装的问题,在最近这一时期是发展与巩固自己,消灭与肃清敌人。(二)开展与诉苦相结合的有领导的有秩序的民主运动。(三)改造旧军官的思想。要认识到,改造旧军官,只有通过提高他们自己的思想和政治觉悟,才能建立起像革命军队的各种制度。(四)建立地方性的正规军,在战术上、技术上、政治工作上以及各种制度上向野战军看齐,在部队成分上要特别注意多吸收青年知识分子。将来的国防军不同于现在的野战军,机械性更大,干部没有一定的文化水平是不能掌握的,今天建设部队应该看到这个远景。(五)统一领导,改变作风。部队的一切工作统一由党委领导,要和当地同级党委加强团结,坚决服从党委的领导。今后部队的一切重大决议,要拿到党委讨论,动员全体党员去做。司令部、政治部要改进领导,树立军事作风,要有战斗性，说办就办，一办就成。同时，要改变不研究问题的作风。

8月23日 同彭德怀、张宗逊、贺龙收到毛泽东为中共中央起草的电报。电文说：（一）马步芳既决心守兰州，有利于我军歼灭该敌。为歼灭该敌起见，似须集中三个兵团全力于攻兰战役。王震兵团从上游渡河后，似宜迂回于兰州后方，即切断兰州通青海及通新疆的路并参加攻击，而主要是切断通新疆的路，务不使马步芳退至新疆，为害无穷。攻击前似须有一星期或更多时间使部队恢复疲劳，详细侦察敌情、地形和鼓动士气，作充分的战斗准备。并须准备一次打不开而用二次、三次攻击去歼灭马敌和攻占兰州。（二）同意在定西或兰州开一次西北局常委会，请你们计算时间，贺龙同志如能于九月十五日赶到北平参加政协（政协准备九月十日开幕，二十日闭幕，贺于十五日到，可参加会议的一半），即可偕仲勋一道去兰州附近开会，惟路上须带充分的护卫武装，并须保守机密为要。（三）贺来北平一次，不但参加政协，还有和邓小平[1]商量入川任务及带张治中、邓宝珊一道去西北之必要。（四）西北局须准备移至兰州，将来西北人民政府须建立在兰州。

8月24日 同贺龙收到彭德怀、张宗逊来电，该电并报中共中央军委。电文说：（一）以三个兵团打兰州，王[2]兵团决从兰州上游渡河迂回兰北。（二）宁马出动三个军，经黄河左岸增援兰州城可能大。如两马集结兰州，并周、黄两部[3]共有十三万兵据守坚城，我即集三个兵团短期内亦不易攻占；同时粮食

---

[1] 邓小平，时任第二野战军政治委员。
[2] 王，指王震，时任第一野战军第一兵团司令员兼政治委员。
[3] 指周嘉彬任军长的国民党军第一二〇军，黄祖勋任军长的国民党军第九十一军。

很困难，不能持久，运输线长，运输工具少，弹药不能得到充分接济，运粮更不可能。故决定乘马鸿逵部未到前围攻兰州，求得先解决青马主力。如未解决青马军，而宁马援军迫近时，即以四个军围困兰州，集结五个军打宁马。（三）二兵团、十九兵团攻城准备工作已妥，疲劳尚未恢复，粮食不足，油、菜更难解决，青马匪军不断反袭，故很难得到休息。以现在准备工作来看，攻占兰州有六七成把握，故决定在二十五日晨开始攻击。

8月26日 同彭德怀、张宗逊、贺龙收到毛泽东为中共中央军委起草的电报。电文说：（一）如你们二十五日攻兰得手，则局面起了变化。（二）如不得手，则作为侦察性质的作战，全军将因此种流了血的侦察战获得有益的教训而确定了再战的胜利。（三）如二十五日不得手，则请照你们二十四日电的决心，确定先打援，后打城。如此，则须令对城防御之四个军或三个军构筑坚固防御阵地。并须预计打援及攻城两战所必需的充分的时间，估计至少要半个月，多则可能要一个月或更多时间。（四）为了要筹一个月或两个月的粮食及由西安接济食油、弹药及棉衣，请令十八兵团用全力向胡宗南军所在的空隙地区举行袭击，确保天水及西兰公路，以利运输。同时，在兰州附近周围二三百里区域有计划地筹措粮食。请西北局全力支援兰州前线的需要。

同日 第一野战军解放兰州。

8月28日 同贺龙、贾拓夫等从西安前往兰州。随后，出席彭德怀主持召开的中共中央西北局常委会议。会议讨论贯彻执行毛泽东八月六日关于兼取政治方式解决西北问题的指示，以及进军四川、新疆等问题。会后，检查甘肃省支前和稳定市场物价工作。针对有同志提出的利用政府和部队掌握的交通工具对石油、食盐、药材、皮毛等实行专卖，以限制私人从事此类经营活动的建议，指出：这种专卖的办法估计没有什么好处，不要去试验它，否则会吃大的亏，划不来。

9月3日 离开兰州返回陕西。

9月4日 同彭德怀、贺龙收到毛泽东复电。此前，毛泽东于九月二日电示彭德怀、张宗逊："占领青海、宁夏及永登休整一时期再分兵西进。"并询问是否可于九月十五日以前占领青海、宁夏。三日，彭德怀、张宗逊复电毛泽东："十五日占西宁有可能。兰州离宁夏一千二百里，十九兵团九月八日才出动，九月底能占宁夏省会还是快的"。四日，毛泽东复电彭德怀并告贺龙、习仲勋："向青、宁进军以适合情况解决问题，不使军队太疲劳为原则，早一点迟一点都可以。""宁夏马军力争全部缴械，其次则争取大部缴械，一部改编。总之，改编的部队愈少愈好。""请考虑利用马鸿宾，派人向马鸿宾做些工作，争取大部和平缴械，一部改编的局面。宁夏人少地狭，马部军政党可能有二十万人，加上十九兵团十万人，粮食问题必甚严重，请预为筹备。"根据毛泽东指示，第一野战军在解放兰州后，以第一、第二兵团进军青海，进行河西地区追击作战，求歼马步芳残部；以第十九兵团发起宁夏战役，攻歼退守宁夏的马鸿逵部。

9月5日 西宁解放。

9月10日 毛泽东复电彭德怀，就进军新疆的后勤保障工作、和平谈判事宜等提出安排意见。复电并提出：应设立西北军政委员会，统辖西北五省军事、政治、经济、文化等各方面工作。以彭德怀为主任，习仲勋、赵寿山、张治中、邓宝珊四人为副主任，办公地点在兰州或西安。以张治中为新疆军政委员会主任，王震及少数民族的二人至三人为副主任（或须加上陶峙岳），以为新疆的过渡机关。

同日 同贺龙、刘景范发布西北军区司令部、陕甘宁边区政府联合通令。通令指出：为供应前线运输，各机关所存空汽油桶严禁出售或作他用，并协同后勤运输部进行调查登记。

9月上旬　同彭德怀、贺龙在兰州西北大厦接见并设宴招待黄正清[1]。

9月15日　在西安青年堂出席中国新民主主义青年团西北工作委员会召开的关中新区工作会议。在讲话中说：青年团要组织和领导广大青年群众，在各种工作中起积极的先锋作用。青年团要成为以马列主义和毛泽东思想教育整个青年一代的学校，培养青年成为党的后备军。

9月16日　出席西北军区卫生部会议。在总结讲话中说：战争两年来，卫生工作克服种种困难，支援前线，有很大成绩。西北的卫生医务人员是由几摊子兜起的，药品由远方运来，交通不便，任何单位有缺点是可能的，这是客观事实。做卫生工作的同志，彼此了解不够，生活上、政治上、工作上了解不够，缺乏自觉的政治团结。只有大家团结一致，才能打胜仗，才能胜利。出现矛盾，问题之一是卫生部门的领导核心没建立起来，彼此有点不大佩服，解决的办法是开展批评与自我批评。党的事业放在第一位，在党的利益下解决团结问题。未来工作是繁重的，战争尚在继续，将来把大西北变成新西北，卫生工作很重要。对全国卫生工作方针，我们西北要用大力气去贯彻。

9月18日　上午，在西安群众堂出席西安市各界代表会第二次会议。二十日，会议通过成立中苏友好协会筹委会的提案，同贺龙等七十五人被推选为筹委会代表。

同日　下午，在西安市人民政府大操场为由华北大学、华北

---

[1] 黄正清，藏南拉卜楞寺的领袖人物，曾任甘肃拉卜楞寺保安司令、国民党军事参议院少将参议等职，1949年8月率部起义，1950年6月任西北军政委员会委员。

革命大学分配到西北工作的西北干部大队一千八百余人作报告。在介绍西北解放战争的发展形势、当前的工作方针和任务后说：同志们到实际工作中去，第一，要和当地群众很好地团结起来，要同当地的老干部、地下党员、进步人士、工农群众、各少数民族群众打成一片。第二，要注重实际，无论到农村、工厂和学校中去工作，都要埋头苦干，着重实际效果。第三，要专精一门，做好一件事，发挥专长，不要好高骛远。第四，要向困难斗争，战胜困难，不要碰到钉子就灰心丧气。

9月21日—30日 中国人民政治协商会议第一届全体会议在北平举行。出席会议的代表共六百六十二人。会议通过起临时宪法作用的《中国人民政治协商会议共同纲领》以及《中国人民政治协商会议组织法》《中华人民共和国中央人民政府组织法》等文件。会议决定国都定于北平，北平改名为北京；纪年采用公元；在中华人民共和国国歌未正式制定前，以《义勇军进行曲》为国歌；国旗为五星红旗。会议选举出中央人民政府委员会，毛泽东为中央人民政府主席，朱德、刘少奇、宋庆龄、李济深、张澜、高岗为副主席，陈毅等五十六人为委员。习仲勋当选为中央人民政府委员。

9月23日 出席西北工会工作会议暨公营企业联席会议。在讲话中说：战争结束后我们的主要任务是建设，在建设事业中又是以工业建设为中心，以便经过一定时期，将西北由一个在经济上散漫、落后的农牧区，改变为工业经济起领导作用的先进地区。要达到这个目标，必须有正确的步骤。恢复与发展现有的公私企业，这是第一步；第二步是有计划地建设新的大规模的工业。现在是走第一步，我们的任务是要把企业管理和工会工作这两方面的力量结合起来，使现在有利国计民生的一切公私企业迅速恢复生产，在现有基础上求得发展，并在干部培养、经验积累等方面，给下一步准备条件。现在工作中存在的问题，就是在这两方面都做得不很好。我们工厂的产品成本高，除技术装备较陈旧外，管理得不好也是重要原因。有些工厂职工运动表现消沉，有些工厂工人要求过高的工资，单纯强调工人福利等而影响劳资两利政策的贯彻。这就是我们对工人工作没有做好，没有把多数工人觉悟提高起来，使他们懂得应当为整个工人阶级的长远利益打算，而不要光为眼前的一点利益，闹得企业倒闭，资本家关了门，生产停顿，工人自己的饭碗也就没有了。这些马列主义基本道理没有对工人很好地去进行教育。目前我们在工人运动中的主要缺点是关门主义。许多同志对当前工人群众觉悟程度的发展估计不足。广大群众每日每时在从革命同反革命进行斗争的活生生的事实中受到教育，在从亲身体验的政治事变中受到教育。我们要采取大刀阔斧的方式，把绝大多数工人组织到工会里来，经过工会去教育和提高工人群众。有些工人在思想意识上有毛病，这是自然的，只有把他们组织在工会里边，在积极生产和各种活动中，进行长期的艰苦的马列主义的思想教育，才能够去旧换新，具有自觉的领导阶级的思想，这就是党的职工运动部门、全体工运干部所要担负起来的重大任务。"我们的眼睛要常常往前看，望着那些新的发展着的东西，我们的工作就永远是胜利的。"

同日 银川解放，第一野战军第十九兵团于九月二日发动的宁夏战役胜利结束。该役共歼灭与和平改编守军四万余人，马鸿逵部全军覆灭。由于采取军事打击与政治争取相结合、对马鸿宾和马鸿逵部区别对待的方针，宁夏问题得到比较顺利的解决，马鸿宾率部起义。至九月底，宁夏全境获得解放，马氏家族对宁夏数十年的封建统治结束。

9月24日 下午二时，在西安西京招待所礼堂出席中苏友好协会西安分会筹备委员会第一次会议。在讲话中说：成立中苏友好协会最主要的意义，首先在于学习马列主义和苏联大规模建设国家的经验，并掀起一个中苏友好的群众运动。会议宣布中苏友好协会西安分会筹备委员会正式成立，推选贺龙为筹委会主任，马明方、张稼夫、杨明轩、李子健为副主任。

9月26日 毛泽东致电彭德怀并告中共中央西北局。电文说：解决新疆问题的关键是我党和维族的紧密合作。在此基础上迫使国民党就范（国民党军队及党政大概有七八万人，号称十万人），并使张治中、陶峙岳、刘孟纯[1]等为我们服务，使新疆能够和平地少破坏地接收过来，并有秩序地改编国民党军队。张治中可待十一月我军开始前进时，来兰州参加西北军政委员会的成立会（已与贺[2]谈过，就边区政府基础成立西北军政委员会，彭为主任，习仲勋、张治中为副主任），然后和彭一道入新。新疆的统帅机构应是新疆军政委员会，彭兼主任，王震、张治中、包尔汉为副主任。省政府改组，包尔汉应仍为主席。[3]甘、青可以不成立军政委员会。陕甘青三省府的人选可以照你们所拟办理，即陕省府以马明方为主席，甘省府以邓宝珊为主席、王世泰为副主席，青省府以赵寿山为主席。

9月27日 收到彭德怀本日从兰州发来的电报。电文说：入新部队经费无着。祁连山及西宁周围山上最近已降雪，棉衣运不到，冻病者不少。西北除汉中外算是宣布全部解放，因此各项工作须有一个全盘（五省）筹划，尤其是经济建设，使生产、

---

[1] 刘孟纯，原国民党新疆省政府委员，1949年9月26日同新疆省政府主席包尔汉通电起义。
[2] 贺，指贺龙。
[3] 1949年9月25日，新疆警备总司令陶峙岳率所部7万余人起义。次日，新疆省主席包尔汉发出新疆省政府委员联名起义通电。新疆和平解放。

运、销逐步走上比较计划性。贾拓夫同志应立即交出西安市长、军管会工作,把全部精力放在计划西北经济建设。各军区地方武装须有限制,不能无限制扩大。在战争结束后,财政开支必须量入为出,银行发行尽可能用在发展生产。

9月30日 同张宗逊就西北军区军政干部学校第四期教育计划致电中共中央军委并第一野战军司令部。电文说:军干校第三期于十一月中旬即可结束。兹将第四期教育方针及选调学员数目报告于下请指示。(一)教育方针:目的以培养建军骨干,建立与加强新部队之领导,将学员在原有基础上提高一步。政治上要求提高阶级觉悟,加强纪律性统一性的集体主义思想,执行与掌握党的政策路线。军事上学习毛主席、朱总司令的军事思想、军事原则,加强军事教育,建立正规制度,发扬民主及我军优良传统作风。(二)教学时间暂定半年,于十一月中旬学生到校。(三)拟编政工、军事、参谋三个大队,由军区、分区、地方部队调选。连、营军政干部八百名,由军大调青年学生四百名,共一千二百名。培养政治干部六百名,军事及参谋干部三百名。选调部队干部比例为排级百分之五十,连级百分之四十五,营级百分之五。(四)一野是否能抽调干部到军干校学习,能抽调多少,请野司决定电告,以便准备。

10月1日 中华人民共和国中央人民政府成立。下午二时,中央人民政府委员会召开第一次会议,一致决议接受《共同纲领》为施政方针,选举林伯渠为中央人民政府委员会秘书长,任命周恩来为中央人民政府政务院总理兼外交部部长,毛泽东为人民革命军事委员会主席,朱德为人民解放军总司令,沈钧儒为最高人民法院院长,罗荣桓为最高人民检察署检察长。下午三时,庆祝中华人民共和国中央人民政府成立典礼在北京天安门广场隆重举行。毛泽东宣读中央人民政府公告,宣告中央人民政府成立。之后，举行盛大阅兵仪式和群众游行。

同日 在西安收听开国大典盛况广播。

10月2日 下午四时，出席西安各界庆祝中华人民共和国成立暨纪念国际和平与民主自由斗争日集会，作题为《建设新中国，争取世界和平，团结在毛主席的旗帜下前进》的演讲。在演讲中说：我们从来未曾有过这样可以骄傲的日子。我们中国人民受尽了苦难，受尽了折磨，终于站起来了。我们中华民族再也不是可以被人欺侮的了。如果有胆敢破坏我们民族独立和自由的，一定要受到严重的打击。中华人民共和国国体是人民民主专政，人民民主专政的基础就是工人阶级领导的、以工农联盟为基础的，各民主阶级、国内各民族及其他爱国民主分子的大团结，这是一个广泛的人民民主统一战线。这个统一战线就是要团结除反动分子、潜伏特务分子以外的一切人。要珍惜每一个有用的人才，尽快经过各界代表会议及其他适当组织形式，实现西北人民的大团结，共同担负起解放与建设大西北的伟大使命。"我们西北地区，蕴藏极其丰富，人民极其勤劳，只是因为被封建主义和反动政府统治的结果，在经济上、文化上落后了。但我们确实相信：这种情况会因为我们的努力而改变。一经开发，将是人民共和国的一个广大的富源，一个重要的工业区和农牧区，一个坚强的国防堡垒。我们就要动手工作，在乡村，有步骤地实行乡村改革，发动农民；在城市，依靠工人，并使所有城乡劳动人民、知识分子和各民主阶级，一致团结起来，迅速恢复和发展生产，迎接经济建设、文化建设和国防建设的高潮。"

同日 苏联政府决定同新中国建立外交关系。三日，周恩来复电表示，欢迎立即建立中华人民共和国与苏联之间的外交关系，并互派大使。

10月4日 就中苏建交发表谈话。谈话说：西北人民以无限欢欣来庆祝苏联与我国建立正式外交关系,我们要以最大的热心来巩固这种国际主义友谊。同时,这也是中央人民政府和其他新民主主义国家建立新的外交关系的先声,我们深信其他民主国家也将和我们携起手来。中国已开辟了一个新的历史时代,我们一定在苏联和世界民主国家的援助下,在被国民党反动派破坏的废墟上,建设起富强康乐的国家。

10月5日 中苏友好协会总会在北京成立。当选为中苏友好协会总会理事。

10月8日 在群众日报社礼堂出席陕西长安县第一届农民代表大会开幕式。在讲话中说:长安县农代会今天能在西安城举行,这是一件大事,是历史上所没有过的,是劳动人民斗争的胜利。我们应该庆祝、爱护这个胜利,并使其巩固起来。我们破坏了旧的统治以后,要建设一个新的新民主主义的政权,今天开会就是为了这个目的。但这是一件非常艰巨的工作,必须依靠所有的共产党人与全体劳动人民共同努力,共同创造。现在,封建势力未被打倒,恶霸依然存在,零散土匪在某些地方时出时没,特务分子利用农村群众没有组织起来的空隙,逃潜在乡下农村。农村的部分群众,还未完全了解共产党的各种政策,还抱观望态度。一部分工作人员不熟悉农村情况,常常不懂得事情应该如何处理,甚至把有些事情处理得不合政策、原则,结果脱离了群众,更增加了群众对党的政策的隔膜。有些旧乡保人员、坏分子混进政权,处处违反政策法令,也妨碍了农民群众很快地靠近党和政府。以上种种,都必须很快纠正。除过我们上边注意检查克服外,还必须有群众的监督批评。只有这样"上下夹攻",这些毛病才能迅速改正。我们工作人员一定要懂得我们是人民的兵,是人民的长工,必须虚心向群众学习,听从掌柜(人民)的管教。只有这样,才能够从群众那里学习宝贵的知识,才可以反过来当群众的先生。

10月12日 出席陕西长安县各界人民代表会议开幕式。在讲话中说：我们的政权来自人民，我们的各界人民代表会议是政府的协议机关，可以说这是人民的初步政权，初步的权力机关。在谈到农民问题时说：农民问题是农村一切问题的关键。不首先团结农民，动员农民，提高农民的觉悟，农村的很多建设工作便不能前进。消灭地主阶级，不是杀地主的头，而是废除农村封建的土地制度，把不劳而食又拥有多量土地的地主土地分给无地或少地的农民。农村只要是解决了这个问题，农民的生产力才能得到解放，农村生产力才能得到提高，农民的积极性才能发挥起来。如果没有全国农民起来，就不会有今天的胜利，并使这个胜利巩固与发展。所以我们要帮助农民，领导农民，把农村很快地建设起来，将封建的农村变成民主的农村。

10月17日 同张宗逊接到彭德怀本日从甘肃酒泉发来的电报。电文说：以现有汽车严冬前运兵南疆甚为困难。如严冬前我军不能到达目的地，今冬即不可筹备来春生产。为克服此种困难，兰州、西安须尽可能集中较好车子带机油来酒泉。

10月19日 毛泽东主持召开中央人民政府委员会第三次会议。会议任命中央人民政府人民革命军事委员会副主席、委员和正副总参谋长，最高人民法院副院长和委员，最高人民检察署副检察长和委员，政务院副总理、政务委员、正副秘书长及其所属各委、部、会、院、署、行的负责人员。习仲勋被任命为中央人民政府人民革命军事委员会委员。

同日 同彭德怀接到毛泽东本日复电。电文说："高凌云仍当第二师[1]师长。该师开回陕北与陕北伊盟部合编，加强战

---

[1] 指中国人民解放军西北军区独立第二师。

力，作为陕北伊盟警备部队，如此对外影响较好。左协中在政协会后有进步，应在陕西给以适当位置（例如省府委员）。"

同日 出席陕甘宁边区公安厅召开的关中各公安分处长会议。在讲话中说：四个月来各地公安工作有很大成绩，打击了土匪特务，争取了战争的胜利；配合党政接收了广大的城市和乡村，安定了社会秩序；对敌特展开全面的积极斗争，打下今后肃特、清匪、反霸的基础。但保卫部门也有缺点。把反动武装打败和消灭后，主要斗争是对敌特的隐蔽斗争，这与过去打仗同样重要。在这一点上，保卫部门干部思想上还未能很好解决，看到没有大的破坏就以为万事大吉。我们的工作要做到使敌人不能破坏，不要等到有了血的教训才去重视问题。现在全西北解放了，党在目前的任务，同样也是保卫部门的任务。这就是在城市依靠工人阶级，发动群众恢复和发展生产；在乡村进行剿匪反霸发动群众，打倒地主阶级，给将来土地改革准备条件。公安保卫工作要抓紧队伍建设，有计划地训练干部，学习党的基本政策。各地公安机关要相互密切配合，反对无政府无纪律现象。要保持艰苦朴素的作风，进城以后，环境更为复杂，引诱多了，不有意识地去克服，便很容易堕落在腐化的泥坑中。

10月上中旬 接到刘景范、杨明轩于十月八日关于成立干部休养所问题的来函。来函说：西北军区政治部提议，由陕甘宁边区政府负责设立一专门机关收容党政军系统久病不愈及革命之年老人员问题。经我们于九月二十二日第十次集体办公会议讨论，大家认为：以今天的人力、医药、管理教育等条件并追溯以往经验，此等机关组织不宜庞大，否则绝难办好。故我们意见，党政两系统久病不愈之人员应成立一干部休养收容所，由民政厅负责管理。至军队系统之上述人员仍应由政治部另行成立疗养院收容，未知妥否？请核夺。

10月20日　第一野战军第一军团进驻新疆首府迪化[1]，完成挺进西北边陲的任务。

10月21日—28日　陕甘宁边区民主妇联召开关中新区妇女工作会议。会议期间，同马文瑞出席并讲话。讲话肯定了关中妇女在解放后近半年来在支援前线等运动中的贡献和成绩，并指出：在这些运动中还存在关门主义缺点，即"只吸收了比较进步的少数妇女参加了工作，而广大妇女却没有组织起来"。今后必须大力发动群众，及时纠正错误与偏向。今天，妇女工作的总任务是：团结和发动各族各界广大妇女群众，和全体人民一起，有分别、有步骤地进行各种民主政策，迎接新民主主义经济建设和文化建设的高潮。

10月25日　毛泽东为中共中央起草致西北局并彭德怀电。电文说："贺[2]在京事毕，明日或后日动身回西北。他到西安后，请彭[3]决定在十一月上旬在兰州或酒泉或西安开一次西北局会议，讨论各项问题，包括贺及十八兵团离开西北进入四川问题，西北军政委员会名单及各省政府名单的最后确定问题等。"后因彭德怀、贺龙筹划进军新疆和入川的军事行动，西北局会议的筹备和组织领导工作由习仲勋具体负责。

10月26日　毛泽东复电延安和陕甘宁边区全体同志。电文说："接到你们的贺函[4]，使我十分愉快和感谢。延安和陕甘宁边区，从一九三六年到一九四八年，曾经是中共中央的所在地，曾经是中国人民解放斗争的总后方。延安和陕甘宁边区的人

---

[1]　迪化，今新疆乌鲁木齐市。
[2]　贺，指贺龙。
[3]　彭，指彭德怀。
[4]　指延安各界1949年9月26日给毛泽东的致敬电。

民对于全国人民是有伟大贡献的。我庆祝延安和陕甘宁边区的人民继续团结一致，迅速恢复战争的创伤，发展经济建设和文化建设。我并且希望，全国一切革命工作人员永远保持过去十余年间在延安和陕甘宁边区的工作人员中所具有的艰苦奋斗的作风。"习仲勋即要求西北地区各级党组织认真地学习和落实毛泽东复电精神。翌年春，指示《群众日报》以《牢记毛主席的嘱咐，永远保持艰苦作风》为题，重新发表毛泽东复电。

10月31日 主持召开中共中央西北局常委办公会议，研究西北局扩大会议的各项筹备事宜。

11月1日 同张宗逊致电黄罗斌、高凌云等。电文说：为使独二师开回榆林稍事整训，真正能成为陕北、伊盟警备部队，完成剿匪与协助解放伊盟的光荣任务，特决定如下：（一）独二师开回榆林后，即将卅九团与独二师部队合编为一个足团，不足编制之人数，再抽调地方部队充实之。（二）原廿二军军部取消，并编为独二师师部。（三）对于编遣干部，除老弱资遣或一部转入地方工作外，凡适宜于军队工作者分别组织学习，送教导队或军干校。（四）家属队应按照解放军制度，单另组织安置，保证其应有生活水平，除参加工作者外，应号召带好小孩，参加学习和劳动，以便养成劳动习惯。（五）电台报务员、机要员由军区派至榆林，电台由你们配好。（六）部队所需被服装备，凡能从十九兵团补给者，即行补齐外，及开回榆林不足之数，及经费以后由陕北军区预算，由军区补发，延榆交通可组织九辆汽车担任，所需汽油准予向延长油厂购领，向军区报销，出发前尚有何重大问题难解决，望先电告。

11月2日 主持召开中共中央西北局常委办公会议。会议决定，拟于十一月十二日至十五日召开中共中央西北局扩大会议并初步拟定会议议程；参加会议的人员名单由习仲勋、贾拓夫、马文瑞等决定；同时通知驻兰州附近的第一野战军各军军长、政委出席会议。

11月10日 主持召开中共中央西北局常委办公会议。会议提出，西北军政委员会组织机构的设置方案，拟设民政、财政、工业、农林、商业、交通、畜牧、水利、银行、司法、公安、劳动、民族事务、教育、文化、卫生等委、部、局、厅和检察分院、法分院，另外成立财经、文教委员会和军分会、司令部等部门；西北军政委员会要配备若干党外人士，各省政府委员中党外人士应占到三分之一；初步决定军政委员会由三十五名委员组成。在会上提议，民主人士马惇靖[1]可参加宁夏省政府的工作，马鸿宾可任甘肃省人民政府副主席。

同日 同贺龙、王维舟、张经武发布西北军区司令部《关于建立城市机关生活的指示》。

11月11日 同林伯渠、刘景范、杨明轩、贺龙、王维舟、张经武发布陕甘宁边区政府、西北军区司令部《关于保护森林办法》。

同日 致信邵武轩[2]、雷荣[3]。信中说：据富平县城关区第八乡唐洛理来反映该乡乡长问题，请你们即速派得力干部亲自下去调查，切实处理，不要再拖，也不要只是层层批办。你们应该深入到乡村去，像这样的问题发现后就立即加以解决，并拿这种实际事例去教育干部，以推动各地工作。

11月12日 同林伯渠、刘景范、杨明轩、贺龙、王维舟、张经武发布陕甘宁边区政府、西北军区司令部《关于维护公路、

---

[1] 马惇靖，曾任国民党军第八十一军军长，马鸿宾第三子，1949年9月19日在宁夏省中宁县通电起义。
[2] 邵武轩，时任中共富平县委书记。
[3] 雷荣，时任富平县县长。

电线及行道树木办法》的布告。

11月14日 毛泽东就大量吸收培养少数民族干部问题致电彭德怀和中共中央西北局。电文说:"据青海省委迭次反映,马[1]匪余党,在许多地方煽动群众,组织反抗。此次兰州会议[2]上请予以严重注视。除大力剿匪,省委地委县委集中注意做艰苦的群众工作,在一切工作中坚持民族平等和民族团结政策外,各级政权机关均应按各民族人口多少,分配名额,大量吸收回族及其他少数民族能够和我们合作的人参加政府工作。在目前时期应一律组织联合政府,即统一战线政府。在这种合作中大批培养少数民族干部。此外,青海、甘肃、新疆、宁夏、陕西各省省委及一切有少数民族存在地方的地委,都应开办少数民族干部训练班,或干部训练学校。请你们注意这一点,要彻底解决民族问题,完全孤立民族反动派,没有大批从少数民族出身的共产主义干部,是不可能的。"

同日 周恩来致电彭德怀、贺龙、习仲勋。电文说:请将在西北局会议上确定的西北军政委员会名单及已经决定或已经就职的西北各省市政府名单,均附各人简历,于十一月二十日以前电告,以便提请中央人民政府委员会批准任命。

11月17日—22日 在兰州出席彭德怀主持召开的中共中央西北局扩大会议。会议主要研究成立西北军政委员会、部队冬训、地方工作、民族政策和统战、财经建设以及干部教育等问题。十八日,彭德怀向大会作工作报告。十九日,贺龙传达中共中央关于西北军政委员会组成的意见,决定以彭德怀为主席,习

---

[1] 马,指马步芳,曾任国民党军西北军政长官公署长官、国民党青海省政府主席。
[2] 指将于1949年11月17日至22日在兰州召开的中共中央西北局扩大会议。

仲勋、张治中为副主席，领导西北军政工作。十九日，习仲勋担任会议执行主席。上午，主持讨论通过西北军政委员会人员组成名单；下午，主持讨论支援西南、进军四川的问题。二十二日，会议通过《中共中央西北局委员会兰州扩大会议决议》，决定在陕甘宁边区政府的基础上成立西北军政委员会，作为中央人民政府在西北地区实行军事管制的代表机关，并代行西北人民政府的职权，统一领导西北五省一市的军政工作。委员会包括各党派、各民族、各阶层代表人物在内，拟以三十九人组成，所提名单待中央人民政府批准即行成立。其内部组织机构和人事配备另行决定。

11月22日 下午，同彭德怀、贺龙、张宗逊〔1〕、吴鸿宾〔2〕等前往兰州机场，迎接由北京飞抵兰州的张治中、邢肇棠〔3〕。

11月23日 毛泽东就解决西藏问题致电彭德怀并告贺龙、习仲勋、刘伯承、邓小平。电文说："经营西藏问题请你提到西北局会议上讨论一下。目前除争取班禅及其集团给以政治改造（适当地）及生活照顾外，训练藏民干部极为重要。西藏问题的解决应争取于明年秋季或冬季完成之。就现在情况看来，应责成西北局担负主要的责任，西南局则担任第二位的责任。因为西北结束战争较西南为早，由青海去西藏的道路据有些人说平坦好走，班禅及其一群又在青海。解决西藏问题不出兵是不可能的，出兵当然不只有西北一路，还要有西南一路。故西南局在川、康平定后，即应着手经营西藏。打西藏大概需要使用三个军，如何

---

〔1〕 张宗逊，时任第一野战军副司令员兼兰州市军管会主任。
〔2〕 吴鸿宾，时任甘肃省兰州市市长。
〔3〕 邢肇棠，曾任西北国民军第二军第五混成旅团长，1945年加入中国共产党。1949年12月任西北军政委员会委员、宁夏省人民政府副主席，1951年10月任宁夏省人民政府主席。

分配及何人负责指挥现在还难决定。但西北局现在即应于藏民干部准备问题及其他现在即应注意之问题作出计划。"

11月29日 同张宗逊等收到彭德怀、贾拓夫本日来电。电文说：新疆军政人员二十二万余人，粮食只能吃到年底，经费毫无办法，故提议速将兰州白洋运迪化一百万元，或全部用于新疆。

11月30日 毛泽东为中共中央、中央人民政府人民革命军事委员会起草复西北局、一野前委并告各中央局、分局及前委电。电文说：十一月二十四日电悉。同意西北局扩大会议议决，第一野战军与西北军区合并，以彭德怀兼军区司令员，习仲勋为军区政治委员，张宗逊兼军区副司令员，甘泗淇为军区副政治委员兼政治部主任。第二兵团兼甘肃军区，与原甘肃军区合并，以许光达[1]兼军区司令员，原甘肃军区司令员徐国珍为副司令员。第十九兵团兼陕西军区，以兵团首长兼军区首长。

12月1日 出席西北青年干部学校开学典礼。在讲话中说：西北青年干部学校的开学，在西北建设事业中是一件大事。为了迎接即将到来的建设高潮，需要培养大批干部，开展西北经济和文化事业。青干同学首先应以马列主义打下强固的思想基础，建立正确的思想认识，然后学习各种专门科学知识，参加各项建设工作，使自己能很好地为人民服务。青干同学将来的工作，不仅是建国与开展青年运动，还希望能抽送一批干部到海军、空军及工农业的建设方面去。西北兄弟民族很多，他们的文化较低，青干学员将来应帮助各少数民族开展文化事业。

12月2日 中央人民政府委员会第四次会议通过政务院提议的华东、中南、西北、西南、绥远军政委员会和部分省、市人

---

[1] 许光达，时任第一野战军第二兵团司令员，1950年6月任中国人民解放军装甲兵司令员。

民政府主要负责人员的二十七项任命名单。其中,彭德怀被任命为西北军政委员会主席,习仲勋、张治中为副主席,王震等四十一人为委员。

12月5日 同贺龙、王维舟、张经武发布西北军区司令部通令。通令称:奉中央军委电令,西北军区司令员贺龙,副司令员王维舟,参谋长张经武三同志即去西南工作,着第一野战军与西北军区合并,以彭德怀兼军区司令员,习仲勋为政委,张宗逊兼副司令员,甘泗淇为军区副政委兼政治部主任。

12月9日 出席西北党校开学典礼,作题为《努力提高老干部,大量培养新干部》的讲话。在讲话中说:我们不仅要善于领导人民进行解放战争并取得胜利,还要善于领导人民从事建设。我们不仅要有一个经济建设的高潮,还要有一个文化建设的高潮,其中就包括有理论建设这个任务。如果不把全党干部的马列主义理论水平提高起来,我们党就不能担负起领导人民巩固胜利、从事建设的事业。要带领广大的新老干部去完成所规定的任务,必须实行两条方针。第一条方针,努力提高老干部。老干部一般都经过斗争的考验,有一定的工作经验,有联系群众、艰苦朴素的作风,是我们革命队伍中的骨干。在一切地方,老干部都要很快地和当地新干部团结起来,要有谦虚、诚恳的态度,发扬民主作风,与新干部建立起和谐融洽的关系,并拿自己的斗争经验、思想意识的锻炼和政治修养,去帮助新干部确立革命的人生观,丢弃旧的思想作风,建立新的思想作风,解决工作中的困难。领导机关要采取各种办法,提高老干部。第二条方针,大量培养新干部。要从工人阶级中间培养出大批人才,参加各方面的工作。对大批新参加工作的青年知识分子、农民积极分子、留用的旧有公务人员及一切愿与我们合作的社会人士等,要很好地团结、培养和使用。"我们对所有的新干部是采取负责的态度,不仅要他们有工作做,有饭吃,而且要帮助他们在政治上前进,有意识地培养他们。这是党的责任,也是人民政府的责任。"这两条方针是同时并重,而不能偏废。实现的办法就是在全体干部中开展学习运动,造成学习热潮。要制定周密的干部教育计划,要有很好的领导。党校是培养教育干部的最高学府,要切实办好,在大规模的西北学习运动中起示范作用,起带头推动作用。该讲话于一九五〇年一月四日在《人民日报》发表。

同日 下午,出席曹力如[1]入殓仪式。曹力如于十二月八日从临潼至西安途中因车祸逝世,享年四十七岁。

12月12日 出席纪念西安事变十三周年座谈会。

12月13日 同张宗逊收到彭德怀本日来电。电文说:新疆物价高涨,群众、部队及陶[2]部生活均苦。二、六军两军更甚,已停发经费,无钱买菜,只能喝盐水。迪化已到零下二十度,部队宿舍无门页,居敞房,更谈不上烤火。请速由兰州、西安尽可能先运一批物资。

12月16日前 在办公室同杨虎城[3]之子杨拯民[4]和杨虎城旧部赵寿山[5]见面,接到他们转来的高桂滋等陕西驻渝同乡会和原国民党军第四集团军[6]驻渝办事处人员发来的两封电

---

[1] 曹力如,逝世前任陕北行署主任。
[2] 陶,指陶峙岳。
[3] 杨虎城,西北军将领,曾任国民党军第十七路军总指挥、西安绥靖公署主任。1936年12月与张学良共同发动西安事变,后被蒋介石长期囚禁在贵州、重庆等地。1949年9月17日重庆解放前夕,在国民党集中营被杀害。
[4] 杨拯民,杨虎城长子,时任中国人民解放军西北军区大荔军分区司令员。
[5] 赵寿山,时任青海省人民政府主席。
[6] 原国民党军第四集团军,前身为杨虎城领导的第十七路军。

报，告知杨虎城及其眷属、秘书、副官等人在重庆解放前夕惨遭杀害，要求陕西派人赴渝主持丧事。向杨拯民表示：杨将军遇难，这不仅仅是你家中的不幸，也是国家的大事，需要报告中央作出安排。当即嘱秘书陈煦向中央发电报请示，同时对陕西方面的丧事活动作出安排：派杨拯民赴重庆接杨虎城灵柩；致信中共中央中南局、中共中央西南局负责人，介绍杨拯民情况，请求灵柩回陕途经武汉时给予支持；由赵寿山负责西安方面的工作，立即筹组治丧委员会，安排办理丧事。不久后，接到周恩来从北京打来的电话。周恩来请习仲勋转告杨拯民：立即赴重庆接灵回陕，"这不是私事，是党交给你的任务。要通过办理杨虎城将军的丧事，揭露国民党反动派的残暴"。

12月16日 主持召开陕甘宁边区及西安市机关党员干部会议，传达十一月召开的中共中央西北局扩大会议精神。在谈到西北军政委员会的成立时说：我们进入了和平建设的这样一个新时期。陕甘宁边区政府可以担任解放大西北的任务，但不能担任今天建设大西北的任务。既然不能，我们就要扩大和改组，在原陕甘宁边区政府的基础上成立西北军政委员会。这个军政委员会应该包括各民主党派、各民族、各民主阶层及其他爱国民主人士的代表人物在内，所以政府的形式就是联合政府。"政府委员的名单，我看基本上也是好的，所谓基本上好，就不等于完全好，也可能有不恰当的人在，但必须有基本上是好的认识。同时在今天也只可能是这样的，再难达到更完善的程度，是难做到白玉无瑕的。陕西解放了的时间很短，我们接触的面还很少，有同志批评西北局转的圈子太少，我说批评的不错，是如此。但在今天的情况上，这也是最大可能的圈子了。要再过一个时期，才能到更完满的地步，同时在一定时间中，一切可能联合的人，我们就要联合，一切可能争取的人，我们就要争取，把真正的反动分子孤立起来，把反动派孤立到最小限度，以便很快地完成民主改革，以便很快地达到巩固人民民主专政的基础。"在谈到民族政策问题时说：西北是多民族地区，各民族间存在着复杂的关系，过去大汉族主义和大民族主义，造成各族人民间普遍地存在猜忌戒备，甚至互相仇恨的心理。我们必须广泛宣传并坚决实行《共同纲领》所规定的民族政策。我们党要执行民族政策，就要进行长期的艰苦工作，在各民族平等的基础上，建立各族人民团结、互相友爱的新关系，以利巩固胜利和建设新西北的伟大事业。"新西北的问题就是民族问题，如果民族问题不能很好地解决，西北问题就解决不了。"过去这个问题在我们党内观念还不甚深刻，今后我们应当加强。"离开民族问题，西北问题就没办法搞。"

12月17日 新疆省人民政府和新疆省军区宣告成立。

同日 在西安接见记者，就杨虎城遇害发表谈话。在谈话中说：杨虎城将军惨遭杀害，再次证明国民党法西斯的本质。这一不幸事件的整个过程，都严肃地教育我们：以蒋介石为首的国民党反动派使用了一切罪恶伎俩和最后的惨杀，终于暗害了这位爱国将军。杨虎城将军功在国家，功在西北，西北的人民将和全国人民一道，誓将杀害杨虎城将军的凶手捕捉法办。

同日 出席由赵寿山主持的西安各界人士商讨成立杨虎城将军治丧委员会会议。会议通过由赵寿山、杨明轩[1]、习仲勋等二十八人组成的治丧委员会，赵寿山为主任委员。

12月21日 出席陕甘宁边区庆祝斯大林七十寿辰大会。在讲话中说：在斯大林同志领导下，苏联社会主义建设的成功，对中国及世界革命具有伟大的意义。毛主席此次与斯大林元帅的会晤，将深刻影响中国人民建设事业与国际和平的重大发展。

---

[1] 杨明轩，时任西北军政委员会文化教育委员会主任。

12月23日 出席中共中央西北局召开的关中各分区地委书记会议，作题为《将新区农村工作提高一步》的总结报告。在谈到加强新解放区新老干部的团结和学习问题时说：新老干部之间，根据地来的党员与当地地下党员之间，各个根据地来的党员之间，还存在有不团结现象，有的发展到了严重的程度。这是我们干部中间存在的一个重大问题，必须重视并努力解决。解决的办法就是团结起来，努力学习。根据地来的老干部要主动地去团结地下党员和一切新干部。首先要对地下党的新老党员、干部采取正确态度，对他们的工作成绩要有足够估计，要看到他们的优点，对他们的缺点要有历史唯物主义的观点，了解形成那些缺点的社会的和历史的原因，采取与人为善、热情帮助的态度。要反对对新干部盛气凌人、独断独行的粗鲁态度。对一切新干部应采取团结教育的方针。学习问题是党、政、军全体干部共同的迫切问题。一个是实际工作中的学习。领导干部要当先生，每个县的领导干部都要亲自下乡，主持一区一乡的工作，或每做完某项工作或发现新问题，召集干部会议，总结经验，提出办法，教育全体干部。另一个是马列主义和中国革命经验的基本教育，这对于新干部特别重要。选定几本书，熟读精研，作为思想武器，有系统地批判旧思想，建立新思想，确立革命的人生观。明年各分区的干部学校都要以轮训现有干部为主，好好进行干部教育工作。关中各分区地委书记会议于十二月十七日至二十三日召开。

12月24日 在陕甘宁边区人民政府礼堂出席西安各界公祭杨虎城将军大会并担任主祭。

同日 下午，同杨明轩、赵寿山、赵伯平等前往西安飞机场，迎接彭德怀。

12月25日 同彭德怀致电进军新疆的第一野战军第二军第五师第十五团全体指战员，称赞他们"创造了史无前例的进军纪录"。该团于十一月二十八日进驻阿克苏，获悉敌特在和田策划武装叛乱后，于十二月五日至二十二日沿和田河横穿塔克拉玛干沙漠，疾驰七百九十多公里，胜利抵达和田，一举粉碎敌特的叛乱阴谋。

12月 出席西北回族干部训练班毕业典礼。在讲话中说：西北地区，如离开民族问题，则"西北"名词即不足存在。因西北为多民族地区，少数民族占全人口二分之一，如同志们不愿做民族工作就等于不愿在西北搞工作。如说西北有特点，则此特点为民族问题。西北能否巩固专看除汉族而外其他民族的工作搞得好不好，能否都了解共产党的政策，团结友好的程度如何。民族工作不但本民族应来搞，我们都应该一起来搞。首先要克服大民族主义和狭隘民族思想，还要注意山头主义倾向、关门主义倾向，再就是反对民族工作中的急躁情绪。如宗教问题只能在社会、教育、经济、政治条件完全改变后才能慢慢转变，绝不能用强制的办法、命令的办法来强行让人家不信。当少数民族的觉悟尚未提高时，不能过急，要善于等待他们觉悟。处理一切问题都要看是否影响民族团结。今后应做工作：一、坚决按照民族政策，在政权上建立区域自治和联合自治（政权）。二、在加强各民族团结互助的原则下，协商处理解决问题，如边界问题、土地问题、宗教问题、阶级问题等。三、改善生活、提高文化、发展经济为各民族联合的主要保证。一切发展应逐步而来。四、应以和平方式解决问题，不可轻用武力。要用武力也应多做群众工作，使群众都明白后再进行。五、大量培养各民族的干部，尽可能吸收当地优秀分子参加当地政府的工作。目前，"民族团结，安定秩序"为第一步。第一步完成后，再做民族内部的一切工作。